_____ 님의 소중한 미래를 위해

이 책을 드립니다.

어떻게 살아야 할지
답을 주는
# 역사
# 이야기

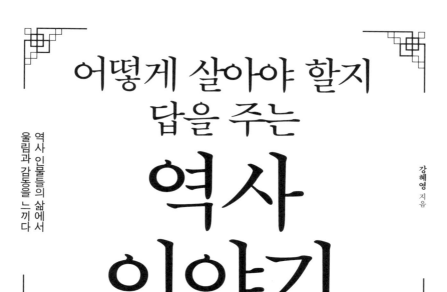

# 어떻게 살아야 할지
## 답을 주는

역사 인물들의 삶에서
울림과 감동을 느끼다

# 역사
# 이야기

강혜영 지음

초록북스

초록북스 우리는 책이 독자를 위한 것임을 잊지 않는다.
우리는 독자의 꿈을 사랑하고,
그 꿈이 실현될 수 있는 도구를 세상에 내놓는다.

어떻게 살아야 할지 답을 주는 역사 이야기

**초판 1쇄 발행** 2025년 1월 20일 | **초판 2쇄 발행** 2025년 2월 20일 | **지은이** 강혜영
**펴낸곳** (주)원앤원콘텐츠그룹 | **펴낸이** 강현규·정영훈
**등록번호** 제301-2006-001호 | **등록일자** 2013년 5월 24일
**주소** 04607 서울시 중구 다산로 139 랜더스빌딩 5층 | **전화** (02)2234-7117
**팩스** (02)2234-1086 | **홈페이지** matebooks.co.kr | **이메일** khg0109@hanmail.net
**값** 18,500원 | **ISBN** 979-11-6002-921-5 03910

잘못 만들어진 책은 구입하신 서점에서 교환해 드립니다.
이 책을 무단 복사·복제·전재하는 것은 저작권법에 저촉됩니다.

"역사란 단순히 과거의 기록이 아니라
현재의 교훈이다."

· 셰익스피어 ·

# 마음속 울림을 주는
# 역사 속 인물들의 서사

이 책은 유튜브 채널 '일상의 인문학' 속 '강혜영의 친절한 역사 이야기' 코너에서 강연했던 내용을 선별해 정리한 것입니다. 같은 내용이라도 강연으로 듣는 것과 책으로 읽는 것은 상당히 다를 수 있습니다. 책으로 좀 더 차분히 내용을 이해하고 되새기는 기회가 되기를 바라는 마음에서 용기 내어 글로 옮겼습니다.

나이가 들수록 역사에 눈길이 갑니다. 세상을 통찰할 수 있는 안목이 생겨서일까요, 지나온 삶을 성찰하며 무엇을 잘못했는지 해답을 찾고 싶어서일까요, 인생의 깊이를 더할수록 역사 속 지혜가 보입니다. 비단 저만 그렇게 느끼는 건 아닐 것입니다. 그래서 역사를 이야기하겠다고 마음먹었습니다.

처음에는 역사로 스토리텔링하는 것이 좋았습니다. 그리고 알아갈수록 퍼즐이 여기저기 맞춰지는 것 같아서 재미가 더해졌습니다.

그런데 역사를 깊이 들여다보면 볼수록 사고가 갇히는 듯해 역사 이외의 다양한 독서 활동으로 역사를 다양한 관점에서 새롭게 보게 되었습니다. 역사라는 지식을 내 삶으로 가져오게 된 것입니다. 강연마다 제 생각과 메시지를 담을 수 있었던 힘이 여기에서 생겨난 게 아닐까 생각합니다.

우연한 기회에 함께하게 된 '일상의 인문학'은 제 인생을 바꿔놓았습니다. 유튜브에 강연을 올리고 생각지도 못한 반응에 일이 커졌습니다. 무거운 책임감에 부담이 되기도 했지만, 조금씩 사명감과 보람도 함께 느끼게 되었습니다. 지금 저에게 가장 중요한 것은 제가 알고 있거나 새롭게 알게 된 역사 콘텐츠를 사람들에게 유익하게 전달하는 것, 역사를 통해 전하고 싶은 메시지로 세상과 소통하는 것입니다. 그리고 이렇게 좋아하는 일을 잘하는 일로 만들어 인정받는 삶에 감사하며 이 책을 썼습니다.


이 책은 우리 역사 속 다양한 분야의 인물들로 구성했습니다. 아는 이름도 있고, 처음 들어보는 이름도 있을 것입니다. 다양한 인물의 삶에서 여러 가지 배울 점을 찾을 수 있을 것이며, 역사를 이해하는 데도 많은 도움이 되리라 생각합니다. 이 인물들의 삶에서 깨달음을 얻고 마음속 울림을 느낄 수 있다면 더 바랄 게 없겠습니다.

역사 인물을 다룬 책은 대부분 시대별로 인물을 다루지만, 이 책에서는 주제별로 인물을 나누었습니다. 역사의 배경 못지않게 인물 자체에 집중할 수 있으면 좋겠다는 마음에서입니다. 첫째 마당은

'독립을 위해 목숨을 바친 의인들', 둘째 마당은 '세상을 이롭게 한 나눔의 아이콘들', 셋째 마당은 '역사를 바꾼 위대한 지도자들', 넷째 마당은 '1인자를 만든 성공한 2인자들', 다섯째 마당은 '사상과 예술의 위대한 선도자들', 여섯째 마당은 '우리가 미처 몰랐던 역사의 경계인들'로 나누었습니다.

이 인물들의 삶과 가치관, 꿈과 시련, 도전과 실패 그리고 죽음이 독자들에게 생생하게 읽히고 마음에 와닿기를 바랍니다. 시공간이 다른 시대를 살고 있지만 역사 속 인물들의 고민이 우리의 고민과 닮아 있고, 그들의 생각과 행동을 보며 자신을 반성하게 됩니다. 그렇게 역사 속 인물들은 놀랍게도 지금의 우리에게 생생한 가르침을 전하고 있습니다. 문제는 우리가 그것을 얼마나 제대로 받아들이느냐에 달렸습니다. 세상을 살면서 필연적으로 하게 되는 자문 중 하나가 '어떻게 살 것인가?'라는 질문입니다. 이 책에서 만나는 여러 인물의 삶이 그 해답을 찾는 데 도움이 될 것이라 믿습니다.

끝으로 이 책을 쓸 수 있게 함께 해주신 분들께 감사드리고 싶습니다. 특히 '일상의 인문학' 채널을 운영하시는 김병철 소장님과 지식텔러분들, 이 책이 세상에 나올 수 있게 물심양면으로 도와주신 초록북스 관계자들께 진심으로 감사의 말씀을 전합니다.

# 차례

**넷째 마당**
## 1인자를 만든 성공한 2인자들

**다섯째 마당**
## 사상과 예술의 위대한 선도자들

**여섯째 마당**
## 우리가 미처 몰랐던 역사의 경계인들

독립운동에 전부를 건 안중근과 이회영과 김원봉, 여성 독립운동가인 윤희순과 정정화, 조선의 독립을 위해 싸운 호머 헐버트와 후세 다츠지. 그들은 우리가 잘 아는, 그리고 잘 몰랐던 독립운동가들입니다. 힘든 순간, 우리 역사에서 가장 힘들었던 시대를 떠올려보세요. 일제강점기 독립운동가들은 어떤 마음으로 살았을까요? 그들이 모든 것을 바쳐 지켜낸 조국과 자유로운 일상을 우리는 어떻게 살고 있는지 깊이 성찰해보기 바랍니다.

# 독립을 위해
# 목숨을 바친 의인들

# 독립운동에 한 몸을 던진
# 안중근, 이회영, 김원봉

우리가 살면서 절대 잊지 말아야 할 것들이 있습니다. 우리 역사에서 가장 힘들었던 시간과 그 시간을 치열하게 살아낸 분들입니다. 국권을 잃고 가혹한 식민 통치 속에서 영원히 끝날 것 같지 않던 시간을 버틸 수 있었던 것은 한 몸 던져 독립운동의 중심에 선 사람들이 있었기 때문입니다.

지금부터 소개하는 인물은 독립운동의 중심에 선 안중근, 이회영, 김원봉입니다. 그들이 어떤 마음으로 어떤 삶을 살았는지 '마음'으로 읽기 바랍니다.

독립을 위해 목숨을 바친 의인들

# '대한국인(大韓國人)' 안중근 의사

안중근의 손도장은 왼손 네 번째 손가락 한 마디가 없습니다. 1909년 2월 안중근은 연해주에서 동지 11명과 '단지동맹(斷指同盟)'을 결성하고 나라를 위해 목숨을 바치기로 맹세했습니다. 그리고 기회가 왔습니다. 1909년 10월 26일 안중근은 하얼빈역에서 기차에서 내리는 이토 히로부미를 향해 총을 쏘고 소리쳤습니다. "코레아 우라(대한국 만세)."

사건이 일어난 하얼빈역의 모습은 그때와 달라졌지만, 그 현장에는 '안중근격폐이등박문사건발생지(安重根擊斃伊藤博文事件發生地)'라는 표지판과 함께 안중근이 총을 쏜 자리와 이토가 서 있던 자리를 표시해두고 있습니다. 그리고 하얼빈역을 나오면 '안중근 의사 기념관'이 있습니다. 이렇게 우리는 중국 땅에서 안중근을 만날 수 있습니다. 의거가 중국인들에게도 역사적 사건으로 평가되며, 안 의사를 존경하는 모습을 확인할 수 있습니다.

현장에서 체포된 안중근은 하얼빈이 아닌 뤼순에서 재판받았습니다. 당시 뤼순은 일본이 관할하던 곳이었습니다. 일본인에게 둘러싸인 재판정에서도 안중근은 이토를 죽인 15가지 이유를 당당하게 말했습니다.

첫째, 한국의 민황후를 시해한 죄. 둘째, 한국 황제를 폐위시킨 죄. 셋째, 5조약과 7조약을 강제로 체결한 죄. 넷째, 무고한 한국인들을 학살한 죄. 다섯째, 정권을 강제로 빼앗은 죄. 여섯째, 철도, 광산과

산림, 천택을 강제로 빼앗은 죄. 일곱째, 제일은행권 지폐를 강제로 사용하게 한 죄. 여덟째, 군대를 해산시킨 죄. 아홉째, 교육을 방해한 죄. 열 번째, 한국인의 외국 유학을 금지시킨 죄. 열한 번째, 교과서를 압수하여 불태워 버린 죄. 열두 번째, 한국인이 일본인의 보호를 받고자 한다고 세계를 속인 죄. 열세 번째, 한국과 일본 사이에 살육이 끊이지 않는데, 마치 태평 무사한 것처럼 천황을 속이는 죄. 열네 번째, 동양 평화를 파괴한 죄. 열다섯 번째, 일본 천황의 아버지 태황제를 시해한 죄.

1910년 2월 14일 안중근에게 사형이 선고되었습니다. 안 의사의 어머니 조마리아 여사는 아들을 위해 수의를 지어 보냈습니다. 아들에게 보내는 마지막 편지와 함께.

"네가 만약 어미보다 먼저 죽는 것을 불효라 생각한다면 이 어미는 웃음거리가 될 것이다. 너의 죽음은 너 한 사람의 것이 아니라 조선인 전체의 공분을 짊어지고 있는 것이다. 내가 항소를 한다면 그것은 일제에 목숨을 구걸하는 짓이다. 네가 나라를 위해 이에 이른 즉 딴마음 먹지 말고 죽어라. 대의에 죽는 것이 어미에 대한 효도이다. 아마도 이 편지는 이 어미가 너에게 쓰는 마지막 편지가 될 것이다. 여기 너의 수의를 지어 보내니 이 옷을 입고 가거라. 어미는 현세에서 너와 재회하기를 기대치 않으니 다음 세상에는 반드시 선량한 천부의 아들이 되어 이 세상에 나오너라."

받아들이기 힘든 아들의 죽음이지만, 편지에는 의연하게 죽음을 맞으라는 말과 어미보다 먼저 죽는 아들의 부담을 덜어주려는 마음

독립을 위해 목숨을 바친 의인들

이 담겨 있습니다. 안 의사의 어머니다운, 강한 어머니의 모습이었습니다. 하지만 편지의 마지막에 다음 생에는 평범하게 태어나 명을 다하길 바라는 어머니의 진짜 마음이 드러나 있습니다.

안중근은 동생들에게 유언을 남겼습니다. 죽음을 눈앞에 두고도 나라를 걱정하는 마음뿐이었습니다.

"내가 죽은 뒤에 나의 뼈를 하얼빈 공원 옆에 묻어두었다가 우리 국권이 회복되거든 고국으로 반장해다오. 나는 천국에 가서도 또한 마땅히 우리나라의 회복을 위해 힘쓸 것이다. 너희들은 돌아가서 동포들에게 각각 모두 나라의 책임을 지고 국민 된 의무를 다하여 마음을 같이하고 힘을 합하여 공로를 세우고 업을 이루도록 일러다오. 대한독립의 소리가 천국에 들려오면 나는 마땅히 춤추며 만세를 부를 것이다."

해방 이후 김구를 중심으로 안중근의 유해를 국내로 봉환하려 했지만 찾을 수 없었습니다. 그의 무덤이 독립운동의 성지가 될 것을 염려한 일본이 비밀리에 매장했기 때문입니다. 1949년 김구가 암살되고, 공산국가가 된 중국과 국교마저 단절되면서 안 의사의 유해를 찾을 길이 없었습니다. 이후 몇 차례 유해를 찾으려 노력을 기울였지만 허사였습니다. 유해가 묻혔을 것으로 추정되는 뤼순 감옥 일대는 대규모 개발이 이루어졌습니다. 효창공원 삼의사(이봉창, 윤봉길, 백정기) 묘역에 쓸쓸히 남은 안 의사의 가묘를 생각하면 마음이 무거워집니다.

"

| 안중근의 명언 |
"爲國獻身 軍人本分 국가를 위해 몸을 바치는 것은 군인의 본분이다."
"白日莫虛度 靑春不再來 세월을 헛되이 보내지 말라, 청춘은 다시 오지 않는다."
"見利思義 見危授命 이익을 보거든 정의를 생각하고
위태로움을 보거든 목숨을 바쳐라."
-안중근 유묵

"

안중근을 존경하는 일본인들이 있었습니다. 뤼순 감옥의 간수 치바 도시치도 그랬습니다. 사실 치바 도시치는 이토 히로부미를 존경했기에 안 의사를 몹시 괴롭혔습니다. 하지만 매일 곁에서 지켜본 안 의사의 행동과 인격에 감화되었습니다. 언제 죽을지 모르는 사형수였지만 매일 기도하고, 책을 읽고, 글을 쓰면서 흐트러지지 않는 모습을 보며 진실을 알게 되었기 때문입니다.

치바 도시치의 마음은 사과와 존경으로 바뀌었고, 그에게 안중근은 '위국헌신군인본분(爲國獻身軍人本分)', 나라를 위해 몸을 바치는 것은 군인의 본분이라는 글을 써주었습니다. 자신을 미워했던 치바 도시치의 행동은 일본인으로서 한 것이니, 너무 미안해하지 않아도 된다는 의미였습니다. 곧 죽을 사람이 살 사람을 위로하며 써준 글이었습니다. 치바 도시치는 은퇴 후 고향으로 돌아가 안중근의 위패를 절에 모시고 그의 유묵비를 세웠으며, 지금까지도 그 후손들이 안 의사를 기리고 있습니다.

뤼순 감옥의 형무소장은 안중근이 『동양평화론』을 완성할 수 있

독립을 위해 목숨을 바친 의인들

도록 사형집행일을 늦춰달라고 요청했습니다. 하지만 받아들여지지 않았고, 1910년 3월 26일 사형이 집행되었습니다.

『동양평화론』은 완성되지 못했습니다. 다행히 필사한 일부가 일본 국회도서관에서 발견되었습니다. 그 서문에는 동양 평화를 위한 다음과 같은 안중근의 생각이 담겨 있습니다.

"뤼순을 한, 청, 일 삼국이 공동으로 관리하는 군항으로 만들고, 각국이 이곳에 대표를 파견하여 동양 평화회의를 조직해야 한다. 원활한 금융을 위해 삼국 공동의 은행을 설립하고, 공용 화폐를 발행해야 한다. 삼국의 공동 군대를 편성하고, 이들에게 2개국 이상의 어학을 가르치면 서로 우방으로 생각하게 되고 형제의 관념도 높아질 것이다. 한국과 청국 두 나라는 일본의 도움 아래 상공업의 발전을 도모할 필요가 있다."

놀랍게도 안중근은 벌써 100년 전에 유럽연합(EU)과 같은 공동체를 구상하고 있었습니다. 서양 제국주의 열강에 맞서려면 동아시아 삼국이 힘을 합해야 한다는 거죠. 만약 『동양평화론』이 완성되어 안 의사의 생각을 좀더 구체화할 수 있었다면 동아시아 삼국의 모습은 달라지지 않았을까요.

안중근이 남긴 유묵은 보물로 지정되어 있습니다. 그가 남긴 '견리사의견위수명(見利思義見危授命)'이라는 글이 있습니다. 이로움을 보았을 때는 의로운지를 생각하고, 위태로움을 당했을 때는 목숨을 바치라는 뜻입니다. 안중근의 삶이 바로 그러했습니다.

# 노블레스 오블리주! 이회영과 그 형제

'노블레스 오블리주'는 높은 사회적 지위에 있는 사람들이 가져야 하는 도덕적 의무를 뜻하는 말입니다. 이회영과 그의 형제들이 보여준 삶이 딱 그러합니다.

우당 이회영의 집안은 오성 이항복의 10대손이며, 조선 후기 정승 판서를 여럿 배출한 당대 최고의 명문가였습니다. 이회영은 양반이었지만 개화사상을 접하면서 노비들에게도 말을 낮추지 않았고, 남편 잃은 여동생을 집안의 반대에도 불구하고 재혼시켰습니다. 인삼 농장을 운영해 항일 의병 자금을 후원했으며, 독립협회에서 계몽 운동을 벌였습니다. 을사오적의 암살을 계획하고, 비밀결사단체 신민회를 조직해 애국계몽에 앞장섰습니다. 네덜란드 헤이그 만국평화회의에 특사를 파견해 을사늑약의 무효를 호소하자고 고종에게 제안한 것도 바로 이회영이었습니다.

1910년 국권이 피탈되자 이회영은 "대의가 있는 곳에서 죽을지언정 구차히 생명을 도모하지 않겠다"라며 다섯 형제를 설득해 서간도로 망명하기에 이릅니다. 한겨울 60여 명의 대가족이 목숨을 건 망명길에는 풀어준 노비들도 함께했습니다. 망명을 위해 당시 형제들이 소유하고 있던 명동 일대의 땅과 재산을 일본의 눈을 피해 급히 처분해야 했는데, 지금 물가로 환산하면 최소 600억 원, 지금의 땅값으로 계산하면 2조 원에 달한다고 합니다.

독립을 위해 목숨을 바친 의인들

서간도로 떠난 여섯 형제는 처분한 재산 대부분을 '신흥강습소(신흥무관학교)' 설립과 독립운동에 쏟아부었습니다. 독립군을 양성하기 위해 설립한 신흥무관학교는 학생을 모아 먹이고 입히고 가르치고 훈련하는 모든 것을 무료로 운영하면서 1920년 폐교될 때까지 독립군 3,500여 명을 길러냈습니다. 이들은 청산리전투에서 활약했고, 이후 1945년 해방을 맞을 때까지 끊임없이 독립운동을 이어갈 수 있었던 근간이 되었습니다.

하지만 그러는 동안 이회영과 그의 형제, 가족들은 극심한 가난에 시달렸습니다. 첫째 형 이건영은 함께 독립운동을 하다가 조상의 선산을 돌보려고 고향으로 돌아와 독립운동을 지원했고, 1940년 병으로 사망했습니다. 둘째 형 이석영은 형제들 가운데 가장 많은 재산을 내놓았습니다. 둘째 아들이라 인척의 양자로 보내졌는데, 물려받은 재산이 상당했습니다. 양주에서 서울로 들어오는 80리 길에 남의 땅을 밟고 다니지 않았을 정도였다고 합니다. 이회영을 중심으로 한 독립운동의 재정적 뒷받침은 거의 이석영에게서 나온 것이었습니다. 하지만 이석영은 1934년 상하이 빈민가에서 굶어 죽었습니다. 셋째 형 이철영은 신흥무관학교 교장으로 독립을 위해 애쓰다 1925년 병사했고, 여섯째 이호영은 1933년 베이징에서 일가족이 행방불명되었습니다.

넷째 이회영의 이름이 우리에게 익숙하지 않은 것은 그가 아나키스트였기 때문입니다. 부패한 권력자, 파벌 싸움만 일삼는 정부라면 없는 게 낫다는 것이 그의 생각이었습니다. 이회영은 강제 퇴위당해

덕수궁에 유폐된 고종을 중국으로 망명시켜 항일투쟁의 구심점으로 삼으려는 계획을 세웠습니다. 그런데 거사를 앞두고 고종이 갑자기 세상을 떠나 물거품이 되고 말았습니다. 그 때문에 독살 의혹이 일기도 했습니다. 하지만 고종의 인산일에 3·1운동이 일어났고, 상하이에 임시정부가 수립되는 계기가 되었습니다. 독립운동가들이 임시정부로 모여들었습니다. 하지만 이회영이 우려했던 대로 이념과 지역, 주도권을 둘러싸고 갈등과 대립이 끊이지 않았습니다.

| 이회영의 명언 |
"목적을 달성하지 못했다 하더라도, 목적을 달성하려고 노력하다가 그 자리에서 죽는다면 이 또한 행복인 것이다."

이회영은 1925년 '다물단'을, 1931년 '흑색공포단'을 조직해 무장투쟁을 이어갔습니다. 1932년 일본군이 상하이를 점령하자 예순다섯의 이회영은 중국 국민당의 지원을 받아 관동군 사령관을 암살할 계획을 세우고 만주로 향했습니다.

당시 만주는 일본군이 장악하고 있어 위험하다며 주변에서 만류했지만 그의 의지를 꺾지 못했습니다. 하지만 밀정의 밀고로 뤼순항에 도착하자마자 체포되었습니다. 당시 〈중앙일보〉에 짧은 기사가 실렸습니다. '배에서 나리자 경찰에 잡혀서 취조중 류치장 창살에 목매 죽은 리상한 노인.' 이 노인이 바로 이회영이었습니다. 이회영

독립을 위해 목숨을 바친 의인들

은 뤼순 감옥에서 갖은 고문을 견디다 못해 옥사했지만, 일본이 이러한 사실을 숨기려고 거짓 기사를 낸 것입니다.

형제 중 다섯째 이시영만 살아서 독립을 맞았습니다. 평생 독립을 위해 애썼지만 형제들은 모두 죽고 홀로 독립을 맞아 그리던 고국 땅을 밟은 선생의 마음이 어땠을까요? 이보다 기쁠 수도, 이보다 슬플 수도 없었을 것입니다. 이시영은 대한민국 초대 부통령입니다. 이승만 초대 대통령이 이시영 가문의 명동 땅을 돌려주겠다고 제안했지만 거절했다고 합니다.

이회영은 늘 이렇게 말했고, 이를 삶으로 보여주었습니다.

"목적을 달성하지 못했다 하더라도, 목적을 달성하려고 노력하다가 그 자리에서 죽는다면 이 또한 행복인 것이다."

## 현상금 300억의 독립운동가, 김원봉

김원봉을 이야기하기 전에 먼저 소개해야 할 인물이 있습니다. '서대문 형무소' 하면 떠오르는 인물이라면 열여덟의 유관순도 있지만, 예순다섯의 강우규 의사도 있습니다.

1919년 9월 2일, 예순다섯의 노인 강우규는 남대문역(서울역)에서 사이토 총독이 탄 마차에 폭탄을 던졌습니다. 안타깝게도 폭탄이 마차 앞에 떨어져 총독 암살에는 실패했지만, 일본 경찰 등 다수를 죽거나 다치게 했습니다.

첫째 마당

강 의사는 혼란을 틈타 현장을 빠져나올 수 있었습니다. 백발의 노인이 폭탄 의거를 일으킬 거라고는 다들 생각지 못한 것입니다. 강 의사는 암살 실패를 아쉬워하며 다시 의거를 준비하다가 결국 체포되었습니다.

재판정에 선 강우규 의사의 모습이 어찌나 당당했는지 일본인 재판관이 그에게 말을 놓지 못했다고 합니다. 하지만 결국 사형이 결정되었고, 그는 다음과 같은 유언을 남기며 담담히 죽음을 맞았습니다.

"내 평생 세상에 대하야 한 일이 업슴이 도로혀 붓그럽다. 내가 이때까지 우리 민족을 위하야 자나깨나 잇치지 못하는 것은 우리 청년들의 교육이다. 나 죽는 것이 조선 청년의 가슴에 적으나마 무슨 늣김을 줄 것 갓흐면 그 늣김이 무엇보다도 귀중한 것이다."

강 의사의 의거는 국내 폭탄 의거의 효시가 되었고, 1920년대 의열 투쟁의 기폭제가 되었습니다. 강우규의 의거는 청년들의 가슴에 불을 댕겼습니다. 의열단은 '자유는 우리의 힘과 피로 쟁취하는 것이다'라며 김원봉이 청년들을 모아 조직했습니다. 당시 김원봉에게 100만 원, 지금 돈으로 300억이 넘는 현상금이 걸렸습니다. 현상금에 대한 사실 여부는 논란이 있지만, 일본에 김원봉의 존재가 그 누구보다 위협적이었음을 짐작게 합니다.

김원봉이 알려지게 된 건 영화 〈암살〉과 〈밀정〉의 영향이 컸습니다. 영화 〈밀정〉의 포스터처럼 의열단원은 평소 멋진 슈트를 입고 사진을 찍었습니다. 그들은 그 사진이 내 인생의 마지막 사진이고, 오늘이 내 삶의 마지막 날인 것처럼 즐겼습니다. 그리고 거사가 정해지면 서로 하겠다고 나서 제비뽑기를 해야 할 정도였습니다. 먼저 죽으러 가겠다고 제비뽑기라니. 어떻게 그게 가능할까요? 어디서 그런 용기가 나오는 걸까요?

의열단원의 정신 무장을 위해 신채호가 써준 글이 바로 '조선혁명선언(朝鮮革命宣言)'입니다. 신채호는 역사학자이자 독립운동가로 신문의 기고도 순식간에 끝내는 그였지만, '조선혁명선언'은 몇 날을 고심한 끝에 완성한 글이었습니다.

**"**

| 김원봉의 명언 |
"자유는 우리의 힘과 피로 쟁취하는 것이지 결코 남의 힘으로 얻는 것이 아니다.
조선 민중은 능히 적과 싸워 이길 힘이 있다."

**"**

의열단은 폭력과 혁명으로 일본을 몰아내겠다며 1920년 박재혁이 부산경찰서에, 1921년 김익상이 조선총독부에, 1923년 김상옥이 종로경찰서에, 1926년 나석주가 동양척식주식회사에 폭탄 의거를 일으켰습니다. 박재혁의 부산경찰서 폭탄 의거는 의열단이 성공시킨 첫 의거였고, 스물여섯 살의 박 의사는 사형선고를 받았지만 일본에게 죽임을 당하지 않겠다며 단식으로 목숨을 끊었습니다. 스물여섯 살의 김익상은 조선총독부에 폭탄 의거를 일으키고도 유유히 빠져나왔으며, 다음 해 상하이에서 일본 육군대장 암살 거사에 나섰다가 체포되었습니다. 이후 20년 만에 감옥에서 출소했지만, 일

첫째 마당

본 형사에게 끌려간 후 행방불명되었습니다. 서른네 살의 김상옥은 독립운동가들이 끌려가 고초를 겪었던 종로경찰서에 폭탄을 던지고 빠져나왔지만, 추격하는 일본 경찰 1천 명과 총격전을 벌이다가 권총 자살로 생을 마감했습니다. 서른다섯 살의 나석주는 조선식산은행과 동양척식주식회사에 폭탄 의거를 일으켰지만 폭탄은 터지지 않았고, 그는 가슴에 총을 쏴 자결했습니다.

1920년대 의열단을 이끌던 김원봉은 1930년대 후반 조선의용군을 창설해 중국과 함께 일본에 맞서 독립전쟁을 이끌었으며, 이후 충칭 임시정부의 한국광복군에 합류했습니다. 김원봉은 독립운동에 앞장섰지만 해방 이후에는 사회주의자라는 이유로 따가운 시선을 받아야 했습니다. 밀양 출신인 그는 미군정의 반공정책으로 탄압받고 체포되기까지 했습니다. 게다가 악명 높은 친일 경찰 노덕술이 애국 경찰로 둔갑해 김원봉에게 수갑을 채웠습니다. 이 같은 수모와 위협에 김원봉은 결국 북으로 갔고, 그의 이름은 제대로 알려지지 못했습니다.

"북조선은 그리 가고 싶지 않은 곳이지만 남한의 정세가 너무 나쁘고 심지어 나를 위협하여 살 수가 없다."

결국 일본을 공포로 몰아넣었던 독립운동가 김원봉은 남에서도 북에서도 인정받지 못하고 잊힌 이름이 되었습니다.

조국의 독립과 청년들의 교육을 위해 희생한 강우규, 갓 스물을 넘긴 나이에 의열단을 조직해 일본을 두려움에 떨게 한 김원봉! 그들의 용기와 열정은 어디에서 나온 걸까요?

독립을 위해 목숨을 바친 의인들

사람은 누구나 가끔 삶의 방향을 잃고 헤맬 때가 있습니다. 인생에 정답은 없지만 어떻게 살아야 할지 역사에서 해답을 구한다면, 우리 역사에서 가장 힘든 시간이었던 일제강점기를 살았던 사람들에게서 찾을 수 있지 않을까요? 그 시대를 살았던 사람들은 그 힘든 시간을 어떻게 꿋꿋이 살아낼 수 있었을까요?

내 삶을 지탱하는 힘은 과연 무엇일까요? 사람마다 다른 대답을 내어놓겠지만, 분명한 것은 적어도 우리는 우리 삶을 좀더 가치 있게 살아야 한다는 것입니다. 뻔한 질문이지만, 진지하게 스스로 질문해보기 바랍니다. '어떻게 살 것인가?' 이런 물음을 던지면서 사는 사람은 오늘을 그냥 살지 않습니다.

# 꼭 기억해야 할 여성 독립운동가인
# 윤희순과 정정화

우리가 꼭 기억해야 할 여성 독립운동가들이 있습니다. 부끄럽게도 여성 독립운동가라고 하면 유관순 외에 영화 〈암살〉의 모델로 알려진 남자현 정도가 전부입니다. '꼭 기억해야 할 여성 독립운동가'라는 제목으로 이 글을 쓰는 이유가 바로 여기에 있습니다.

간디와 함께 인도의 독립운동을 이끌었던 네루가 감옥에서 딸을 위해서 쓴 『세계사 편력』이라는 책이 있습니다. 놀랍게도 이 책에 우리나라의 여성 독립운동가 이야기가 소개되어 있습니다.

"일본인이 한민족을 억압한 것은 역사상 보기 드문 쓰라린 암흑의 일막이다. 코리아에서는 대학을 갓 졸업한 젊은 여성과 소녀가 투쟁에서 중요한 역할을 했음을 안다면 너도 틀림없이 깊은 감동을 받을 것이다."

그 당시 인도의 독립운동가 네루가 한국의 여성 독립운동가 이야기를 딸에게 들려주었는데, 우리는 시간이 이렇게 지났음에도 우리 역사 속 여성 독립운동가들의 이름을 제대로 알지 못합니다.

## 최초의 여성 의병장, 윤희순

꼭 기억해야 할 여성 독립운동가 중 첫 번째 인물은 최초의 여성 의병장 윤희순입니다. 그녀는 유학자 집안에서 태어나 자랐고, 유학자 집안으로 시집갔습니다. 그런데 최초의 여성 의병장이 되었습니다. 한복을 입고 쪽을 지고 총을 든 여성 의병장이었습니다. 그녀는 왜 의병장이 되었을까요?

1895년 을미사변에 이어 단발령까지 시행되자, 사람들은 크게 반발했습니다. 호조참판을 지내기도 했던 최익현은 "내 목을 자를지언정 상투를 자를 수는 없다"라며 강하게 맞섰고, 전국적인 항일 의병이 일어났습니다. 이때 의병을 '을미의병'이라 하는데, 조선 후기 학자인 유인석이 대표적 의병장이었습니다. 그와 함께한 의병장 유홍석이 윤희순의 시아버지였습니다. 윤희순은 시아버지 유홍석에게 자신도 의병에 함께하겠다고 했습니다. 하지만 시아버지는 "전쟁터는 여자가 나설 곳이 아니다. 너는 집에서 아이를 잘 키우고 가문을 지킬 수 있도록 도와다오"라고 부탁했습니다.

당시 윤희순은 열여섯 살에 시집와 20년 만에 첫아들을 얻었고, 그 아들이 두 살 되던 해였습니다. 그러니 누가 봐도 아이를 키우는 것이 윤희순에게 더 중요한 일이었습니다. 하지만 윤희순은 가만히 있을 수 없었습니다. 그녀는 쫓기는 의병들을 숨겨주고, 다친 의병들을 치료해주고, 의병들의 식사를 챙기기도 했습니다. 그러고도 성에 차지 않았습니다. 이에 윤희순은 붓을 들어 〈안사람 의병가〉라는 노래를 지었습니다.

아무리 왜놈들이 강성한들 우리들도 뭉쳐지면 왜놈 잡기 쉬울세라. / 아무리 여자인들 나라 사랑 모를쏘냐. 아무리 남녀가 유별한들 나라 없이 소용 있나. / 우리도 나가 의병 하러 나가보세. 의병대를 도와주세. / 금수에게 붙잡히면 왜놈 시정 받들쏘냐. 우리 의병 도와주세. / 우리나라 성공하면 우리나라 만세로다. 우리 안사람 만만세로다.

윤희순은 〈안사람 의병가〉를 밤낮으로 부르고 다녔습니다. 그런데 노래 가사가 일본이 알면 경을 칠 내용이라 마을 사람들의 걱정이 컸습니다. 마을 사람들은 이 집안 남자들이 다 의병으로 나가고 그 집 며느리가 실성했다며 수군거렸습니다.

그런데 놀랍게도 밤낮없이 부르고 다닌 의병가가 사람들의 마음을 움직이기 시작했습니다. 사람들이 노래를 따라 불렀고, 윤희순과

독립을 위해 목숨을 바친 의인들

함께 힘을 보태어 의병들을 도와주었습니다. 윤희순은 다시 붓을 들어 일본에 경고를 날렸습니다. 왜놈 대장에게 다음과 같은 격문을 띄운 것입니다.

"너희 놈들이 우리나라가 욕심나면 그냥 와서 구경이나 하고 갈 것이지, 우리가 너희 놈들에게 무슨 잘못을 했느냐. (…) 너희 왜놈들, 그렇지 않아도 원숭이, 여우 같은 놈들인 줄은 내 진작부터 알고 있었거니와, 우리 조선 사람들 화가 나면 황소, 호랑이와 같으니라. (…) 좋은 말로 달랠 적에 너희 나라로 가거라. 왜놈 대장 놈들아, 우리 조선 안사람이 경고한다."_ 윤희순

**"**

| 윤희순의 명언 |
"매사를 시대에 따라 옳은 도리가 무엇인지 생각하며 살아가길 바란다."

"아무리 왜놈들이 강성한들 우리들도 뭉쳐지면 왜놈 잡기 쉬울세라.
아무리 여자인들 나라 사랑 모를쏘냐.
아무리 남녀가 유별한들 나라 없이 소용 있나.
우리도 나가 의병하러 나가보세. 의병대를 도와주세."
–〈안사람 의병가〉 중

**"**

당시 여성이 붓을 들고 사회적인 목소리를 높이는 것은 금기시되는 일이었습니다. 그런데 윤희순은 떳떳하게 이름까지 밝히며 자기 생각을 당당하게 이야기한 것입니다.

1907년 고종 황제가 강제 퇴위당하고, 군대마저 강제 해산되었습

니다. 해산된 군인들이 합세하면서 전국적인 의병이 일어났습니다. 이를 '정미의병'이라 합니다. 윤희순의 집안사람들도 다시 의병으로 나섰습니다. 윤희순도 가만히 있을 수 없었습니다. 그녀는 '안사람 의병단'을 조직했고, 아녀자 30여 명이 이에 합세했습니다.

안사람 의병단은 의병들에게 밥을 지어주는 일은 물론이고 밤마다 마을을 돌아다니면서 무기를 만들 놋그릇, 쇠뭉치 등을 걷어왔습니다. 화약을 만들 유황이 부족해 오줌을 모으고 그걸 달여 화약을 만들었습니다. 그렇게 의병들을 지원해주고, 군자금을 모으기도 했습니다.

1909년 일본은 대대적인 의병 토벌에 나섰고, 많은 의병이 죽거나 쫓겨서 국경을 넘어갔습니다. 1910년에는 결국 국권이 피탈되었습니다. 경술국치 소식을 들은 윤희순의 시아버지 유홍석은 자결하려 했습니다. 윤희순은 목숨을 버리기보다 끝까지 살아남아 독립운동을 하자며 시아버지를 설득해 집안사람 모두 간도로 넘어갔습니다. 그리고 깊숙이 들어가 의병단을 모집하고 독립운동을 펼쳤습니다.

일본의 눈을 피해 옮겨 다니는 생활이 계속되었고, '환인현'이라는 곳으로 옮겨가 의병을 꾸렸습니다. '여성 의병대'를 조직했고, 윤희순도 총을 들고 일본에 맞서기 시작했습니다. 이때 그녀의 나이가 쉰이 넘었습니다.

윤희순은 환인현에 '노학당'이라는 학교를 세우고 교장이 되었습니다. '문화 지식이 있고 애국정신으로 국권 회복을 위해 목숨 바쳐 싸울 수 있는 항일 인재를 양성한다'는 취지 아래 역사, 국어, 한문,

독립을 위해 목숨을 바친 의인들

수학 등을 가르쳤습니다. 박은식, 신채호 선생이 노학당에 와서 강연해주기도 했습니다. 환인현에서 의병단을 조직하고 있을 당시 윤희순이 의지하던 시아버지 유홍석이 돌아가셨습니다. 2년 후에는 남편 유재원마저 세상을 떠났습니다.

윤희순은 아들과 무순으로 이주해 새로이 터전을 잡고 '조선독립단'을 조직했습니다. 조선독립단은 한중 연합 조직이었습니다. 한중 연합군을 꾸리고자 윤희순은 직접 나서서 함께 싸우자고 중국인들을 설득했습니다.

"중국 땅에서 목숨을 걸고 일본 놈과 싸울 겁니다. 나는 천하에 두려운 것이 없습니다. 천 번을 넘어지면 만 번을 일어서겠습니다. 한 민족의 원수를 갚고, 우리 가족의 원수를 갚고, 한국의 국권을 찾기 위해 지금 우리는 목숨을 내걸고 싸우겠습니다."

그녀의 설득에 많은 중국인이 뜻을 같이했습니다. 일본에 의해 중국 땅에 끌려온 사람들도 구출해 독립군에 합류시켰습니다. 이후 이곳에도 '조선독립단 학교'를 설립했는데 이 모든 활동의 중심에 윤희순이 있었습니다. 그녀의 이런 활동은 당시 여성에 대한 시대의 벽을 뛰어넘은 것이었습니다.

그녀가 만든 한중 연합 조선독립단은 일본을 상대로 큰 활약을 펼쳤고, 조선혁명군을 이끌었던 양세봉 장군과 연합 작전을 펼치기도 했습니다. 한중 연합군이 일본에 큰 타격을 입히자 일본도 가만히 있지 않았습니다. 군대를 이끌고 대대적인 독립군 수색과 토벌에 나섰습니다. '모조리 죽이고, 모조리 불태우고, 모조리 약탈한다'는 작전이었습니다.

윤희순과 조선독립단은 일본의 눈을 피해 또 숨어 지내야 했습니다. 그러던 중 아들 유돈상이 일본군에 체포되었다는 소식이 들렸습니다. 아들은 무순 감옥에서 한 달 동안 모진 고문을 당했습니다. 결국 초주검이 되어서야 감옥을 나올 수 있었지만 그 길에 그만 숨을 거두고 말았습니다. 유돈상은 윤희순이 결혼하고 20년 만에 얻은 귀한 아들이었습니다.

"매를 얼마나 때렸는지. 가는 도중 숨이 지니 어쩔 수 없이 야산에 묻어 유(柳)자만 새겨 놓았으니 이 슬픈 마음을 이루 다 말하리오."

아들의 죽음을 마주한 윤희순은 다시 붓을 들었습니다. 그녀는 곡기를 끊고 자신의 일생 마지막 글을 쓰기 시작했습니다. 아들이 죽고 11일 만에 그녀 역시 일흔여섯의 나이로 눈을 감았습니다. 이때가 1935년 8월 1일이었습니다. 그녀가 남긴 마지막 기록이 『윤씨 일생록』입니다.

윤희순은 유씨 집안으로 시집와 유씨 집안 사람으로 의병 활동을 이끌었습니다. 하지만 그녀의 일생록은 '윤씨 일생록'입니다. 유학자 집안에서 나고 자라 유학자 집안으로 시집왔지만, '윤씨 일생록'이라고 자신을 당당히 드러내는 주체적인 삶을 살았음을 보여줍니다.

1994년, 돌아가신 지 60년 만에 그녀의 유해는 고국으로 돌아왔습니다. 윤희순은 중국인들에게 함께 싸우자고 독려했고, 우리를 받아준 그들에게 벼농사를 가르쳐주었습니다. 그래서인지 중국인들이 대를 이어 윤희순의 무덤을 지켜주고 있었습니다.

독립을 위해 목숨을 바친 의인들

윤희순이 조선 최초의 여성 의병장으로 40년 동안 독립군을 이끌며 그 중심에서 영향력을 발휘할 수 있었던 힘은 무엇일까요? 그것은 조선 여성의 힘이었고, 어머니의 힘이었습니다. 조선 여성들은 여자였지만 강했고, 어머니이기 때문에 더 강했습니다. 윤희순 지사가 마지막으로 남긴 말씀입니다.

"매사를 시대에 따라 옳은 도리가 무엇인지 생각하며 살아가길 바란다."

## 임시정부의 안주인 정정화

두 번째로 소개할 인물은 임시정부의 안주인 정정화입니다. 정정화는 대한제국의 고위 관료인 김가진의 며느리였습니다. 김가진은 국권피탈 후 일본으로부터 남작 작위를 받았습니다. 하지만 그의 행적은 달랐습니다. 그는 '대동단(大同團)'이라는 비밀 조직을 이끄는 총재였습니다. 1919년 3·1 만세운동 이후 임시정부가 수립되자, 김가진은 아들 김의한과 함께 상하이로 망명했습니다. 그리고 이렇게 말했습니다.

"나는 이곳에 우리 민족의 정부가 있음을 듣고 왔노라. 우리 정부가 있는 이곳에서 죽는 것이 나의 뜻이다."

김가진의 망명에 임시정부는 '큰어른이 오셨다'며 힘을 얻었습니다. 그리고 1920년 1월 김가진의 며느리 정정화가 시아버지와 남편을 쫓아 상하이로 찾아왔습니다. 그녀의 나이 갓 스무 살이었습니다. 정정화의 삶이 바뀌는 순간이었습니다.

상하이에 도착해보니 임시정부의 상황이 너무 열악했습니다. 집세와 식비가 밀려 있었고, 중국인 집주인에게 퇴거를 요구받은 상황이었습니다. 정정화는 가지고 간 돈을 모두 내어놓곤, 임시정부를 운영할 독립자금을 구하러 다시 국내로 들어왔습니다. 국내로 들어오는 길은 기차를 타고 오지만, 국내에서 독립자금을 모아 다시 상하이로 들어가려면 목숨을 걸고 압록강을 건너야 했습니다. 들키지 않고 국경을 넘으려면 30리를 맨발로 압록강 기슭까지 걸어와야 했습니다.

정정화는 이렇게 9년 동안 압록강을 여섯 번이나 건너며 독립자금을 임시정부에 전달했습니다. 이는 사실 남자들도 하기 힘든 일이었지만 남자들은 감시가 너무 심해 정정화가 나서서 이 일을 맡은 것입니다.

정정화가 압록강을 여섯 번이나 건너며 국내에서 독립자금을 전달할 수 있었던 것은 도와주는 사람들이 있었기에 가능한 일이었습니다. 그중 이세창이라는 사람이 있었습니다. 그는 가게를 운영하는 평범한 사람처럼 보였지만, 비밀리에 임시정부를 도와주고 있었습니다. 한밤중에 압록강 나룻배까지 안내하고, 강을 건너는 것을 이세창이 도와주었습니다. 정정화는 너무 위험하니까 혼자서 강을 건너가겠다고 했지만, 이세창은 번번이 정정화를 압록강 건너 중국 땅까지 데려다주었습니다. 그런 이세창을 보며 정정화는 이런 생각을

독립을 위해 목숨을 바친 의인들

했습니다.

'이 사람은 나라의 세도가들에게 억눌린 삶을 살았을 텐데, 나라가 없어졌다고 위험을 무릅쓰고 일본에 맞서다니 애국자가 따로 없구나.'

그런데 이세창 역시 정정화를 보면서 이렇게 생각했다고 합니다.

'귀하게 자란 사람이 이런 위험한 독립운동을 할 줄은 꿈에도 생각을 못 했다.'

두 사람 모두 서로에게 편견이 있었던 것입니다. 이렇듯 독립운동을 하는 데는 남녀도 신분도 따로 있지 않았습니다. 여섯 번 압록강을 건너는 동안 일본에 체포되기도 했습니다. 김가진의 며느리라는 사실이 들통나 모진 고초를 겪었습니다. 자신은 임시정부와 아무런 관계가 없다고 버텼고, 풀려나 상하이로 돌아왔지만 이미 시아버지가 돌아가신 후였습니다.

정정화는 임시정부의 안주인 역할을 도맡아 하며 임시정부의 사람들을 살뜰히 챙겼습니다. 26년간 임시정부를 지키며 김구의 부인 최준례의 임종을 지켰고, 김구의 어머니 곽낙원 여사를 모시고 살기도 했습니다. 그리고 총상을 입은 김구를 간호하기도 했습니다. 1940년에는 임시정부의 든든한 버팀목이던 이동녕의 마지막을 곁에서 지켰습니다. 나라를 잃고 오랜 기간 타국에서 힘들게 독립운동을 하다가 죽음을 맞는 그들의 외로운 마지막 길을 정정화가 곁에서 지켰습니다.

1932년 윤봉길의 홍커우 의거 이후 임시정부는 상하이를 떠나야 했고, 일본을 피해 계속 옮겨 다녀야 했습니다. 상하이를 떠나 충칭에 다다르기까지 무려 4천 킬로미터나 되는 피난길이었습니다. 그때마다 100명이 넘는 임시정부 식솔들을 챙긴 것도 정정화였습니다. 그녀는 26년간 임시정부를 이끈 조력자였습니다. 하지만 정정화는 덤덤하게 말합니다.

"다만 임시정부가 내게 할 일을 주었고, 나는 맡은 일을 했을 뿐이다."

**"**

| 정정화의 명언 |
"어린아이가 집 밖에 나가 놀 때도 어머니는 늘 집 안에 계시듯
조국은, 잃어버린 조국은 늘 그렇게 내 마음속에 있었다."

"조국이 무엇인지 모를 때에는 그것을 위해 죽은 사람들을 생각해보라.
그러면 알게 된다. 조국이 무엇인지."
-『장강일기』

**"**

정정화는 충칭에서 '한국혁명여성동맹'을 창립해 독립운동에 힘을 보태고 '3·1 유치원'을 만들었습니다. 이국땅에서 태어나 조선이란 나라가 어떤지도 모른 채 자라던 아이들에게 조선의 산천, 조선 사람들, 조선의 향기를 들려주었습니다. 어쩌면 그 이야기들은 정정화 자신에게 들려주고 싶었던 이야기였는지도 모릅니다. 정정화는 이렇게 회고했습니다.

독립을 위해 목숨을 바친 의인들

"나는 내 얘기를 남기고 싶지 않다. 자랑거리도 아니고, 자랑하자고 한 일도 아니다. 나 아닌 누구였어도 다들 했을 것이다."

대단한 일이지만, 그녀는 한사코 이렇게 이야기합니다. 시대의 아픔이 그녀를 여성 독립운동가로 만들었습니다. 우리에게는 26년이라는 세계에서 가장 오랜 기간 독립운동을 지속한 임시정부의 기록이 있습니다. 그만큼 안주인이었던 정정화의 역할을 무시할 수 없습니다. 정정화가 없었다면 26년 임시정부 독립운동의 기록도 없었을지 모릅니다.

그토록 오랜 기간 임시정부를 지킬 수 있었던 힘은 무엇일까요? 타국에서 힘들게 독립운동을 하던 사람들은 경제적 궁핍, 일본을 피해 숨어 다녀야 하는 불안과 함께 때로는 잡혀가 모진 고초를 겪기도 했습니다. 독립이 언제 이루어질지 몰라 지쳐갔습니다. 그럴 때마다 정정화가 해주는 따스한 밥 한 그릇은 힘들고 지친 마음에 따뜻한 위로와 작은 격려가 되지 않았을까요. 그들에게 그것은 결코 작은 것이 아니었습니다.

1945년 마침내 그토록 염원하던 광복을 맞았습니다. 정정화는 임시정부 요인들의 귀국을 돕고 1946년 26년 만에 고국 땅을 밟았습니다. 그녀의 나이 마흔일곱 살이었습니다. 이제 행복만 기다리고 있을 거라고 생각했습니다. 그런데 한국전쟁이 일어났고, 정정화의 남편 김의환이 납북되었습니다. 북한은 한국전쟁 중 남쪽에 있던 많은 독립운동가를 북으로 끌고 갔습니다. 정정화는 남편 소식을 알 길이 없었습니다.

첫째 마당

그러던 중 남편과 함께 납북된 독립운동가 조소앙의 비서를 만났습니다. 남편 소식을 듣기 위해서였습니다. 하지만 그 때문에 체포되어 종로경찰서로 끌려가 고초를 겪었습니다. 그런데 종로경찰서에서 그녀를 심문한 이가 친일 경찰 출신인 김태식이었습니다. 과거 임시정부에 독립자금을 전달하려다 잡혔을 때 자신을 심문한 친일 경찰이 김태식이었습니다. 광복 후에도 여전히 경찰로 있는 김태식을 보며 얼마나 배신감이 들었을까요.

대한민국 초대 부통령 이시영이 임시정부에서 함께 활동했던 정정화에게 정부의 고위직을 제안했지만 거절했습니다. 조용히 남은 삶을 살던 정정화는 아흔한 살이던 1991년 11월 2일 눈을 감았습니다.

1982년 그녀에게 건국 훈장 애족장이 수여되었지만, 서훈이 그녀의 삶에 큰 위로가 되지는 않았습니다. 서훈을 받은 정정화는 대전 현충원에 잠들었지만, 남편 김의환은 북한 땅에 묻혔습니다. 중국에서 돌아가신 시아버지 김가진은 상하이 만국공묘에 묻혔지만, 문화혁명 때 비석이 파괴되어 무덤의 위치를 찾을 수 없게 되었습니다.

가족이 함께 독립운동을 했지만 그들은 각각 다른 곳에 묻혀 있습니다. 정말 말도 안 되는 우리 현대사의 아픔을 보여주는 적나라한 장면입니다. 정정화는 자신의 회고록 녹두꽃(개정판 장강일기)에서 이렇게 말했습니다.

"어린아이가 집 밖에 나가 놀 때도 어머니는 늘 집 안에 계시듯 조국은, 잃어버린 조국은 늘 그렇게 내 마음속에 있었다."

독립을 위해 목숨을 바친 의인들

대구 도심에 3·1운동 계단이 있습니다. '90계단'이라고도 합니다. 이곳에 가면 대구의 근현대사를 만날 수 있습니다. 계단을 오르다 보면 100년 전 대구 모습, 3·1 만세운동에 참여했던 학생들, 당시 풍경이 사진으로 전시되어 있습니다.

계산성당 옆 2층 기와집은 안중근 의사가 강연을 다녀간 곳입니다. 1907년 개교한 신명여학교는 1919년 3월 5일 전교생이 만세운동에 참여했습니다. 그리고 학생 대다수가 경찰에 끌려가 고초를 겪었습니다.

사진 속 오래된 신명여학교 건물은 제가 3년 동안 학교를 오가며 직접 본 것입니다. 담쟁이덩굴로 뒤덮인 오래된 벽돌 건물은 고풍스러워 보이기도 하지만, 겨울에는 으스스해 보였습니다. 날이 어두워지면 아무도 얼씬하지 않았습니다. 학교 바로 옆에 90계단이 있지만 숲으로 가려져 당시에는 그곳이 3·1운동길이라는 것도 몰랐습니다. 돌이켜보면 정말 부끄러운 일입니다. 학교에는 1972년 3·1운동 기념탑이 세워졌습니다. 교내에 3·1운동 기념탑이 세워진 것은 처음 있는 일이었습니다.

더 놀라운 것은 1937년 신명여학교에 헬렌 켈러가 방문했다는 사실입니다. 헬렌 켈러는 신명여학교 학생 167명에게 강연을 했습니다. 신체장애가 있던 그녀는 나라를 잃은 장애가 있던 신명여학교 학생들에게 "미래 한국의 역사를 짊어질 신명의 딸들이여, 꿈을 가지세요! 하늘로부터 받은 능력을 살려 아름다운 작품이 되세요"라고 말했습니다.

"세상은 고통으로 가득하지만, 그것을 극복하는 사람들로도 가득하다." 헬렌 켈러가 한 말입니다. 헬렌 켈러는 자기 삶으로 그것을 증명해 보였습니다. 그리고 우리도 35년 동안의 긴 식민 통치에 맞서 마침내 독립을 얻어냈습니다.

윤희순과 정정화 두 분을 이야기하며 가슴이 뭉클해지고 뜨거운 것이 솟구치는 지금, 조국의 의미를 마음 깊이 느끼게 됩니다. 정정화 지사는 조국에 대해 이렇게 말했습니다.

"조국이 무엇인지 모를 때에는 그것을 위해 죽은 사람들을 생각해보라. 그러면 알게 된다. 조국이 무엇인지."

당신에게 조국이란 무엇인가요? 저는 이렇게 말하고 싶습니다.

"조국은 내가 느끼지 못하는 순간에도 내 곁을 지키고 있는 그림자다."

# 조선 독립을 위해 싸운
# 호머 헐버트와 후세 다츠지

우리가 미처 몰랐던 독립운동가들이 있습니다. 푸른 눈의 독립운동가인 호머 헐버트와 대한민국 건국 훈장을 받은 일본인인 후세 다츠지입니다.

안중근 의사는 호머 헐버트를 '한국인이라면 단 하루도 잊어선 안될 이름'이라고 각별히 강조했습니다. 후세 다츠지는 '대한민국 건국 훈장을 받은 최초의 일본인'입니다. 호머 헐버트와 후세 다츠지는 조선과 조선인을 위해 과연 어떤 삶을 살았기에 이런 평가를 받는 것일까요?

## 단 하루도 잊어선 안 될 이름, 호머 헐버트

선교사 호머 헐버트는 스물셋의 나이에 '육영공원(育英公院)'이라는 근대식 공립학교 영어 교사로 조선에 왔습니다. 그런데 막상 와보니 조선의 사정이 생각보다 더 열악했습니다. 걱정과 실망이 컸지만, 헐버트의 걱정은 조선에 온 지 나흘 만에 바뀌었습니다. 왜냐하면 불과 나흘 만에 한글을 익혔기 때문입니다. 헐버트는 '이렇게 훌륭한 문자를 만든 민족이라면 충분히 가능성이 있다'고 생각했고, 조선을 위해 열정을 불태우기 시작했습니다.

헐버트는 육영공원 학생들에게 조선 바깥의 세상을 알려주고 싶어 세계 지리책을 우리말로 번역하기 시작했습니다. 이제 막 한글을 익힌 실력으로 세계 지리책을 번역하면서 헐버트는 책 서문에 이런 내용을 실었습니다.

"조선 언문이 중국 글자에 비하여 크게 요긴하건마는 사람들이 그 요긴한 줄도 모르고 오히려 업신여기니 어찌 안타깝지 아니하리오. 이러므로 한 외국인이 조선말과 언문법에 익숙지 못한 것에 대한 부끄러움을 잊어버리고 특별히 언문으로서 천하 각국 지도와 목견한 풍기를 대강 기록한다."

헐버트가 한글을 익히면서 놀란 점이 3가지 있었습니다. '이렇게 과학적인 문자가 있다니' 하고 놀랐고, '문자가 이렇게 쉽다니' 하고 놀랐으며, '이렇게 뛰어난 문자를 사람들이 업신여긴다'는 것에 더욱 놀랐습니다.

독립을 위해 목숨을 바친 의인들

헐버트는 세계 지리책에 『사민필지(土民必知)』라는 이름을 붙였습니다. 선비부터 백성에 이르기까지 모두 알아야 하는 책이라는 뜻입니다. 헐버트는 『사민필지』를 한글로 번역하면서 한 가지 아쉬운 점을 발견했습니다. 띄어쓰기가 없어 의사 전달이 잘못될 수 있다는 점이었습니다. 헐버트는 〈조선 소식(Korean Repository)〉 1896년 1월호에 띄어쓰기의 필요성을 주장했습니다. 헐버트의 의견에 따라 독립신문에 띄어쓰기한 기사가 실리게 되었습니다. 헐버트는 1892년 〈조선 소식〉에 한글을 연구한 논문을 발표했습니다.

"우리는 한글이 그 어떤 문자보다도 간단하고 과학적인 방법으로 발명되었음을 인정해야 한다. 왜냐하면 완벽한 문자란 최대한 단순하면서도 광범위한 표음 능력을 지닌 글자이기 때문이다."

1896년 〈조선 소식〉에도 '한글은 현존하는 문자 중에서 가장 단순하고, 가장 이해하기 쉬운 가장 완벽한 문자'라고 칭찬했습니다. 헐버트는 한글학자였습니다. 주시경도 헐버트의 제자로 배재학당에서 공부했습니다. 헐버트는 천재적인 언어능력에 누구보다 한글에 열정적인 주시경을 알아보고 그와 함께 한글을 연구했습니다. 헐버트는 '한글과 견줄 문자는 세상 어디에도 없다'고 말했습니다. 그리고 한편으로 이렇게 개탄했습니다.

"조선이 한글 창제 직후부터 한자를 던지고 한글을 받아들였다면 조선에는 무한한 축복이었을 텐데."

1895년 경복궁에서 명성황후가 일본 낭인들에게 시해당했습니다. 고종도 암살 위협에 시달렸습니다. 식사도 안심하고 할 수 없었고, 잠도 편히 잘 수 없었습니다. 그런 고종에게 식사를 만들어주고, 방문 앞에서 불침번을 선 서양인들이 있었습니다. 헐버트도 그랬습니다.

1905년 일본은 을사늑약 체결을 압박했습니다. 고종은 미국에 기대를 걸고 미국 대통령에게 친서를 전달해달라고 헐버트에게 부탁했습니다. 조선이 미국과 체결한 조미수호통상조약에 우리가 다른 나라에 불이익을 당하면 미국이 중재해주기로 한 '거중조정' 조항이 있었기 때문입니다. 하지만 루스벨트 대통령은 헐버트를 만나주지 않았습니다. 이미 미국은 일본과 '가쓰라 태프트 밀약'을 체결한 상태였기 때문입니다. 미국이 필리핀을 식민지로 삼는 것을 일본이 눈감아주고, 일본이 조선을 식민지로 삼는 것을 미국이 눈감아주기로 한 밀약이었습니다.

결국 을사늑약이 체결되었습니다. 미국은 우리가 외교권을 빼앗기자 가장 먼저 대사관을 철수했습니다. 헐버트는 '조선이 일본의 식민지가 된 데는 미국 대통령의 책임이 크다'며 정면으로 반박했고, 미국을 이렇게 비판했습니다.

"미국은 한국이 어려움에 닥쳤을 때 제일 먼저 한국을 저버렸다. 그것도 가장 모욕적인 방법으로 인사말도 없이."

부당하게 외교권을 빼앗긴 고종은 이를 세계에 알리고자 헤이그에 특사를 파견했습니다. 헤이그 특사인 이준, 이상설, 이위종은 각각 다른 곳에서 출발했습니다. 서울에서 출발한 이준은 블라디보스토크에서 이상설과 합류했고, 두 사람은 시베리아 횡단열차를 타고

독립을 위해 목숨을 바친 의인들

상트페테르부르크에서 이위종과 합류해 무사히 헤이그에 도착했습니다. 이들이 일본의 눈을 피해 헤이그까지 도착할 수 있었던 것은 일본의 시선을 끌었던 '제4의 특사' 헐버트가 있었기 때문입니다.

하지만 외교권이 없던 조선은 만국평화회의장에 들어갈 수 없었습니다. 헤이그 특사는 회의장 바깥에서 일제의 침탈을 고변하는 탄원서를 각국에 전달했고, 만국평화회의에서 조선 문제를 거론해달라고 요청했지만 받아들여지지 않았습니다. 그렇게 헤이그 특사의 활동이 실패로 끝나는가 했습니다.

그런데 '제4의 특사' 헐버트가 있었습니다. 헐버트는 러시아, 독일, 스위스, 프랑스 등 조선과 수교를 맺은 9개 나라에 고종의 친서를 전달하며 헤이그에 도착했습니다. 그뿐이 아니었습니다. 헐버트는 영국의 유명 언론인 윌리엄 스테드를 만나 조선의 사정을 전달했고, 윌리엄 스테드는 헤이그 특사의 탄원서를 〈만국평화회의보〉에 실어 주었습니다. 그리고 윌리엄 스테드의 주선으로 이위종은 150여 개국에서 온 기자들 앞에서 일제의 침략상을 알리는 연설을 했습니다.

"대포가 유일한 법이고, 강대국은 어떤 이유로도 처벌될 수 없다고요! 왜 대한제국이 희생되어야 합니까?"

이 연설을 들은 기자들은 대한제국을 지지하는 성명서를 만장일치로 채택했습니다. 하지만 결과는 달라지지 않았습니다. 헤이그 특사는 큰 결실을 보지 못했고, 고종은 강제 퇴위당해야 했습니다.

1909년, 고종은 헐버트에게 마지막 부탁을 했습니다. 상하이 독일계 은행에 예치해 둔 비자금을 찾아 의병들에게 전달해달라는 것이었습니다. 헐버트는 고종의 위임장을 들고 상하이 덕화은행을 찾았습니다. 하지만 위임장을 위조한 일본이 예금을 모두 인출한 후였습니다. 헐버트는 조선의 운명이 걸린 일들을 위험을 무릅쓰고 최선을 다해서 도왔습니다. 그는 조선의 독립운동가였습니다.

"

| 헐버트의 명언 |
"한글은 현존하는 문자 중
가장 단순하고 가장 이해하기 쉬운 가장 완벽한 문자다."
"조선이 한글 창제 직후부터 한자를 던지고 한글을 받아들였다면
조선에는 무한한 축복이었을 것이다."
"나는 1,800만 한국인의 권리와 자유를 위해 싸워왔으며
한국인들에 대한 사랑은 내 인생의 가장 소중한 가치이다."
"나는 웨스트민스터 사원보다 한국 땅에 묻히기를 원한다."

"

1907년 우리나라를 방문한 일본의 대신 다나카가 경천사지 10층 석탑을 훔쳐갔습니다. 개성(개경)에 있던 경천사탑은 화려한 조각이 새겨진 대리석 탑으로 높이가 13.5미터에 무게가 10톤이 넘었습니다. 강하게 항의했지만, 일본은 들은 척도 하지 않았습니다.

이 소식을 들은 헐버트는 일본의 영자신문 〈재팬 크로니클(Japan Chronicle)〉에 야만적인 문화재 약탈 행위를 고발했습니다. 베델은 〈대한매일신보〉에 '다나카는 우리 국민을 만만히 봤다. 조선 인민은 그 만행과 모욕에 결연히 항거할 것이다'라는 기사를 실었습니다.

이 사건은 언론을 통해 일파만파 알려졌고, 미국의 〈워싱턴포스트〉

에도 기사가 실렸습니다. 그러자 일본은 난처해졌고, 대일 여론도 좋지 않았습니다. 결국 다나카는 11년 만에 경천사 10층 석탑을 돌려주었습니다. 헐버트는 경천사 10층 석탑을 지켜준 우리 국가유산 지킴이였습니다.

1908년 헐버트는 제자 오성근과 함께 『대한 역사』를 편찬했습니다. 하지만 일본의 검열에 걸려 이 책은 금서가 되었습니다. 일본의 만행에 비분강개한 헐버트는 이후 『한국사(HISTORY OF KOREA)』를 영문으로 편찬했습니다. 그리고 대한제국의 안타까운 멸망 과정을 기록한 『대한제국 멸망사(The Passing of Korea)』를 편찬했습니다.

헐버트는 아리랑 노래에 최초로 서양식 악보를 붙인 인물이기도 합니다. 그는 누구보다 한국을 사랑했고, 한국인의 정서에 공감했습니다. 헐버트는 이렇게 말했습니다.

"나는 1,800만 한국인의 권리와 자유를 위해 싸워왔으며 한국인들에 대한 사랑은 내 인생의 가장 소중한 가치다. 결과가 어떻게 되든 나의 그러한 행동은 값어치 있는 일이라고 생각한다."

결국 일본은 헐버트를 추방했고, 이후 헐버트는 우리 땅에 오고 싶어도 올 수 없었습니다. 광복절이자 정부 출범 1주년 기념식이 열린 1949년 8월 15일, 정부는 헐버트를 초청했습니다. 여든여섯의 나이에 지병도 있었지만 헐버트는 한국행을 결심했습니다. 당시 그는 이렇게 말했습니다.

"웨스트민스터 사원에 묻히는 것보다 한국 땅에 묻히는 것이 소원입니다."

한 달이나 걸린 힘든 여행 끝에 7월 29일 우리나라에 도착한 그는 배에서 내리자마자 주저앉아 땅에 입을 맞추었습니다. 하지만 헐버트는 도착한 지 일주일 만에 돌아가셨고, 그의 장례식은 우리나라 최초로 외국인 사회장으로 치러졌습니다. 헐버트는 우리 땅인 양화진 외국인 묘역에 묻혔습니다.

누구보다 조선을 사랑했던 그는 "조선은 반드시 피어날 것이다"라고 말했습니다. 헐버트의 말대로 우리는 피어나고 있습니다. 헐버트의 삶은 우리에게 '헌신'이라는 두 글자를 떠올리게 합니다. 몸과 마음을 다해 있는 힘을 다하는 마음. 그가 삶으로 보여준 '헌신'이 가슴에 아프게 와닿습니다. 우리는 나와 내 가족이 아닌 또 다른 이를 위해 이처럼 헌신할 수 있을까요?

## 조선을 대변한 일본의 양심, 후세 다츠지

우리가 몰랐던 또 다른 인물은 일본인 후세 다츠지입니다. 그런데 그를 수식하는 말들이 놀랍습니다.

첫째, '대한민국 건국 훈장 애족장을 받은 최초의 일본인'입니다. 1919년 일본 도쿄에서 조선인 유학생들을 중심으로 2·8 독립선언이 있었습니다. 2·8 독립선언식은 일본에 의해 해산되었고, 조선인 유학생 11명이 체포되어 재판을 받았습니다. 내란죄로 기소된 이들을 변호해줄 변호인단이 꾸려졌습니다. 당시 변호인단의 변론 요지

　독립을 위해 목숨을 바친 의인들

는 다음과 같았습니다.

"국헌 문란은 인정하지만 피고를 동정해 선처를 바란다."

일본인 변호사 하나이 다쿠조는 이렇게 유죄를 인정하면서 선처를 호소했습니다. 그러자 조선인 유학생들은 크게 반발해 자신들을 제대로 변호해줄 다른 변호사를 찾아 나섰고, 그가 바로 후세 다츠지였습니다. 새로 선임된 후세 다츠지는 2차 변론에서 재판관에게 '재판관은 조선을 무엇이라 생각하는가?'라고 물었습니다. 그리고 이렇게 답했습니다.

"한일합방은 제국주의 침략이었다. 조선 독립은 정당한 요구이며, 오히려 그들을 탄압하는 것 자체가 위법이다."

조선인 유학생들의 독립선언은 일본이 조선을 강제로 병합했기 때문이며, 이는 당연한 권리라는 것입니다. 후세 다츠지의 변호로 이들은 내란죄가 아닌 출판법 위반죄라는 가벼운 형을 받았습니다. 게다가 후세 다츠지는 조선인 유학생들을 무료로 변호해주었습니다.

둘째, '일본의 쉰들러'입니다. 오스카 쉰들러는 제2차 세계대전 당시 유대인을 지켜준 독일인입니다. 1923년 9월 1일 진도 7.9의 대지진이 일어났습니다. 사망자와 행방불명자가 40만 명에 이르는 큰 피해가 났습니다. 크게 당황한 일본은 자칫 폭동으로 이어질까 염려했습니다. 그런데 '조선인들이 불을 지른다', '우물에 독을 탄다' 등의 거짓 소문이 돌았습니다. 일본인은 자경단을 조직해 조선인을 닥치는 대로 학살하기 시작했는데, 이를 '관동대학살'이라 부릅니다. 한일 시민단체 발간 자료집에는 당시 참상이 기록되어 있습니다.

"일본도로 베고 죽창으로 찌르거나 해서 죽였다. 너무 잔인했다. 아직 죽지 않은 사람은 선로 위에 늘어놓고 석유를 부어 태웠다."

후세 다츠지는 관동대학살의 진상을 알리고 정확한 피해 조사를 일본 정부에 촉구했습니다. 하지만 일본은 조선인 피해자가 231명에 불과하다고 발표했습니다. 후세 다츠지는 직접 조선인 피해 실태를 조사했고, 학살 피해자가 6천 명 이상이라고 발표했습니다. 그는 조선인 학살을 방관한 일본을 비판했을 뿐 아니라 조선의 〈동아일보〉와 〈조선일보〉에 공식적인 사과문을 실었습니다.

"조선인 학살 문제에 대하여 일본인으로서 깊이 사죄하고 책임을 통감합니다."

관동대학살에 대해 공식적으로 사죄한 이는 후세 다츠지가 유일했습니다. 그는 대학살을 피해 도망한 조선인 100여 명을 숨겨주고 숙식을 제공했습니다. 그는 '일본의 쉰들러'였습니다.

셋째, '일본의 양심'입니다. 그는 조선 독립운동에 경의를 표했습니다. 조선인 유학생을 변호하고, 조선 신문에 관동대학살 사과문까지 실은 후세 다츠지를 보는 일본의 시선이 곱지 않았습니다. 그는 어떤 사람이기에 이렇게까지 했을까요?

후세 다츠지는 어려서부터 차별하지 않고 사랑하라는 묵자의 겸애사상에 심취했습니다. 그런 그가 충격을 받은 일이 있었습니다. 청일전쟁과 동학농민운동 진압에 참여하고 돌아온 마을 사람이 동학농민군을 무참하게 학살한 걸 자랑스럽게 이야기하는 것이었습니다. 그 시기 후세 다츠지는 톨스토이의 문학과 휴머니즘에 빠져 있

독립을 위해 목숨을 바친 의인들

었습니다. 톨스토이가 자신이 대주주인 것을 부끄러워했듯이 후세 다츠지는 자신이 일본인임을 부끄러워했습니다.

1899년 후세 다츠지는 메이지 법률학교에 진학했습니다. 졸업하고 판검사 시험에 합격해 1902년 검사 대리에 임명되었습니다. 검사가 되고 얼마 후 충격적인 일을 겪었습니다. 생활고로 엄마가 아이와 동반자살을 하려다 실패했습니다. 아이는 그만 목숨을 잃었고, 엄마 혼자 살아남아 자수했습니다. 그런데 그 엄마를 살인미수로 기소해야 했습니다. 후세 다츠지는 살인미수로 기소할 게 아니라 이들이 생활고로 이런 선택을 할 수밖에 없었던 일본의 구조적 문제를 해결해야 한다고 생각했습니다.

그는 검사라는 직책은 늑대와 같은 일이라고 비판하며 검사를 그만두고 변호사의 길로 들어섰습니다. 처음에는 일이 없어 브로커들이 가져오는 소송을 맡았습니다. 당연히 정당한 일이 아니었고, 보람도 없었습니다. 브로커들의 출입을 막고, 조금씩 다른 사건을 맡기 시작했고, 굵직한 사건들을 승소하면서 그의 이름이 알려지기 시작했습니다.

후세 다츠지는 변호사로 꽤 명성을 얻었습니다. 그는 자신이 어떤 변호사가 되어야 할지 깊이 고심했습니다. 고토쿠 슈스이의 재판을 보면서 충격을 받았기 때문입니다. 고토쿠 슈스이는 조선을 식민지로 만드는 일본을 비판하다가 1910년 5월 일왕 암살 음모 사건으로 체포되었고, 1911년 1월 12일 사형선고를 받곤 12일 후 처형되었습니다.

당시 후세 다츠지는 증거도 없이 정치적 재판으로 지식인을 죽이는 모습에 경악했습니다. 1911년 그는 「조선 독립운동에 경의를 표함」이라는 논문을 발표했습니다. 일본이 조선을 식민지로 만든 것을 제국주의 침략이라고 비판했습니다. 1920년에는 「법정으로부터 사회로, 자기 혁명의 고백」을 발표했습니다.

"인간은 누구든 자신이 어떠한 삶을 살아가는 것이 좋은가에 대해 진정한 자신의 소리를 들어야 한다. 이는 양심의 소리다. 나는 그 소리에 따라 엄숙히 자기 혁명을 선언한다. (…) 나는 변호사로서 세상에서 인정받아왔다. 그러나 이제부터는 내 활동 장소를 법정에서 사회로 옮기겠다."

이제 약자들을 위해 그들의 편에 서서 사회 운동가로서 삶을 살겠다는 선언이었습니다. 1921년 그는 '자유법조단'을 결성했습니다. 후세 다츠지의 삶은 달라지기 시작했습니다.

넷째, 독립운동가들이 그를 '우리의 변호사'라고 불렀습니다. 1923년 후세 다츠지는 〈동아일보〉 초청으로 천도교 대교당에서 조선 독립에 관한 강연회를 열었습니다. 일본은 후세 다츠지의 강연을 방해했지만 그는 전국을 돌아다니며 강연을 이어갔습니다. 그때 마침 의열단원 김시현이 친일 경찰 황옥의 도움을 받아 폭탄과 총을 밀반입해 의거를 일으키려다 체포된 사건이 있었습니다. 영화 〈밀정〉의 소재가 된 사건입니다. 후세 다츠지는 재판에서 김시현과 황옥을 변호했습니다.

그가 일본으로 돌아간 지 얼마 되지 않아 관동대지진이 일어났고,

독립을 위해 목숨을 바친 의인들

대학살이 있던 중 박열이 대역 사건으로 체포되었습니다. 박열과 가네코 후미코는 이 기회에 조선의 독립 의지를 재판정에서 밝히겠다는 의지를 보였고, 박열은 조선의 관복을 입고 조선말로 재판을 받았습니다. 사형이 선고되자 박열은 만세를 외치며 이렇게 말했습니다.

"재판장, 수고했네. 내 육체야 자네들 마음대로 죽이지만 내 정신이야 어찌할 수 있겠는가."

후세 다츠지는 박열과 가네코 후미코를 변호했고, 그들이 옥중에서 결혼할 수 있도록 주선했습니다. 그들은 자유연애주의자였지만, 가네코 후미코가 감옥에서 죽게 되면 박열 가족이 그녀의 시신을 거둘 수 있도록 결혼한 것입니다. 그리고 그가 염려한 일이 일어났습니다. 가네코 후미코가 옥중에서 의문사한 것입니다. 후세 다츠지는 박열 가족이 올 때까지 가네코 후미코의 시신을 자기 집에 보관해주었습니다.

1925년 일왕이 머무는 도쿄 이중교에서 김지섭이 폭탄 의거를 일으켰습니다. 관동대학살에 대한 응징이었습니다. 폭탄 3개를 투척했지만 안타깝게 모두 불발이었습니다. 체포된 김지섭은 "사형이 아니면 나를 무죄로 석방하라"라고 소리쳤습니다. 후세 다츠지는 김지섭을 변호하며 이렇게 외쳤습니다.

"폭발물 단속 규칙을 위반했다고 사형에 처한 일이 이제까지 단 한 번이라도 있었느냐? 조선인의 극렬한 행동에는 조선총독부의 압정에 그 원인이 있다!"

그는 언제나 독립운동가의 형을 감해 달라는 것이 아니라 그들의 무죄를 주장했습니다.

동양척식주식회사는 곳곳에 지점을 두고 토지를 수탈하고 있었는데, 전라도 나주 궁남면 농민들이 토지 수탈에 항의하다가 사망하는 일까지 생기자 혈서를 써서 일본으로 후세 다츠지를 찾아왔습니다. 그는 농민들의 억울한 사정을 듣고 조선으로 와서 동양척식주식회사의 수탈을 사기라며 거세게 비판했습니다. 농민들은 "왔소, 왔소, 후세 선생. 우릴 살리러 또 왔소"라며 반겼고, 동양척식주식회사는 급히 타협에 나섰습니다.

66

| 다츠지의 명언 |
"한일합방은 제국주의 침략이었다.
조선의 독립은 정당한 요구이며, 오히려 그들을 탄압하는 것 자체가 위법이다."
"조선인 학살 문제에 대하여 일본인으로서 깊이 사죄하고 책임을 통감합니다."
"옳고 약한 자를 위해 나를 강하게 만들어라. 나는 양심(良心)을 믿는다."
"인간은 누구든 자신이 어떠한 삶을 살아가는 것이 좋은가에 대해
진정한 자신의 소리를 들어야 한다. 이는 양심의 소리다."
-'자기 혁명의 고백' 중

99

후세 다츠지는 언제나 약자의 편에서 변호했습니다. 당연히 일본은 그를 가만두지 않았습니다. 미국 스파이라는 누명을 씌웠고, 1932년에는 변호사 자격을 박탈했습니다. 1933년 신문지법 위반으로 기소되어 3개월 형을 받았고, 1939년 치안유지법 위반으로 징역 2년을 선고받았으며, 변호사 등록도 말소되었습니다.

독립을 위해 목숨을 바친 의인들

약자의 편에 섰던 후세 다츠지의 변호는 거의 무료 변론이었으니 그가 감옥에 있는 동안 가족은 생계가 어려웠습니다. 그의 부인이 하숙을 쳐서 생계를 이어갔고, 조선인 유학생이 너도나도 후세 다츠지의 집에서 하숙했습니다.

후세 다츠지의 고난은 이게 끝이 아니었습니다. 교토대를 다니던 셋째 아들 후세 모리오는 아버지처럼 톨스토이에 심취해 있던 청년이었습니다. 그 아들이 전쟁 반대 운동을 하다가 치안유지법으로 구속되었습니다. 후세 다츠지는 변호사 자격을 박탈당해 아들을 변호할 수도 없었습니다. 결국 아들은 1944년에 형무소에서 숨을 거두었습니다. 몸져누운 후세 다츠지에게 조선의 독립 소식이 들렸습니다. 그는 "조선의 독립을 진심으로 축하한다. 이날은 나에게도 자유의 날이다"라며 진심으로 기뻐했습니다.

후세 다츠지는 재일조선인을 위한 또 다른 싸움을 시작했습니다. 변호사 자격을 회복한 그는 '자유법조단'을 다시 결성했습니다. 여전히 약자였던 재일조선인들의 선거권 부여 운동을 확산했고, 생계를 위해 몰래 막걸리를 만들어 팔던 재일조선인들을 변호했습니다.

1953년, 그는 일흔둘의 나이로 눈을 감았습니다. 후세 다츠지를 기리는 사람들이 점점 늘어났고 기금을 모아 비석을 세웠습니다. 비석에는 이런 글귀가 새겨져 있습니다.

'죽어야 한다면 민중을 위해, 살아야 한다면 민중과 함께'

후세 다츠지의 이름 앞에 붙는 수식어만 봐도 그가 어떤 삶을 살았고 우리에게 어떤 존재였는지 알 수 있습니다. 후세 다츠지처럼 신념대로 사는 것은 결코 쉽지 않은 일입니다. 그렇다고 신념조차 없이 살아야 할까요?

저 또한 바쁘다는 이유로, '남들도 다 그렇게 사는데'라는 핑계로 어떻게 살아야 하는지, 내 신념은 무엇인지 생각조차 하지 않았던 것 같습니다. 후세 다츠지처럼 내 안에서 울리는 양심의 소리에 답하는 삶을 살기를 희망해봅니다.

**호머 헐버트는 한글학자이자 역사학자인 독립운동가였습니다. 후세 다츠지는 조선의 독립운동들이 '우리의 변호사'라고 부른 '일본의 쉰들러' '일본의 양심'입니다.**

조선인보다 조선을 더 사랑했던 호머 헐버트와 후세 다츠지! 그들은 서로 다른 세상에 있었지만, 그들에게 조선은 모든 것을 걸고라도 지킬 가치가 충분한 것이었습니다. 호머 헐버트와 후세 다츠지! 한국인이라면 마땅히 존경해야 할 이름이자 단 하루도 잊어서는 안 되는 이름입니다.

백성을 구휼한 이지함과 장제향, 노블레스 오블리주를 실천한 김만덕과 임상옥, 거부에서 독립운동가가 된 이승훈과 최재형, 이들은 이름난 사람들이 아닙니다. 하지만 이들 모두 자신만의 특별한 능력으로 성공을 이루었고, 그 성공을 힘없고 가진 것 없는 사람들과 함께 나누었습니다. 특히 조국의 독립을 위해 가진 것을 모두 내어놓는 모습은 감동적이기까지 합니다. 성공이 목표인 세상에서 성공 이후의 삶이 더 가치 있다는 것을 보여주는 것이라 하겠습니다.

둘째 마당

세상을 이롭게 한
나눔의 아이콘들

# 백성 구휼에 진심이었던
# 이지함과 장계향

혼자 잘 살기도 버거운 세상이라고들 하는데, 조선시대에 나라와 백성을 걱정한 경세가(經世家)들이 있었습니다. 선비의 지위를 버린 이지함, 보통 여성과는 다른 삶을 산 장계향은 백성의 삶을 걱정하고, 백성을 구휼하는 삶을 실천한 대표적 인물입니다. 그리고 그들은 조선시대에 상식의 틀을 깨는 모습을 보여주었습니다.

　누구보다 비범했지만 모두 내려놓고 사회 통념이나 남의 시선에 아랑곳하지 않고 백성들의 희망이 되어준 이지함과 장계향! 현대를 살아가는 우리는 이들에게 무엇을 배워야 할지 그 감동적인 삶을 따라가보겠습니다.

세상을 이롭게 한 나눔의 아이콘들

## '애민의 개혁가' 토정 이지함

토정 이지함이 천문, 지리, 복서(점), 관상에 능했다고 하지만, 그가 『토정비결(土亭秘訣)』의 저자라는 역사적 근거는 아직 확인되지 않았습니다. 하지만 이지함이 자신의 제자인 의병장 조헌에게 "15년 후에 피가 천 리를 흐를 것이다." "나는 아산에서 죽을 것이고, 자네(조헌)는 금산에서 죽을 것이니…"라고 한 것은 놀랍게도 임진왜란을 예언한 것이며, 그와 조헌의 죽음이 그대로 들어맞았습니다. 이지함은 대체 어떤 인물일까요?

이지함은 조선의 3대 기인이라 불리는 괴짜입니다. 사실 그는 한산 이씨 명문가 출신에 '보통 사람보다 머리 하나는 더 있는 건장한 체격'의 예사롭지 않은 인물이었습니다. 사서삼경을 다 통달할 만큼 학문에도 뛰어났습니다.

하지만 그는 과거에 급제해 관직에 나가는 삶을 살지 않았습니다. 그는 기괴한 모습으로 팔도를 유랑했습니다. 허름하고 누추한 옷을 입고, 머리에는 솥을 쓰고, 비가 오지 않는데도 나막신을 신고 걸어 다녔습니다. 작은 배의 네 귀퉁이에 표주박을 묶고는 제주도를 세 번이나 드나들었습니다. 그뿐이 아니었습니다. 길가에서 지팡이를 짚고 서서 잠을 자는데 지나가는 사람이나 소, 말에 부딪혀도 5, 6일을 깨지 않았습니다. 10여 일을 익힌 음식을 먹지 않으며 굶주림을 참고 한여름에도 물을 마시지 않았습니다. 그는 왜 이런 기이한 행동을 했을까요?

연산군 10년(1504)에 '갑자사화(甲子士禍)'가 일어났습니다. 연산군이 자신의 어머니 폐비 윤씨를 죽음으로 몰고 간 사람들을 쫓아내거나 죽인 사건입니다. 이 일에 이지함의 아버지가 연루되어 유배를 당했고, 중종반정으로 연산군이 쫓겨나면서 이지함의 아버지는 풀려날 수 있었습니다. 반정으로 왕위에 오른 중종은 왕비가 셋이었습니다. 고모가 연산군의 부인인 폐비 신씨였기에 강제 이혼을 당한 단경왕후, 인종을 낳고 산후병으로 죽은 장경왕후, 그리고 명종을 낳은 문정왕후입니다. 중종이 죽은 뒤 인종이 왕위에 올랐지만, 그는 재위 9개월 만에 죽었습니다.

어린 명종이 즉위하자 수렴청정한 문정왕후와 그 남동생 윤원형이 권력을 잡았습니다. 그리고 명종의 외삼촌 윤원형이 인종의 외삼촌 윤임 세력을 쫓아낸 '을사사화(乙巳士禍, 1545)'가 일어났습니다. 사관 안명세는 이 사건을 시정기(時政記)에 상세히 남겼다가 끌려가 고초를 겪고 죽임을 당했습니다. 시정기는 사초와 함께 실록을 편찬하는 기초자료로 쓰이는 기록을 말합니다. 이지함은 절친한 벗이었던 안명세의 죽음을 보고 정치를 멀리한 채 거짓 미치광이로 세상을 피하려고 한 것입니다.

이지함이 세상을 떠돌아다닌 데는 또 다른 이유가 있었습니다. 처가에 살고 있던 이지함은 갑자기 불길한 예감이 들어 급히 처자식을 데리고 몸을 피했습니다. 그런데 바로 다음 날 이지함의 장인이 문정왕후를 비방한 '양재역 벽서사건(1547)'에 휘말려 죽임을 당했습니다. 이렇듯 벗과 장인이 정치적 사건에 연루되어 죽임을 당하자 이

세상을 이롭게 한 나눔의 아이콘들

지함은 정치에 환멸을 느꼈고, 백성들 속으로 들어가 조선의 이단아가 된 것입니다.

그럼 이지함은 어떤 삶을 살았을까요? 그는 흙집에 살면서 장사하는 양반으로, 200년이나 앞선 실학자였습니다. 당시는 정치도, 백성의 삶도 모두 엉망이었습니다. 생업을 잃고 떠도는 백성이 늘어났고, 임꺽정이라는 도적이 등장했습니다. 도적이 들끓던 이 시기에 이지함은 무인도에 들어가 박을 심어 바가지를 만들어 팔았습니다. 그렇게 번 돈으로 무려 1천 석에 이르는 곡식을 사들여 가난한 백성들에게 나눠주었습니다.

이지함은 "도덕을 갖춘 양반이 상업활동을 해서 그 이윤을 백성에게 돌려주어야 한다"라고 주장했습니다. 당시는 사농공상(士農工商)의 직업 차별이 철저했지만 이지함은 달랐습니다. 그의 스승 서경덕은 개성 출신으로, 개성의 양반들은 상업에 관심이 많았습니다. 이지함은 그런 스승의 영향을 많이 받았습니다. 18세기 후반 실학자 박제가는 『북학의』에서 이지함을 이렇게 칭송했습니다.

"토정 선생이 외국 상선 여러 척과 통상하여 전라도의 가난을 구제하려 한 적이 있다. 그분의 식견은 탁월하여 미칠 수가 없다."

이지함은 '칼 찬 선비'라 불린 조식처럼 자기주장이 분명했습니다. 학식이 높았던 성혼과도 가까웠습니다. 율곡 이이는 부국안민(富國安民)에 대해 이지함과 생각이 같았습니다.

이지함이 정착한 마포 나루터는 각지에서 물자가 들어와 상업활동을 하기에 최적이었습니다. 그는 이곳에서 장사를 배우고 재물을

둘째 마당

모아 가난한 백성에게 나눠주었습니다. 이지함은 지금의 마포구 토정동에 흙집을 짓고 지붕 위에 작은 정자를 만들었습니다. 그리고 호를 '토정(土亭)'이라 지었습니다.

이지함의 명성이 알려지면서 그를 찾아오는 백성이 늘어났습니다. 먹을 걸 구하거나 고민을 상의하러 그를 찾았고, 몸이 아픈 백성도 그를 찾았습니다. 혼례 날짜를 잡아달라고 오는 사람들도, 아이 이름을 지어달라고 부탁하는 이들도 있었습니다. 이지함은 그런 백성들을 위로하며 그들에게 희망을 주었습니다.

**"**

| 이지함의 명언 |

"의(義)와 이(利)는 쓰는 사람에 따라 달라서 나쁜 사람이 악용하면
욕심을 채우는 것이 되지만, 선한 사람이 사용한다면
재물과 이익도 모두 덕이 될 것입니다."
-이지함의 상소문

"이 세상에서 제일가는 부자는 욕심 내지 않는 사람이요,
제일가는 귀인은 벼슬하지 않는 사람이요,
가장 강한 사람은 다투지 않는 사람이다."
-『토정유고』 '대인설'

**"**

이지함은 시대를 앞서간 개혁가였습니다. 평소 이지함의 능력과 인물됨을 알고 있던 남명 조식과 율곡 이이의 적극적인 추천으로 이지함은 쉰일곱 살이던 1573년에 포천 현감이 되었습니다. 당시 포천의 상황은 극심한 흉년으로 굶어 죽는 백성이 많았습니다. 포천

세상을 이롭게 한 나눔의 아이콘들

현감으로 부임한 이지함은 상소를 올렸습니다.

"전라도 만경현에 고기잡이를 할 수 있는 섬이 있고, 황해도 풍천 부에는 소금을 구울 수 있는 섬이 있습니다. 이 섬들을 잠시 빌려주시면 고기를 잡고 소금을 굽겠습니다. 2, 3년 안에 곡식을 몇천 섬 장만할 수 있을 것입니다. (…) 땅과 바다는 백 가지 재용의 창고이니 이것을 자원으로 이용하지 않고 나라가 다스려진 경우는 없습니다. 만약 이 자원의 창고를 연다면 백성에게 돌아가는 혜택은 한이 없을 것입니다."

황해도와 전라도 모두 포천과 멀리 떨어진 곳이었지만, 그는 어디에서 소금을 구하고 어디에서 고기를 잡는지 다 알고 있었습니다. 팔도를 떠돌며 백성들의 삶을 체험했기 때문입니다. 자원을 활용해 국가의 부를 만들고 그 부를 백성에게 돌려주자고 했지만, 당시 조정의 양반 관료들은 그의 파격적인 주장을 받아들이지 않았습니다. 그는 다시 상소를 올려 다음과 같은 격앙된 감정을 드러냅니다.

"갯벌의 소금은 무엇이 아까워 굽지 못하게 하십니까? 산과 들에 버려져 있는 은은 무엇이 아까워 주조하지 못하게 하며, 옥은 무엇이 아까워 채굴하지 못하게 하십니까?"

이지함은 사직했고 5년 뒤 아산 현감으로 부임해 다시 상소를 올렸습니다.

"의(義)와 이(利)는 쓰는 사람에 따라 달라서 나쁜 사람이 악용하면 욕심을 채우는 것이 되지만, 선한 사람이 사용한다면 재물과 이익도 모두 덕이 될 것입니다."

뭔가가 떠오르지 않나요? 그의 주장은 영국의 애덤 스미스보다 200년이나 앞선 국부론이었습니다.

아산 현감으로 부임하던 날, 이지함은 밥상을 푸짐하게 차려온 아전들에게 "백성들은 생활이 곤궁한데 모두 먹고 마시는 것에 절제가 없구나. 앞으로 내 밥상은 잡곡밥 한 그릇과 나물, 국 한 그릇이면 족하다"라며 그들을 혼냈습니다. 아산에는 임금님께 진상할 가물치를 키우는 연못이 있었는데, 조정에서 원래 진상하는 양보다 훨씬 많은 가물치를 요구해 백성들의 고초가 크자 이지함은 그 연못을 메워버렸습니다. 그는 백성을 위한 일이라면 이처럼 서슴없었습니다.

아산에도 흉년으로 거지가 넘쳐났습니다. 이지함은 걸인청(乞人廳)을 만들어 그들을 먹이고 재우는 것뿐 아니라 기술을 가르쳐 자립할 수 있게 했습니다. 『어우야담』은 이지함의 백성 구제를 이렇게 기록하고 있습니다.

"능력이 있는 자에게는 기술을 가르치고 능력이 없는 자에게는 볏짚을 주어 미투리를 만들게 했는데 그 일을 감독하여 하루 10짝씩 만들어 시장에 내다 팔게 했다."

미투리를 시장에 내다 팔아 곡식을 사고 옷감을 사서 옷을 만들어 스스로 의식(衣食)을 해결할 수 있게 했습니다. 이런 모습은 노숙자의 재활을 돕는 오늘날의 사회복지제도와 닮았습니다.

아산 현감으로 애민 정치를 펴던 그가 부임한 지 몇 달 만에 갑자기 돌아가셨습니다. 그의 나이 예순둘이었습니다. 아산 백성들은 마치 부모가 돌아가신 듯 슬퍼했습니다.

세상을 이롭게 한 나눔의 아이콘들

실록에는 이지함을 선비와는 거리가 먼 기인이라 기록했지만, 조헌은 이렇게 말했습니다.

"신(臣)은 스승을 세 분 섬겼는데 이지함, 이이, 성혼이 그분들입니다. 세 분이 성취한 덕은 제각각 다르지만, 그 마음을 맑게 하고 사사로운 욕심을 부리지 않아 지극한 행적이 세상의 규범이 된 점만은 똑같다고 할 수 있습니다."

『토정비결』은 힘들게 살아가는 백성을 위로하고 희망을 주는 책입니다. 그 때문에 이지함의 호를 책 이름에 붙인 게 아닐까요. 태어난 해, 월, 일만으로 한 해의 운을 점치는 『토정비결』은 한글로 간단하게 적혀 있어 누구나 쉽게 볼 수 있습니다. 게다가 힘든 백성이 기운을 낼 수 있게 희망을 전하는 좋은 내용이 대부분입니다. 좋지 않은 내용은 '실물 수가 있으니 조심하라.' '화재 수가 있으니 조심하라'와 같은 당연한 것뿐입니다. 삶에 희망을 주는 말과 조심하라는 당부로 백성들의 근심을 덜어주려 한 것입니다.

기인으로 알려진 이지함은 진정한 애민을 실천한 시대를 뛰어넘은 개혁가였습니다. 그가 올린 상소가 받아들여졌다면, 그리하여 현장에서 적극적으로 문제를 해결하는 행정가로서 그의 성과가 알려졌다면, 조선의 역사는 분명 달라졌을 것입니다.

정치권에서 늘 나오는 말이 '민생'입니다. 이지함이야말로 민생을 가장 중요하게 생각한 사상가이자 실천가로 현재를 사는 우리에게 시사하는 바가 매우 큽니다.

## '여중군자(女中君子)'라 불린 장계향

조선시대의 여성은 자신의 이름 세 글자를 후세에 남기기가 매우 어려웠습니다. 그런데 장계향은 '안동 장씨 계향'이라는 이름으로 그 신주가 불천위(不遷位)로 모셔졌습니다. 불천위는 큰 공이 있거나 도덕과 학문이 높은 분의 신주를 땅에 묻지 않고 사당에 영구히 모셔두고 제사 지내는 것을 말합니다. 장계향의 신주는 어떻게 불천위가 되었을까요?

장계향은 신사임당, 허난설헌 못지않은 예술적 자질을 지녔던 인물입니다. 그것은 아버지 장흥효의 영향이 컸습니다. 장흥효는 이황의 학맥을 잇는 김성일의 직계 제자로, 안동에서 후학을 길렀습니다. 장흥효는 깨달음을 얻기 전에는 잠들지 못했으며 깨달음을 얻으면 이를 모두 글로 남겼는데, 그가 평생에 걸쳐 쓴 『경당일기』가 지금도 전하고 있습니다.

장흥효는 결혼한 지 18년 만인 서른다섯 살에 어렵게 딸을 얻었습니다. 그는 귀한 딸에게 계수나무 향기, '계향'이라는 이름을 지어주었습니다. 당시는 여성에게 글을 가르치지 않았지만, 장흥효는 영특한 딸에게 학문을 가르치며 실천을 강조했습니다. 장흥효의 『경당일기』에 그가 딸에게 했던 말이 기록되어 있습니다.

"독서를 귀하게 여기는 까닭은 체득하여 실행하기 때문이니 만일 그렇지 않다면 책을 읽는 것과 책을 읽지 않는 것이 무엇이 다르겠느냐. 사람이 도를 구하지 않는 것은 물고기가 물을 떠난 것과 같다."

세상을 이롭게 한 나눔의 아이콘들

장계향은 『시경(詩經)』을 공부하며 시 짓기를 즐겼습니다. 다음은 장계향의 〈학발시〉 일부입니다.

鶴髮臥病 새하얀 머리 되어 병에 지쳐 누웠는데 / 行子萬里 자식은 멀리 만리 되는 수(戍) 자리에 갔구나. / 行子萬里 만리 밖, 수(戍) 자리의 내 아들 / 曷月歸矣 어느 달에 오려는가?

장계향은 학의 깃털(학발鶴髮)처럼 머리가 하얗게 센 노모가 군대 간 아들을 걱정하며 몸져누운 모습을 안타까워하며 이 시를 적었습니다. 그런데 장계향의 '학발시'를 보고 아버지 장흥효는 이 집에 곡식과 약재를 보내주었다고 합니다.

장계향은 글씨도 잘 썼습니다. 당대 초서의 일인자로 알려진 정윤목은 장계향의 글씨를 보고 "필세가 호걸스럽고 굳센 것이 우리나라 사람의 글씨 같지 않다"라며 탄복했습니다. 훗날 정조 때 재상 채제공도 "여자 중에 이런 걸 쓸 수 있는 사람은 처음 보았다"라고 극찬했습니다. 장계향은 그림에도 능했는데, 그가 남긴 〈맹호도〉를 보면 열 살 아이가 그린 그림이라고 보이지 않습니다. 이처럼 장계향은 시(詩), 서(書), 화(畵)에 모두 능했습니다.

그런데 장계향은 열다섯 살부터 시서화를 그만두었습니다. 당시에는 여자가 시를 짓고 글을 쓰고 그림을 그리면 본연의 일을 소홀히 한다고 여겼기 때문입니다. 그러다 보니 장계향의 시와 그림이 얼마 남아 있지 않습니다.

장계향은 음식을 배우기 시작했습니다. 음식 솜씨가 좋기로 소문난 장계향의 어머니 안동 권씨는 장계향에게 늘 "음식 재료는 모두 생명이 있기에 언제나 생명의 존귀함을 잊지 말아야 한다"라고 당부했습니다.

장계향은 혼기가 꽉 찬 열아홉에 결혼했습니다. 딸바보 장흥효가 고른 사위는 그의 제자인 이시명입니다. 학문이 뛰어나고 인품도 훌륭해 아끼던 제자였는데, 이시명이 상처(喪妻)하고 찾아오자 딸을 맡긴 것입니다.

시집간 장계향이 가장 신경 쓴 것은 남편의 전 부인이 두고 간 딸과 아들을 잘 돌보는 일이었습니다. 추운 겨울에는 서당까지 아들을 업어다주며 지극정성으로 키웠습니다. 그런데 시집오고 얼마 안 있어 친정어머니가 돌아가셨습니다. 장계향은 시댁에 말씀드리고 친정에서 아버지를 보살펴드렸습니다. 그리고 아버지를 재혼시켜드렸는데, 자신보다 어린 새어머니에게 살림을 가르쳐주며 친정아버지와 새어머니를 모시고 3년을 친정에 머물렀습니다.

몇 년 후 시아버지가 돌아가셔 삼년상을 치르던 중 친정아버지도 돌아가셨습니다. 이시명과 장계향은 정성껏 장례를 치르고, 시어머니께 허락을 구해 친정 새어머니와 의붓동생들을 영덕 시댁으로 데려와 함께 지냈습니다. 사람들은 이시명이 처가에 보여준 의리와 장계향의 효를 칭찬했습니다. 이는 당시의 상식을 넘어선 효를 보여준 것이었습니다.

그로부터 10여 년이 지나 이시명과 장계향은 영양 두들마을로 거

세상을 이롭게 한 나눔의 아이콘들

처를 옮겼습니다. 병자호란의 국치를 당하고 세상을 등진 것입니다. 영양으로 들어가 먼저 도토리나무를 심었습니다. 하지만 두들마을에 몇 차례나 불이 났고, 자식을 먼저 보내는 아픔을 겪기도 했습니다. 실의에 빠진 이시명은 더 깊은 오지로 들어갔고, 삶은 더 궁핍해졌습니다. 수해와 한해가 닥쳐서 도토리를 주워 끼니를 겨우 해결해야 했습니다. 그런데도 이시명의 명성을 듣고 선비들이 찾아오니 궁핍한 살림에도 손님을 대접해야 했습니다.

장계향은 시집가서 6남 2녀를 낳았습니다. 남편 전처의 자식까지 모두 10명이나 되는 자식을 살뜰히 챙기며 열심히 가르쳤습니다. 셋째 아들 이현일의 『정부인 장씨 실기』에 장계향이 자녀들에게 한 말이 기록되어 있습니다.

"너희가 비록 글 잘한다는 소리가 들린다고 해도 나는 귀하게 생각하지 않는다. 다만 착한 행동 하나를 했다는 소리가 들리면 아주 즐거워서 잊어버리지 않을 것이다."

장계향은 학문보다 선행을 가르치며 일곱 아들을 훌륭하게 키웠습니다. 뛰어난 학자가 된 일곱 아들을 사람들은 '칠현자'라고 칭송했습니다. 이현일은 이조판서까지 올라 장계향에게 정부인(貞夫人)의 관작이 내려졌습니다. 장계향은 어진 어머니이자 훌륭한 교육자였습니다. 그리고 장계향을 중심으로 아버지 장흥효와 그 제자이자 장계향의 남편인 이시명 그리고 그 아들들로 퇴계 이황의 학맥이 이어질 수 있었습니다.

그런데 장계향이라는 인물의 가치는 단지 자녀교육을 잘한 어머

니로 그치는 것이 아닙니다. 장계향은 백성을 살린 너무나 대단한
여인입니다.

장계향의 시아버지 이함은 과거에 급제했지만 영덕에서 후학을
양성했습니다. '충효당(忠孝堂)'이라는 편액을 걸고서 제자들에게 '지
고 살아라, 밑지고 살아라'라고 가르치며 나눔을 실천했습니다. 흉년
에는 사재를 털어 백성을 구휼했습니다. 식량이 바닥나자 며느리 장
계향은 도토리죽을 쑤어 하루 300명씩 몇 달 동안 나눠주었습니다.
두들마을로 오면서 가장 먼저 도토리나무를 심은 것도 그 때문이었
습니다. 도토리나무는 흉년이 들수록 열매가 더 풍성하게 열립니다.

장계향은 밥 얻으러 온 사람의 자존심까지 살폈습니다. 유랑민이
오면 똑같은 광주리와 그릇에 쌀과 죽을 나눠주었습니다. 이현일의
『정부인 장씨 실기』에 장계향에 대한 사람들의 칭송이 기록되어 있
습니다.

"부인께서는 타고난 자질이 이미 풍부했는데 배움까지 더했으며,
사람들을 사랑하고 측은하게 여겼고, 착한 일을 즐거워하고 옳은 일
을 하기를 좋아했다. 이렇게 하기를 젊을 때부터 늙을 때까지 일관
되게 했다. 노년에 이르러 기력이 쇠약해져 생각처럼 되지 않았음에
도 사람들을 인도하여 착한 일을 하도록 하는 뜻만은 끝내 조금도
줄어들지 않았다."

두들마을에는 장계향의 철학이 담긴 '낙기대(樂饑臺)'라는 글귀가
바위에 새겨져 있습니다. '초라함 속에서도 즐거움을 찾아라. 궁핍함
속에서도 의를 잃지 말라'는 뜻입니다.

세상을 이롭게 한 나눔의 아이콘들

장계향은 노비들에게도 각별했습니다. "너희 손끝에서 모든 것이 만들어지니, 너희야말로 이 집의 주인이다"라며 노비들을 인격적으로 대하고, 어린 노비들은 자식처럼 아껴주었습니다. 노비가 병이 들면 직접 음식을 해 간호했고, 잘못을 저질렀을 때도 잘 타일러 그들을 감화시켰습니다. 오죽하면 다른 집 노비들도 장계향의 집 노비였으면 좋겠다고 말할 정도였습니다.

이런 장계향을 두고 양반들은 "여자 중의 군자(女中君子)"라고 칭송했습니다. 조선 역사상 '여중군자'라 칭송받은 이는 오직 장계향이 유일합니다.

<br>

**"**

| 장계향의 명언 |
"너희가 비록 글 잘한다는 소리가 들린다 해도 나는 귀하게 생각하지 않는다.
다만 착한 행동 하나를 했다는 소리가 들리면
아주 즐거워하여 잊어버리지 않을 것이다."
–『정부인 장씨 실기』

"너희의 손끝에서 모든 것이 만들어지니, 너희야말로 이 집의 주인이다."
–『정부인 장씨 실기』 노비들에게

**"**

장계향은 동아시아 최초로 여자가 쓴 요리서인 『음식디미방』을 편찬하기도 했습니다. 『음식디미방』에는 146가지 음식을 만드는 방법과 재료를 보관하는 방법까지 상세하게 기록되어 있습니다. 그런데 그중 술 빚는 방법이 51가지입니다. 당시에 술은 손님을 맞는 양반가의 얼굴이기에 술 빚는 방법이 무엇보다 중요했습니다.

『음식디미방』은 과학적인 조리책입니다. 식재료를 저장하는 법까지 상세히 알려주고 있습니다. 밀가루로 죽을 달이고 소금을 넣어 독에 담고 복숭아를 넣어 봉하면 겨울에 먹어도 제철 복숭아 맛이 난다고 적혀 있으며, 전복에 참기름을 발라 단지에 넣고 다시 참기름을 한 잔 부어두면 오래되어도 싱싱하다고 적혀 있습니다.

『음식디미방』은 곁에 두고 활용하기 쉽도록 편하게 글을 썼습니다. 다식법을 소개하며 '술을 조금 넣어서 만들면 아주 연하니라' '인절미 속에 엿을 넣어두고 약한 불로 엿이 녹게 구워 아침으로 먹어라'라며 말하듯이 쓴 것입니다.

『음식디미방』은 장계향이 직접 음식을 만들어본 경험을 담은 책입니다. 당시 여성들이 책을 쓰는 것은 금기시되었는데, 이 책은 그런 사회적 통념을 깬 실학적 시도였습니다. 최초의 한글 요리서이면서 17세기의 어법과 철자가 정확하게 남겨져 있어 경북 북부지방의 한글을 연구하는 데 큰 도움이 됩니다.

『음식디미방』 마지막 부분에는 '이 책을 이리 눈 어두운 데 간신히 썼으니 뜻을 알아 이대로 시행하고 딸자식들은 각각 베껴가되 책을 가져갈 생각일랑 마음도 먹지 말며 부디 상하지 않게 간수하여 쉽게 떨어지게 하지 말라'고 당부했습니다. 일흔셋의 저자는 책을 간수하는 법까지 챙기고 있습니다.

장계향은 퇴계 학맥의 적통을 이은 장흥효의 딸이며, 당대의 큰 학자였던 이시명의 아내이자, 이조판서 이현일의 어머니였지만 장

세상을 이롭게 한 나눔의 아이콘들

계향 자체로 큰 여성, 아니 큰 인물이었습니다. 그녀는 진정한 인간애를 나누고 실천한 위인입니다.

장계향은 어떻게 이런 삶을 살 수 있었을까요? 아버지 장흥효에게서 배운 학문과 실천, 그리고 시아버지로부터 배운 나눔과 실천, 그것이 장계향에게도 삶으로 실천하게 한 힘이 되지 않았을까요? 위대한 사람은 삶으로 말합니다. 여러분이 보여주고 싶은 삶은 무엇인가요?

두들마을에 새겨진 '낙기대(樂饑臺)'라는 글귀는 삶이 힘든 사람들에게 희망과도 같은 것이었습니다. 토정 이지함과 『토정비결』이 우리에게 주는 메시지도 희망이 아닐까요.

우리는 새해 솟아오르는 태양과 『토정비결』을 보며 희망을 떠올립니다. 그런데 희망은 누가 줄 수도 있지만 내가 가지는 것 아닐까요. 매일 뜨는 태양처럼 매일 자신에게 희망을 선물해보면 어떨까요.

# 노블레스 오블리주를 실천한
# 김만덕과 임상옥

김만덕과 임상옥은 조선 후기 동시대를 살았던 사람입니다. 김만덕은 조선의 서남쪽 끝 제주 출신이고, 임상옥은 서북쪽 끝 의주 출신입니다.

'거상(巨商)'은 큰 장사꾼, 부자를 말합니다. 서양에는 "부자가 천국에 가는 것은 낙타가 바늘구멍을 통과하는 것보다 어렵다"라는 말이 있습니다. 조선도 그렇습니다. 사(士), 농(農), 공(工), 상(商), 선비를 최고로 우대하고, 다음이 농민이며, 수공업자와 상인은 천대받았습니다. 그뿐 아니라 "양반은 손에 돈을 만지지 말고, 쌀값을 묻지 말아야 한다"라고 했습니다. 조선시대의 상업과 상인, 돈에 대한 인식이 어느 정도였는지를 잘 보여줍니다. 이런 사회 분위기 속에서 김만덕과 임상옥은 거상으로 성장했고, 양반도 보여주지 못한 노블레스 오블리주를 몸소 실천했습니다.

## 제주 여인 김만덕

김만덕은 1739년 제주 양인의 딸로 태어났지만 열두 살에 부모를 잃었습니다. 오빠들은 친척들이 데려갔지만, 만덕은 제주 관기의 수양딸로 자라야 했습니다. 기녀는 관에 소속된 노비였는데, 만덕도 기녀의 삶을 살아야 했습니다. 만덕은 기녀 노릇은 했지만, 스스로 기녀라 여기지는 않았습니다.

사실 제주 기녀들은 콧대가 높았습니다. 제주 기녀들은 관리들의 총애를 받으며 비단옷을 입고 호사를 누리며 살았습니다. 하지만 만덕은 스무 살이 되자 원래 신분을 회복해달라며 제주 관아에 소송을 했습니다. 다행히 기적(妓籍)에서 나왔고, 이제 스스로 삶을 개척해야 했습니다.

만덕은 생계를 위해 객주를 열고 장사에 뛰어들었습니다. 그런 그녀가 어떻게 거상으로 성장할 수 있었을까요?

김만덕은 제주의 중심인 건입포구에 객주를 차렸습니다. 객주는 상인들을 재워주고, 돈을 빌려주며, 물건을 맡아두는 곳인데, 김만덕은 객주를 드나드는 상인들에게서 장사를 배웠습니다. 김만덕은 제주에 많은 것은 육지에 내다 팔고, 제주에 없는 것을 육지에서 사왔습니다. 제주에 많은 말총(갓을 만드는 재료), 양태(실처럼 가는 대나무로 만든 갓 테두리)로 갓을 만들어 팔고, 사슴뿔(녹용)을 약재로 팔고, 미역과 전복도 육지에 내다 팔았습니다. 반대로 제주에서 구하기 어려운 여인들의 사치품을 육지에서 사들였습니다. 여인들이 선호하는 사치품은 누구보다 잘 알고 있었고, 육지에서 들여온 사치품은 비싼 값에 팔렸습니다.

김만덕은 물건을 싸게 많이 팔려고 했습니다. 때때로 오르내리는 물건값도 일정하게 유지하려 했고, 값을 깎지 않고 정가에 팔았습니다. 비싼 물건은 값을 나눠서 낼 수 있게 했습니다. 요즘으로 말하면 박리다매, 정찰제, 할부 판매 방식입니다.

이런 노력이 계속되니 자연히 상인들 사이에서 신뢰가 쌓였습니다. 장사의 규모가 커지면서 직접 배에 물건을 실어 육지로 보내기도 했는데, 뱃길이 험해 배가 침몰하기도 했습니다. 그럴 때는 손해를 보더라도 다시 보내주었습니다. 김만덕만의 차별화된 성공 전략이었습니다.

쌀과 소금은 생존에 필수품이지만, 제주에서는 벼농사가 안 되었고, 소금도 얻을 수 없었습니다. 김만덕은 육지에서 쌀과 소금을 대량으로 들여왔습니다. 18세기를 전후해 조선의 상업이 조금씩 성장하고 있었습니다. 전국 곳곳에 시장이 들어서고, 바닷가 포구에는 많은 배가 드나들었습니다. 제주에서 남해안의 포구로 물건을 실어 나르던 배가 충청도 강경포구까지 물건을 가져가면 더 비싼 값을 받

세상을 이롭게 한 나눔의 아이콘들

을 수 있었습니다.

　김만덕은 자신의 선박을 갖고 장사의 규모를 키웠고, 관청과의 거래를 도맡아 하면서 거상으로 성장했습니다. 그녀가 이렇게 빨리 성장할 수 있었던 데는 기녀로 있을 때 친분을 쌓았던 인맥과 정보가 한몫했습니다. 그런 것들이 세상의 변화를 읽는 데 큰 도움이 되었습니다. 채제공의 『만덕전(萬德傳)』에도 김만덕의 뛰어난 상술이 기록되어 있습니다.

　"시세에 따라 물가의 높고 낮음을 잘 짐작하여 사고팔기를 계속하니 몇십 년 만에 부자로 이름을 날렸다."

　제주 사람들에게 제주와 육지 사이에 놓인 바다는 큰 장벽과도 같은 두려움의 대상이었습니다. 하지만 김만덕은 그 바다를 기회로 삼았고, 더 크게 성장할 수 있었습니다.

| 김만덕의 명언 |

"밥 한 그릇이라도 굶주린 사람의 인명을 구할 수 없는 재물은 썩은 흙과 같다."

　1794년 갑인년에 큰 흉년이 들었습니다. "갑인년 숭년에도 먹당 남은 게 물이여"라는 말이 지금도 전할 만큼 대단한 흉년이었습니다. 당시 제주 백성의 약 3분의 1이 굶어 죽었습니다.

　제주 목사는 제주로 쌀을 보내달라고 임금께 상소를 올렸습니다.

하지만 "전국이 흉년이니 부족한 구휼미를 위험을 무릅쓰고 제주까지 보낼 수 없다"라며 신하들이 반대했습니다. 그럼에도 정조는 구휼미 1만 석을 두 번에 나누어 제주로 보내도록 명했습니다. 그런데 먼저 5천 석을 실어 보낸 배 12척 중 5척이 침몰하고 말았습니다. 제주 백성들은 크게 절망했고, 조정에서도 다시 제주로 쌀을 보내기를 주저했습니다.

이에 김만덕은 전 재산을 풀어 육지에서 쌀을 구해왔습니다. 김만덕은 육지에서 구해온 쌀 500석 중 10%는 따르는 상인과 식솔에게 나눠주고, 90%를 제주 관아에 내어놓았습니다. 이윤을 따지는 상인으로서 쉽지 않은 결정이었습니다. 아마도 어린 시절을 힘들게 보낸 기억이 그녀에게 제주 백성의 사정을 함께 아파할 수 있는 마음을 갖게 한 것이 아닐까요.

제주 목사는 김만덕의 선행을 조정에 보고했습니다. 정조가 크게 기뻐하며 김만덕에게 상을 내리겠다고 하자 김만덕은 육지로 가 한양을 구경하고 금강산을 유람하는 것이 소원이라고 했습니다. 그런데 당시에는 '제주 여자는 바다를 건널 수 없다'는 '월해금법(越海禁法)'이 있었습니다. 하지만 정조는 월해금법의 적용을 받지 않고 육지로 오는 일을 허락해 김만덕을 궁궐로 초대했습니다. 김만덕은 정조를 알현하고, 한양을 구경하고, 다음 해 금강산 유람도 다녀왔습니다. 다시 제주로 돌아가는 김만덕을 재상 채제공이 직접 배웅했습니다. 채제공은 자신이 쓴 『만덕전』을 김만덕에게 선물하며 이렇게 말했습니다.

세상을 이롭게 한 나눔의 아이콘들

"너는 탐라에 태어나 한라산의 백록담 물을 마시고, 이제는 금강산을 두루 구경했으니 온 천하의 사내 중에서도 이런 복을 누린 자가 있겠느냐?"

한양의 내로라하는 선비들도 김만덕의 얼굴을 보겠다고 몰려들었습니다. 정약용도 『경세유표』에 김만덕의 선행을 소개하며 칭송을 아끼지 않았습니다. 훗날 제주로 귀양 온 추사 김정희는 김만덕의 후손에게 '은광연세(恩光衍世)', 즉 은혜의 빛이 세상에 넘친다며 글을 써주었습니다.

김만덕은 거상이 되었지만 늘 이렇게 말했습니다.

"재물은 밥 한 그릇으로도 굶주린 사람의 인명을 구할 수 있지만, 그렇지 않으면 썩은 흙과 같다."

이런 철학이 있었기에 전 재산을 내어 제주 백성을 구할 수 있었던 게 아닐까요. 김만덕은 천대받는 상인이었지만, 자신의 전 재산을 내어 제주 백성의 목숨을 구했습니다.

제주 여인 김만덕의 삶이 주는 교훈은 또 있습니다. 김만덕에게는 세상의 벽과 한계가 있었습니다. 그럼에도 기녀라는 벽을 스스로 넘었고, 여자의 몸으로 장사에 뛰어들었고, 바다를 건널 수 없다는 월해금법을 넘어 한양에 가서 임금을 만나고 금강산까지 유람했습니다. 당시 여성에게 주어진 금기와 벽을 모두 뛰어넘은 최고의 여성상을 김만덕은 보여준 것입니다.

## 의주 만상으로 거부가 된 임상옥

김만덕은 『만덕전』에 그 기록이 전하지만, 임상옥에 대한 기록은 찾아보기 어렵습니다. 천대받던 상인이기에 더욱 그랬을 겁니다.

임상옥은 의주 만상으로 1779년 역관 집안에서 태어났습니다. 역관은 사신을 따라가 통역하고 무역하는 사람들입니다. 임상옥의 조부 대에 가세가 기울었고, 임상옥의 아버지는 많은 빚을 진 채 돌아가셨습니다. 그래서 임상옥은 만상에 들어가 허드렛일부터 하며 장사하는 법을 배웠습니다. 임상옥은 어떻게 거상으로 성장할 수 있었을까요?

임상옥이 아버지께 배운 가르침이 있습니다. "장사란 이익을 남기기보다 사람을 남기려는 것이며, 사람이야말로 장사로 얻을 수 있는 최고의 이윤이고, 따라서 신용이야말로 장사로 얻을 수 있는 최대 자산이다"라는 아버지의 가르침은 임상옥의 인생을 관통하는 울림이 되었습니다.

만상에서 장사를 배우던 임상옥이 청나라에 가게 되었습니다. 청과의 주된 무역 품목은 인삼이었고, 임상옥은 만상에서 가져간 인삼을 모두 좋은 값에 팔았습니다. 흡족한 마음에 청을 떠나기 전 임상옥은 일행과 유곽에 들렀습니다. 임상옥은 그곳에서 아름다운 여인을 만나 사연을 듣게 되었는데, 술주정뱅이 아버지 때문에 술집에 팔려왔다는 것이었습니다. 사연을 들은 임상옥은 500냥을 내주고 '장미령'이라는 그 여인을 구해주었습니다. 그런데 그 500냥은 의주 만상에서 가져온 인삼을 판 돈으로 그중 절반은 만상에 줄 돈이고, 나머지 절반은 장사 밑천으로 삼으려던 자신의 몫이었습니다. 그런데 그 돈을 모두 내주고 만 것입니다. '돈보다 사람이 먼저'라는 아버지의 가르침 때문이었습니다.

결국 조선으로 돌아온 임상옥은 만상에서 쫓겨나고 말았습니다. 다행히 오갈 곳 없는 임상옥이 찾아간 절에서 석숭 스님을 만나 많은 가르침을 받았습니다. 임상옥이 다시 장사하겠다고 절을 떠나려고 하자 석숭 스님은 힘들 때 펴보라며 쪽지를 건네주었습니다.

돌아온 임상옥에게 뜻밖의 소식이 들렸습니다. 임상옥이 청나라에서 구해준 장미령이 고관대작의 첩이 되어 임상옥을 찾고 있다는 것입니다. 장미령의 도움으로 임상옥은 거상으로 성장하는 발판을 마련할 수 있었습니다.

임상옥에 관해 전해지는 다른 이야기도 있습니다. 평소 임상옥은 '작은 부자는 한 사람의 노력으로 이룰 수 있지만, 큰 부자는 나라의 도움이 있어야 이룰 수 있는 법이다'라고 생각했습니다. 큰 부자가 되려면 나라의 도움이 있어야 하고, 그러려면 인맥이 있어야 한다고 생각한 임상옥은 당시 순조의 외척이던 박종경과 인맥을 쌓으려 했습니다.

마침 박종경의 집에 초상이 나자 임상옥은 5천 냥이라는 큰돈을 부의금으로 보냈습니다. 박종경은 잘 모르는 자신에게 거액을 부의금을 보내는 걸로 보아 임상옥이 대단한 상인일 거라며 소수에게만 허락된 청과의 인삼 무역 전매권을 밀어주었습니다. 청과의 인삼 전

매로 임상옥은 30대에 벌써 엄청난 거상으로 성장했습니다. 임상옥이 한 해 세금으로 낸 돈만 무려 4만 냥이었습니다.

**"**

| 임상옥의 명언 |
"나를 낳은 건 부모이지만 나를 이루게 한 것은 하나의 잔이다."
−계영배(戒盈杯)를 두고 한 말

"어차피 빚이란 것도 물에 불과한 것, 목마른 사람에게 물을 주었다고
어찌 받을 빚이요, 갚을 빚이라 하겠는가.
그들이 없었다면 상인으로 성공을 거둘 수 없었을 것이다.
애초부터 내 것이 아닌 것을 그들에게 돌려주는 것뿐이다."
−상인들의 빚을 탕감해주며

"재물은 물처럼 평등해야 하고, 사람은 저울처럼 곧아야 한다."

**"**

승승장구하던 임상옥에게도 큰 위기가 있었습니다. 조선의 인삼도 좋지만, 홍삼은 인기가 더 높았습니다. 홍삼은 인삼보다 저장 기간이 길고 약효도 뛰어났습니다. 게다가 중국 사람들은 붉은색을 좋아해 홍삼 가격이 치솟았습니다. 그러자 청나라 상인들이 높은 홍삼 가격에 맞서 담합을 했습니다. 홍삼은 중요한 약재였기에 청나라 상인들도 홍삼을 꼭 사야 했지만, 조선 상인들은 사신이 청에 머무는 기간까지만 장사할 수 있다는 게 약점이었습니다. 청나라 상인들이 담합해 홍삼을 사지 않고 버티니 마음이 조급해진 조선 상인들이 홍삼을 헐값에 내놓기 시작했습니다.

생각지 못한 어려움에 부딪힌 임상옥은 석숭 스님의 말씀이 떠올랐습니다. 어려운 일이 있을 때 펴보라며 주신 종이 하나를 펴보았더니 '사(死)'라는 글자가 적혀 있었습니다. 그 뜻을 헤아릴 수 없었던 임상옥은 사신으로 함께 간 추사 김정희를 찾아갔습니다. 임상옥은 자신이 지금 '백척간두(百尺竿頭)', 백 자나 되는 높은 장대 위에 올라선 상황이라 앞으로 갈 수도 없고 뒤로 물러설 수도 없다며 도움을 요청했습니다.

김정희는 임상옥에게 어차피 그렇다면 죽을 각오를 하고 한 걸음을 내디디라고 이야기했습니다. 그 말에 깨달음을 얻은 임상옥은 돌아가서 조선 상인의 홍삼을 모두 사들였습니다. 그의 행동이 궁금해 모여든 사람들 앞에서 임상옥은 쌓아둔 홍삼에 불을 지르며 말했습니다.

"힘들게 가져온 홍삼을 제값도 못 받고 파느니 여기서 차라리 불살라버리겠소."

청나라 상인들은 깜짝 놀라서 홍삼을 제값에 사겠다며 임상옥을 말렸습니다. 청나라 상인들 역시 홍삼을 사지 못하면 한 해 장사를 못하기 때문이었습니다. 임상옥은 이미 타버린 홍삼값까지 다 지불하는 조건으로 홍삼을 팔았습니다. 결과적으로 홍삼 전부를 제값을 받고 판 것입니다.

괘씸한 청나라 상인들에게 더 비싼 값을 부를 수도 있었지만, 그는 그렇게 하지 않았습니다. 이 일로 청나라 상인들 사이에 임상옥은 값을 더 부르지도 덜 부르지도 않고 항상 제값만 받는 사람으로 인식되어 더욱 신뢰를 얻었습니다. 그의 대단한 배짱과 역지사지의 전략을 엿볼 수 있는 대목입니다.

황현의 『매천야록』에 임상옥에 대한 기록이 전합니다.

"의주에 사는 임상옥은 돈 버는 재주가 비상했는데 그중 한중 양국의 무역을 독점해 왕실처럼 부를 누리므로 북경 사람들은 지금도 그의 이름을 부르곤 한다."

당시 임상옥의 부가 어느 정도였는지를 추측할 수 있는 일화가 있습니다. 임상옥의 집에 의주 부윤과 평안 감사 일행 700명이 갑자기 방문한 일이 있었습니다. 그런데 700명 모두에게 따로 상을 차려 식사를 대접했다고 합니다.

어느 날 전주 이방이란 자가 급히 임상옥을 찾아와 돈을 빌려달라 간청했습니다. 임상옥은 일면식도 없던 이방에게 큰돈을 내어주었습니다. 그런데 그 이방이 떠나자 임상옥은 그에게 받은 차용증을 찢어버렸습니다. "차용증을 왜 찢어버리시냐"라고 묻는 하인에게 임상옥은 "이 돈은 받지 못하는 돈이다"라고 했습니다. 하인이 그 까닭을 물으니, "전주 이방의 눈에 살기가 있어 돈을 빌려주지 않으면 나도 죽이고 이방 자신도 죽을 각오를 한 듯 보였다. 그래서 두 사람 모두 죽는 쪽보다 두 사람 모두 사는 쪽을 선택한 것이다"라며 이렇게 덧붙였습니다.

"장사를 하다 보면 이익을 얻을 수도 있고 손해를 볼 수도 있다. 목숨을 살리는 것이 돈보다 중요한 것 아니겠냐."

임상옥이 어려서부터 아버지에게서 들었던 가르침이었습니다.

세상을 이롭게 한 나눔의 아이콘들

임상옥에게 또 한 차례 큰 위기가 닥쳤습니다. 순조 때 평안도에서 홍경래가 난을 일으켰습니다. 홍경래의 난은 세금 수탈과 평안도 지역에 대한 차별 때문에 일어난 대규모 반란이었습니다. 그런데 홍경래가 난을 준비하면서 임상옥을 찾아왔습니다. 큰 재력을 지닌 임상옥을 반란에 끌어들이기 위해서였습니다.

임상옥은 석숭 스님이 준 나머지 종이를 펼쳤습니다. '鼎(솥 정)' 자가 적혀 있었습니다. 솥의 세 발은 각각 재물, 권력, 명예를 뜻합니다. 사람의 욕심은 세 가지 모두를 원하지만, 하나에 만족할 줄 알아야지 더 욕심을 내면 솥의 다리는 사라지고 결국 솥은 엎어지고 말 것이라는 가르침이었습니다. 깨달음을 얻은 임상옥은 홍경래의 제안을 거절했습니다. 결국 홍경래의 난은 실패했고, 임상옥은 화를 면할 수 있었습니다.

임상옥이 언제나 욕심을 경계할 수 있었던 것은 '계영배(戒盈杯)'라는 술잔 덕분이었습니다. 계영배는 '가득 차는 것을 경계한다'는 뜻입니다. 이 술잔에는 작은 구멍이 있어 술이 7부 이상 차면 사라져 버립니다. 그 원리는 잔 속에 관을 만들어 술이 그 관 높이까지 차면 새지 않지만, 술이 관 높이보다 높게 차면 관 속의 압력이 높아져 중력에 따라 관 아래로 흘러내리게 되는 것입니다. 우리가 사용하는 세면대나 변기의 관이 이런 '사이펀의 원리'를 이용한 것입니다. 임상옥은 늘 계영배를 옆에 두었기에 가득 차는 것을 경계할 수 있었습니다. 임상옥은 계영배를 두고 이렇게 말했습니다.

"나를 낳은 것은 부모지만, 나를 이루게 한 것은 하나의 잔이다."

둘째 마당

그런데 만약 임상옥이 그저 거상이기만 했다면 오늘날 이렇게까지 회자되지 않았을 겁니다. 임상옥은 자신이 모은 돈을 어려움에 처한 백성들에게 내어주었습니다. 『일성록(日省錄)』에 다음과 같은 기록이 전합니다.

"의주 부윤 남이형이 아뢰기를, 임상옥이 2,070냥을 희사해 이재민을 살렸으며, 이전에도 거금을 쾌척했다 했다."

헌종 때도 수재가 발생하자 또 거액의 의연금을 낸 공로로 임상옥은 곽산 군수에서 귀성 부사로 승진했습니다. 하지만 상인 출신이 종3품 벼슬에 오르자 비변사의 반대가 거셌고, 결국 승진은 무산되었습니다.

이후 임상옥은 빈민구제와 시 쓰는 일로 여생을 보냈습니다. 그리고 죽기 전에 자신과 거래하던 상인들과 자신에게 빚을 진 사람들을 모두 불러서 빚을 탕감해주었고, 재물을 모으기보다 함께 나누는 장사를 하라며 금덩이를 나눠주었습니다. 그리고 사람들에게 이렇게 말했습니다.

"어차피 빚이란 것도 물에 불과한 것, 목마른 사람에게 물을 주었다고 어찌 받을 빚이요, 갚을 빚이라 하겠는가. 그대들이 없었다면 상인으로 성공을 거둘 수 없었을 것이다. 애초부터 내 것이 아닌 것을 돌려주는 것뿐이다. (…) 재물은 물처럼 평등해야 하고, 사람은 저울처럼 곧아야 한다."

임상옥은 재물은 물과 같다고 말했습니다. 물은 잠시 가둬둘 수는 있지만, 영원히 가둘 수는 없습니다. 가둬두면 썩습니다. 물을 손에

세상을 이롭게 한 나눔의 아이콘들

쥐면 잠시 손안에 있는 것 같지만 금세 새어나가고 맙니다. 재물도 그와 같습니다. 내 것이라고 움켜쥐어도 사실 그것은 내 것이 아닙니다. 내게 왔다가 가는 것입니다. 재물은 물 흐르듯이 그렇게 흘러야 하는 거라 했습니다.

김만덕과 임상옥은 노블레스 오블리주를 보여주었습니다. '노블레스 오블리주'는 귀족을 뜻하는 Noblesse(know+able)와 책임이라는 Oblige를 합친 말로, '높은 사회적 신분에 상응하는 도덕적 의무'라는 뜻입니다. 그런데 김만덕과 임상옥은 귀족도 양반도 아닌 천대받던 상인이었습니다. 그럼에도 그들은 힘들여 모은 재물을 아낌없이 내어놓았습니다. 재물에 대한 그들의 확고한 철학이 있었기에 가능한 것이었습니다.

그렇다면 진정한 노블레스 오블리주란 무엇일까요? 사회적 지위가 낮아도, 대단한 재산이 없어도 기꺼이 나눌 수 있는 마음일 것입니다. 여러분이 보여줄 수 있는 노블레스 오블리주는 무엇인가요?

# 거부에서 독립운동가가 된
# 이승훈과 최재형

독립운동가 조만식은 이승훈을 가리켜 "그는 조선에 태어나 조선을 위하여 울고 웃고, 조선을 위하여 죽었다"라고 표현했습니다. 조만식이 칭송하는 이승훈의 삶에는 '거부(巨富)'와 '독립운동가'라는 두 단어가 따라다닙니다.

연해주 한인들에게 최재형은 '최페치카'라 불렸습니다. 페치카는 러시아어로 '난로'라는 뜻입니다. 한인들의 집집마다 최재형의 초상화가 걸려 있었다고 합니다.

이승훈과 최재형의 삶은 닮았습니다. 그들은 어떤 인물이고, 어떻게 거부가 되었으며, 왜 독립운동가가 되었을까요?

세상을 이롭게 한 나눔의 아이콘들

## 나라를 주무르는 거부, 이승훈

이승훈이 나라를 주무르는 거부가 될 수 있었던 이유가 몇 가지 있습니다. 첫째는 머물러 있지 않고 계속 도전했기 때문입니다.

그는 열 살 무렵 고아가 되어 먹고살기 위해 김일권의 유기상회에 사환으로 들어갔습니다. 이승훈은 유기그릇을 광나도록 닦으면서 '사람도 이처럼 열심히 하면 빛나지 않을까' 생각하며 열심히 일했습니다. 3년 후부터는 장부 작성, 방문 판매, 외상 수금 등을 도맡아 똑 부러지게 해내 김일권의 인정을 받았습니다.

성실한 청년으로 소문난 덕에 열다섯에 결혼했고, 보부상을 시작했습니다. 평안북도에서 황해도까지 유기를 팔러 다니고, 황해도에서 유기를 판 돈 대신에 목화를 받아 많은 이익을 남겼습니다.

7년을 일하자 김일권은 그에게 유기상회와 유기공장을 맡아보라고 제안했습니다. 하지만 이승훈은 힘들어도 자신의 힘으로 해보겠다며 유기상회를 차렸습니다. 평양에 지점도 열었습니다. 직접 유기공장을 차리고 싶었던 이승훈은 갑부 오희순에게 돈을 빌리러 갔습니다. 돈을 빌리러 온 사람들은 오희순의 비위를 맞추고 아부했지만, 이승훈은 자화자찬을 떠벌리는 오희순에게 옳은 말을 해버리고 돌아왔습니다.

그런데 얼마 후 오희순이 찾아와 "자네 말을 듣고 나를 돌아보게 되었다"라며 거액을 빌려주었습니다. 그 돈으로 이승훈은 유기공장을 차렸고, 좋은 작업 환경에 높은 임금을 주고 신분에 상관없이 노동자들을 우대하자 생산성이 향상되었고 품질 좋은 유기로 인정받아 사업이 번창했습니다.

그가 나라를 주무르는 거부가 될 수 있었던 두 번째 이유는 이익[利]보다 의로움[義]을 따른 덕분입니다. 이익만을 좇았더라면 그는 절대로 거부가 되지 못했을 겁니다.

1894년에 청일전쟁이 일어났습니다. 그의 공장은 폐허가 되었고, 청나라군이 물러가면서 유기그릇도 쓸어가버렸습니다. 오희순에게 빌린 돈도 다 갚지 못했는데 공장이 망해버린 것입니다.

고민하던 이승훈은 오희순을 찾아가 무릎을 꿇고 자신의 재정 상황을 설명한 뒤 돈을 갚을 계획을 적은 장부를 보여주었습니다. 오희순에게 돈을 빌린 다른 사람들은 전쟁 후 모두 잠적했는데 이승훈은 돈을 갚겠다고 찾아온 것입니다. 이에 오희순은 장부를 덮으며 "돈은 갚지 않아도 된다. 재기하는 데 필요한 돈도 지원해주겠다"라고 제안했습니다. 사람들은 전쟁 통에 세간살이를 잃어버렸기에 유기를 새로 사야했고, 경쟁자였던 유기공장들이 망했기에 이승훈이 차린 유기공장은 나날이 번창했습니다.

이승훈은 여기에 머물지 않고 새로운 도전을 했습니다. 개항으로 들어온 외국 상품인 석유, 양약, 종이, 면포, 건축 자재 등을 수입했고, 무역업으로 관서 지방의 물류와 유통을 장악했습니다. 소 한 마리에 1냥 하던 때에 그는 자본금 70만 냥의 거부가 되었는데, 그의 나이 서른여덟이었습니다.

이승훈이 나라를 주무르는 거부로 성장할 수 있었던 세 번째 이유는 '나라의 부(富)가 먼저'라는 생각 덕분이었습니다. 그는 자신의 이익만 추구하지 않았습니다. 당시 나라에서 백동화를 새로 발행했는데, 불량화폐에 위조화폐까지 유통되면서 백동화의 가치는 떨어지고 기존의 상평통보 가치가 오히려 높아졌습니다. 이승훈은 상평통보 1만 냥을 배에 실어 보냈는데, 일본 영사관의 배와 충돌해 침몰해 버렸습니다. 막대한 손해를 본 이승훈은 일본 영사관을 상대로 소송을 제기했습니다. 어렵게 보상은 받았지만, 소송 과정에서 일본의 무시와 횡포를 실감하게 되었습니다.

얼마 후 러일전쟁이 일어나자 이승훈은 발 빠르게 쇠가죽을 사들였습니다. 전쟁에 쇠가죽이 많이 쓰여 큰돈을 버는 듯했지만 전쟁이 생각보다 빨리 끝나 오히려 손해를 보았습니다.

실패에 낙심해 있던 그에게 안창호의 연설이 인생을 바꿔놓는 계기가 되었습니다.

"나라가 없는 민족은 세계의 상놈이요. 전 민족이 다 상놈이 되거든 당신 혼자 양반이 될 수가 있겠소?"

이 연설을 듣고 이승훈은 나만 잘살아서 될 게 아니라 나라가 잘살도록 해야겠다고 생각을 바꾸었습니다. 개항으로 일본제 사기그릇이 들어와 날개 돋친 듯 팔렸습니다. 일본제 사기그릇은 싸고 가볍고 예쁜데, 조선의 유기그릇은 비싸고 무겁고 관리하기 힘드니 팔리지 않았습니다. 이승훈은 유기공장, 유기상회 그리고 유기제조업자들과 손을 잡았습니다. 사실 그들은 경쟁업체들이었지만, 그들과 손잡고 일본제 사기그릇에 맞서 우리도 사기그릇을 만들었습니다.

기술자와 전문가를 데려오고, 일본의 경제침탈에 위기의식을 느끼던 사람들을 불러 손을 잡았습니다. 평양에 자기 제조회사를 만들었고, 주식을 발행해 더 많은 사람과 손잡고 힘을 키웠습니다. 근대적인 주식회사에 상인들이 연합해 생산과 유통에 힘을 합쳤기에 조금씩 빼앗긴 상권을 회복할 수 있었습니다.

이때가 1908년, 그의 나이 마흔넷이었습니다. 1910년 일본의 강제 병합과 총독부의 탄압으로 인해 2년 만에 자기회사는 문을 닫아야 했지만 조선의 자기회사가 일본에 맞서 경쟁력이 있음을 증명해 보인 일이었습니다.

## 목숨을 건 독립운동가, 이승훈

거부 이승훈의 두 번째 삶은 백성을 깨어나게 한 독립운동가로 살아간 모습입니다. 그는 안창호와 함께 비밀결사 조직인 신민회에 가입했습니다. '기울어져 가는 나라를 구하려면 힘을 길러야 하며, 신교육에 힘써야 한다'는 생각으로 정주에 오산학교를 설립했습니다. 설립 당시 학생은 일곱 명에 불과했습니다.

"나라가 날로 기울어 가는데 그저 앉아 있을 수는 없습니다. 총을 드는 사람, 칼을 드는 사람도 있어야 합니다. 그러나 그보다 더 중요한 일은 백성들이 깨어 일어나는 일입니다."

오산학교에서는 아침 일찍 학생들이 체조와 함께 애국가를 부르며 하루를 시작했습니다. 학생들 스스로 자율적으로 모든 게 이루어지는 것이 이 학교의 방침이었습니다. 시험도 무감독으로 치러졌습니다. 이승훈은 학교 운동장의 풀을 뽑고 청소를 도맡아 했습니다. 학생들은 공부에만 전념하라는 뜻이었습니다. 한겨울에는 재래식 화장실에 학생들의 분변이 산처럼 쌓인 채 얼어버려 직접 도끼를 들고 솟아오른 얼음 분변을 깨기도 했습니다. 이승훈은 이런 분이었습니다. 그는 학생들에게도 말을 놓지 않았습니다. '이 학생들 가운데 나라를 구할 민족의 지도자가 나올 수도 있는데 어찌 말을 함부로 놓겠느냐'는 것이 그의 생각이었습니다.

**❝**

| 이승훈의 명언 |
"총을 드는 사람, 칼을 드는 사람도 있어야 할 것입니다.
그러나 그보다 더 중요한 일은 백성들이 깨어 일어나는 일입니다."
"나라 없는 놈이 어떻게 천당에 가? 이 백성이 전부 지옥에 있는데
당신들은 천당에서 내려다보면서 앉아 있을 수 있는가?"
"우리가 할 일은 민족의 역량을 기르는 일이지,
남과 연결하여 남의 힘을 불러들이는 일이 아니다.
나는 씨앗이 땅속에 들어가 무거운 흙을 들치고 올라올 때 제 힘으로 들치지
남의 힘으로 올라오는 것을 본 일이 없다."
"내 시신은 땅에 묻지 말고 의학용 표본으로 만들어 교육재료로 사용해달라."

**❞**

이승훈은 종파를 초월해 민족의 혼을 일깨웠습니다. 105인 사건으로 비밀결사 조직이던 신민회가 해체되고 이승훈에게 징역 6년

둘째 마당

형이 선고되었습니다. 기독교에 입교했던 이승훈은 성경을 읽고 기도하며 옥중생활을 견디고 위로받았습니다. 출옥 후 그는 쉰두 살에 평양신학교에 입학했습니다.

1차 세계대전이 끝나고 민족자결주의가 발표되자 여운형이 이승훈을 찾아와 국내 독립운동을 제안했습니다. 이에 이승훈은 "내가 해놓은 일 없이 죽는 줄 알았더니 이제 죽을 자리를 얻었다"라며 기뻐했고, 종교계 인사들을 중심으로 독립운동을 준비했습니다. 종교가 정치에 관여하면 안 된다고 반대하는 사람들도 있었습니다. 이승훈은 이들에게 호통쳤습니다.

"나라 없는 놈이 어떻게 천당에 가? 이 백성이 전부 지옥에 있는데 당신들은 천당에서 내려다보면서 앉아 있을 수 있어?"

종교가 다른 사람들끼리 힘을 합치기가 쉽지 않았습니다. 이승훈이 그들을 설득해서 드디어 천도교, 불교, 기독교가 연합해 독립선언서를 작성했습니다. 독립선언서에 종교계 민족 대표들의 서명을 앞두고도 누가 먼저 서명할지 옥신각신했습니다. 이를 보던 이승훈이 또 소리쳤습니다.

"순서는 무슨 순서야? 이거 죽는 순서야. 누굴 먼저 쓰면 어때? 의암 이름부터 써."

독립운동가 이승훈은 마지막까지 목숨을 걸었습니다. 1922년 출옥한 후 '조선의 것으로 먹고 입고 살자'는 물산장려운동을 적극적으로 지지했고, 조선 민립대학 설립 운동에도 참여했습니다. 1927년에는 신간회에도 활발히 참여했습니다. 신간회는 사회주의 계열과

세상을 이롭게 한 나눔의 아이콘들

민족주의 계열이 이념을 뛰어넘어 손잡은 거국적인 독립운동 단체였습니다.

1930년 이승훈은 심장마비로 눈을 감았습니다. 그의 나이 예순일곱이었습니다. "내 시신은 땅에 묻지 말고 의학용 표본으로 만들어 교육재료로 사용해달라"는 유언이 있었습니다. 그의 시신은 경성제국대학(지금의 서울대학교)으로 전달되었지만, 일본이 이를 막았습니다. 일본은 추도식도 못 하게 했고, 묘비도 훼손해서 땅에 묻어버렸습니다.

남강 이승훈의 삶을 보며 가슴에 와닿는 말이 있습니다.

"우리가 할 일은 민족의 역량을 기르는 일이지, 남과 연결하여 남의 힘을 불러들이는 일이 아니다. 나는 씨앗이 땅속에 들어가 무거운 흙을 들치고 올라올 때 제힘으로 들치지 남의 힘으로 올라오는 것을 본 일이 없다."

그렇습니다. 씨앗은 힘들지만 제힘으로 무거운 흙을 들치고 올라옵니다. 그런데 우리는 어떤가요? 가능하면 쉽게 가려 하고, 가능하면 누군가의 도움을 받아 높이 올라가려 하고, 그런 요행을 바라며 삽니다. 부끄러운 모습입니다.

지난 세월 우리가 얼마나 무거운 흙을 들치고 올라와 싹을 틔웠는지 잊지 말았으면 좋겠습니다. 왜냐하면 우리에게는 언제나 그랬듯이 아무리 무거워도 그 흙을 들치고 올라와 싹을 틔울 힘이 있기 때문입니다.

## 연해주의 거부, 최재형

연해주, 당시 러시아도 관리하기 힘든 척박한 땅에 굶주림을 피해 목숨을 걸고 넘어간 사람들이 있었습니다. 1869년 당시 아홉 살이던 최재형의 가족도 그러했습니다.

최재형의 아버지는 노비 출신이었고, 어머니는 기생 출신이었습니다. 하지만 연해주에서의 삶도 녹록지는 않아서 한겨울에 신발도 없이 눈밭을 걸어서 학교에 가야 했습니다. 어린 최재형에게 가장 견디기 힘든 건 형수의 구박이었습니다. 결국 열한 살에 가출하고 말았습니다.

포시에트 항구에 가면 굶을 일은 없다는 소문을 듣고 걸어와 탈진하고 말았습니다. 다행히 선장 부부의 도움으로 배를 타고 페테르부르크까지 왕래하며 러시아어를 배우고 견문을 넓힐 수 있었습니다.

최재형은 블라디보스토크에서 일하며 돈을 모아 십 년 만에 가족을 찾아 얀치혜로 돌아왔습니다. 당시 러시아는 블라디보스토크를 개발하고자 군대를 파견하고 막사를 짓고 도로를 만들었는데, 도로 공사에 연해주 한인들의 노동력이 필요했습니다. 그런데 도로공사를 관리하는 러시아 관리들과 한인들의 의사소통이 문제였습니다. 이때 러시아어에 능통하고 러시아 사정에 밝은 최재형이 통역관 겸 책임자가 되어 한인들을 차별하는 러시아인에게 항의해 한인들의 처우를 개선하는 등 중재자 역할을 해냈습니다. 그는 러시아 관리들의 신뢰와 연해주 한인들의 지지로 얀치혜의 도헌(군수)으로 임명되

세상을 이롭게 한 나눔의 아이콘들

었고, 러시아로부터 훈장까지 받았습니다.

얀치혜의 도헌이 된 최재형은 한인들이 그곳에서 잘살려면 교육이 중요하다고 생각했습니다. 연해주 한인 마을에 32개 소학교를 건립했고, 가난한 학생에게는 장학금을 지원했고, 뛰어난 학생은 도시로 유학 보냈습니다. 그렇게 공부한 학생들이 다시 모교의 교사로 왔고, 한인사회를 이끄는 지도자로 성장했습니다.

갈등도 있었습니다. 왜 러시아 말을 배워야 하냐는 한인들에게 최재형은 그것도 하지 않고 외국 생활을 어떻게 하냐며 가르쳤고, 조선 말은 배우지 않겠다는 이들에게는 조선어를 배우지 않고 우리 정체성을 어떻게 지킬 거냐고 설득했습니다.

연해주 한인들은 봄이 되면 러시아 군인들이 좋아하는 연어를 잡아 고수익을 올렸고, 목초지에서 소를 키워 군인들에게 고기와 우유를 공급했습니다. 소의 품종까지 개량해 군납으로 큰돈을 벌었습니다. 그 덕분에 연해주 한인들은 경제적 기반을 마련할 수 있었습니다.

조선에서는 1896년 고종이 러시아 공사관으로 피신하면서 최재형을 등용했습니다. 고종의 부름에 응하면 벼슬을 받고 권력을 쥘 수 있겠지만, 최재형은 얀치혜의 도헌으로 한인들 곁을 변함없이 지켰습니다.

최재형은 연해주에서 거부로 성장했습니다. 그의 뛰어난 러시아어 실력과 그를 따르는 한인들의 노동력, 그리고 그의 사업 수완 덕분이었습니다.

1899년 청에서 의화단 운동이 일어났습니다. 제국주의 열강의 침탈을 견디다 못한 청나라 사람들은 서양인이 만든 철도를 파괴하고 서양인을 죽이기까지 했습니다. 8개 연합국은 청을 공격했고, 러시아도 만주에 군대를 파병했습니다. 한인들은 러시아 군대의 군수품을 운반하며 큰돈을 벌 수 있었습니다.

1904년 러일전쟁 때는 소고기 등 군수품을 공급하며 막대한 이익을 얻었습니다. 최재형은 연해주를 대표하는 거부가 되었고, 쿤스트 앤드 알베르스, 마르코프 등 많은 회사를 운영했습니다. 최재형을 중심으로 연해주 한인들은 안정된 생활을 누릴 수 있었습니다.

## 항일운동의 대부, 최재형

연해주 한인들은 최재형을 '최페치카'라 불렀습니다. 그는 한인들의 난로가 되어주었습니다. 그는 사람들을 똑같이 대했고, 누구든 어려움을 토로하면 도와주었습니다. 최재형은 한인들의 난로가 되었지만, 그의 마음은 따뜻하지 않았습니다. 그는 평소 나라 잃은 심정을 자주 토로했습니다.

"러시아 추위보다 나라 잃은 내 심장이 더 차갑다."

그는 항일운동에 뛰어들어 '동의회(同義會)'를 조직했습니다. 1905년 을사늑약 이후 애국지사들이 연해주로 망명해 오면서 연해주는 독립운동의 중심지가 되어갔습니다.

세상을 이롭게 한 나눔의 아이콘들

1907년 최재형은 헤이그 특사로 서울에서 온 이준과 블라디보스토크의 이상설이 만나 안전하게 떠나도록 도움을 주었습니다. 러일 전쟁에서 승리한 일본이 간도에서 세력을 넓혀가자 고종이 파견했던 간도관리사 이범윤은 의병들을 이끌고 최재형을 찾아왔습니다. 최재형은 의병들에게 군복과 신식 무기를 지급하고 그들이 훈련할 곳을 마련해준 뒤 함께할 한인 의병들을 모았습니다. 그렇게 뜻을 같이하는 사람들, 즉 '동의회'를 조직했습니다.

동의회 조직에 최재형이 낸 1만 3천 루블, 이범윤의 형이자 헤이그 특사 이위종의 아버지인 러시아 공사 이범진이 낸 1만 루블, 안중근을 비롯해 사람들이 모은 기금 6천 루블의 군자금이 모였습니다. 무장투쟁을 앞세운 동의회는 러시아 내의 항일 의병 세력을 결집했고, 국경을 넘어가 함경도의 일본군 수비대와 격전을 벌였습니다. 최재형의 무기 지원에 힘입어 국경의 일본군 초소와 부대를 공격하는 국내진공작전을 펼쳤습니다. 하지만 일본의 공세와 일본의 압력을 받은 러시아의 방해로 의병활동은 위축되었습니다.

최재형은 〈대동공보〉를 발행했습니다. 〈대동공보〉는 러시아 한인들의 항일 민족신문이던 〈해조신문〉을 계승한 것이었습니다. 최재형은 언론을 통한 항일운동을 전개했고, 〈대동공보〉를 통해 안중근은 이토 히로부미가 하얼빈을 방문한다는 정보를 들었습니다. 하얼빈 의거를 준비하는 데 필요한 모든 것을 최재형과 동의회에서 지원했습니다. 〈대동공보〉는 안중근의 하얼빈 의거를 신속하게 국내외에 알렸고, 안중근의 재판에 대비해 변호인단도 꾸렸습니다. 하지만 일본에 의해 뤼순에서 진행된 재판에서 안중근은 사형선고를 받았고, 최재형은 안중근을 살리지 못했다는 사실에 자책하며 매우 힘들어했습니다.

연해주 한인들은 그들의 정착지를 '개척리(開拓里)'라고 불렀는데, 1911년 러시아에 의해 개척리는 강제 철거되었고, 한인들은 다시 이주해야 했습니다. 한인들은 다시 피땀으로 '신한촌(新韓村)'을 일구었고, 신한촌은 독립운동의 중심이 되었습니다.

**"**

| 최재형의 명언 |
"러시아 추위보다 나라 잃은 내 심장이 더 차갑다."

**"**

연해주 한인들에 대한 러시아의 감시가 강화되었습니다. 최재형은 1911년 12월 '권업회(勸業會)'를 창설해 새로운 항일운동을 시작했습니다. 권업회는 한인들의 상공업과 교육을 장려할 목적으로 러시아의 허가를 받아 만들었습니다. 상공업을 장려하는 듯 보였으나 실제는 무장 독립투쟁 조직이었습니다. 최재형이 중심이 되고 신채호, 이상설이 힘을 보탰습니다. 회원이 1913년에 2,600여 명, 1914년에는 8,500여 명으로 늘었습니다. 하지만 1914년 제1차 세계대전이 일어나자, 러시아는 대일관계 악화를 우려해 권업회를 강제 해산시켰습니다. 1916년 최재형은 일본의 거짓 정보로 간첩 누명을 쓰

세상을 이롭게 한 나눔의 아이콘들

고 러시아에 체포되기도 했습니다.

　1919년 3·1 만세운동 이후 임시정부가 세워졌습니다. 가장 먼저 연해주에 '대한국민의회'가, 국내에는 '한성정부'가, 상해에는 '상해 임시정부'가 생겼습니다. 최재형은 대한국민의회의 외교부장이었습니다. 연해주에서는 1919년 2월 1일, 가장 먼저 대한독립선언서를 발표했습니다. 이처럼 연해주는 독립운동의 전진기지였으며, 그 중심에 최재형이 있었습니다.

　1917년 일어난 러시아 혁명으로 혁명을 지지하는 적군과 반대하는 백군 간에 내전이 일어났습니다. 미국, 영국 등은 사회주의 혁명이 극동까지 확산하는 걸 막고자 군대를 파견했고, 일본도 많은 군대를 파견해 연해주 독립운동은 더 위축될 수밖에 없었습니다.

　독립운동가들은 숨어 지내야 했습니다. 최재형은 몸을 피해 있다가 가족이 염려되어 집으로 돌아왔고, 결국 일본에 끌려갔습니다. 일본은 자국민을 보호한다는 이유로 한인들을 체포하고 대규모 학살을 자행했습니다. 이를 '4월 참변'이라 합니다. 최재형도 재판 없이 처형되었고, 그의 유해와 매장 장소조차 찾지 못했습니다.

　그는 노비의 자식으로 태어나 굶주림을 피해 연해주로 건너갔고, 큰 자산가가 되었습니다. 하지만 연해주 한인들을 위한 삶을 살았고, 빼앗긴 조국을 되찾고자 자신의 모든 것을 항일 독립운동에 쏟아부었습니다. 그가 죽은 뒤 그의 가족은 스탈린 치하에서 혹독한 고초를 겪었습니다. 그의 자녀들은 총살당하기도 했고, 수감되기도 했으며, 1937년에는 중앙아시아로 강제 이주당했습니다.

연해주 한인들의 난로이자 항일운동의 대부(代父)였던 최재형의 리더십은 어떤 것이었을까요? 그는 연해주의 거부로 한인들의 처우를 개선하고 그들이 안정된 삶을 살 수 있도록 이끌었습니다. 그는 독립운동의 중심에 있었지만 자신을 드러내지 않았습니다. 그의 리더십은 늑대의 리더십을 닮았습니다. 늑대가 한 줄로 눈길을 지나갈 때면 뛰어난 사냥꾼도 늑대의 발자국을 보고 몇 마리가 지나갔는지 알 수 없다고 합니다. 그만큼 질서가 잘 잡혀 있습니다. 야생 늑대 무리에서 리더는 무리의 제일 뒤에서 따라가며 무리를 챙깁니다. 늑대는 힘이 아니라 모두의 신뢰를 받는 늑대가 우두머리가 됩니다. 우두머리 늑대는 위기마다 앞장서지만, 불가피한 상황이 생겼을 때는 능력 있는 늑대에게 잠시 리더 자리를 내주기도 합니다. 무리의 안전을 가장 중요하게 생각하기 때문입니다.

최재형은 연해주 한인들의 곁에서 끝까지 그들의 따뜻한 난로가 되었습니다. 그리고 잃어버린 조국을 위해 항일 독립운동의 든든한 후견인이 되었습니다. 우리도 우리 자신에게 이런 질문을 해봤으면 합니다. '나는 누구의 따뜻한 난로가 될 것인가?'

세상을 이롭게 한 나눔의 아이콘들

우리 역사의 위대한 정치적 지도자인 왕건, 고려 현종, 정조의 삶은 반전의 드라마를 보여줍니다. 그들은 힘들고 불리한 상황에 부딪혔을 때 언제나 자신이 아닌 우리를 먼저 생각했고, 실패를 부끄러워하지 않았으며, 아픔과 역경을 애민으로 승화한 인물들입니다.

역사를 바꾼
위대한 지도자들

# 후삼국통일의 주역인
# 왕건의 성공 법칙

"위기는 곧 기회"라는 말처럼 통일신라 말의 혼란 속에서 기회를 잡고 일어선 세 영웅이 있습니다. 그들은 바로 후백제의 견훤, 후고구려의 궁예, 고려의 왕건입니다. 궁예와 견훤은 극적인 성공을 이룬 인물이지만 그들의 말로는 비극이었습니다. 하지만 왕건은 달랐습니다. 그가 후삼국을 통일한 것입니다.

그런데 3명 중 가장 후발주자였던 왕건이 어떻게 후삼국을 통일할 수 있었을까요? 왕건이 그만의 성공 법칙을 가지고 있었기 때문입니다. 지금부터 궁예와 견훤과는 달랐던 왕건의 성공 법칙에 대해 살펴보겠습니다.

역사를 바꾼 위대한 지도자들

# 후고구려 궁예의 성공과 실패

신라 천년의 역사가 끝나가고 있었습니다. 신라를 지배하던 골품제가 흔들리고, 왕이 귀족들의 반란으로 피살되기도 했습니다. 중앙에서는 진골 귀족들의 왕위 다툼이 치열해졌고, 귀족의 수탈에 자연재해와 흉년까지 겹치자 농민들은 봉기를 일으키고 유랑민이 되었습니다.

그사이 지방에서는 신라에 반기를 든 새로운 세력이 등장했는데, 스스로 성주나 장군이라 칭하며 세력을 키우던 호족이었습니다. 대표적인 호족이 완산주(전주)에 후백제를 세운 견훤과 송악(개성)에 후고구려를 세운 궁예입니다. 후삼국시대를 만든 견훤과 궁예는 새로운 시대의 떠오르는 영웅이었습니다.

궁예는 신라의 왕자 출신이라고 알려져 있습니다. 하지만 그가 태어난 날이 불길해 나라를 위험에 빠뜨릴 것이란 예언 때문에 죽임을 당할 뻔했습니다. 유모 덕분에 목숨을 건졌지만, 한쪽 눈을 잃어버렸습니다.

유모와 숨어 살다가 출가해 절에 의탁했지만 마음을 잡지 못하고 방황하던 궁예는 도적 기훤의 수하가 되었습니다. 하지만 기훤이 궁예를 업신여겼기에 그는 다시 원주의 도적 양길의 수하로 들어갔습니다. 양길은 궁예의 능력을 우대하고 그에게 병사를 맡겼습니다. 승려 출신인 궁예가 이끄는 병사들은 수탈을 일삼지 않았으므로 궁예의 세력은 빠르게 성장했습니다. 궁예의 명성을 들은 명주(강릉)의 세력가 김순식도 궁예의 편에 섰습니다. 이제 궁예는 3,500명을 이끄는 장군으로 세력을 키워갔습니다. 『삼국사기』는 이 시기 궁예의 영웅적 면모를 이렇게 기록했습니다.

"사졸들과 더불어 즐겁고 괴로운 일, 고되고 편함을 함께하고, 주고 빼앗는 것도 공평무사하여 백성들이 그를 존경하고 사랑하여 따르고 추대했다."

이후 궁예는 황해도로 진출했고, 이 지역의 해상세력으로 성장한 호족들도 궁예에게 복종했습니다. 여기에는 송악의 호족 왕륭과 그의 아들 왕건도 있었습니다. 든든한 지지 세력을 두게 된 궁예는 왕건을 앞세워 양길의 세력까지 제압했습니다. 901년 궁예는 스스로 왕을 칭하며 후고구려를 건국했고, 고구려 유민의 지지를 얻으려 국호를 후고구려라고 했습니다. 궁예는 고구려의 원수를 갚겠다고 천명했는데, 『삼국사기』는 궁예의 말을 이렇게 전합니다.

"신라가 당나라와 함께 고구려를 멸망시켜서 평양의 옛 도읍에는 잡초만 무성하게 되었으니 내가 그 원수를 갚겠다."

궁예를 따르는 호족이 늘어났고, 후고구려는 후백제보다 넓은 땅을 차지했습니다. 후고구려는 후백제를 압박하려고 나주를 공략해 차지했습니다. 나주는 비옥한 평야와 염전이 많아 경제적 가치가 컸습니다. 이와 관련해 『삼국사기』는 이렇게 기록하고 있습니다.

"903년 왕건이 수군을 거느리고 금성군을 쳐서 후백제의 10여 개 군현을 빼앗고 금성을 나주로 고쳤다."

후고구려의 우위를 보여준 전투였고, 왕건이라는 이름을 역사에 등장시킨 사건이었습니다. 또한 왕건에 대한 궁예의 신뢰도 더욱 커졌습니다.

그런데 904년 궁예는 국호를 '마진'으로 바꿨습니다. 마진은 '마하진단'의 줄임말로, 마하는 '크다', 진단은 '동방국'이라는 뜻입니다. 궁예는 국호를 바꾸고 새로운 비전을 제시하면서 고구려 유민들이 지지하던 '고구려'라는 이름을 버렸습니다. 그리고 송악에서 철원으로 수도를 옮기고 철원에 도성을 지었습니다. 고구려 국내성의 5배 규모였습니다. 궁예의 자신감을 보여주는 동시에 송악 호족들의 세력을 약화하려 한 것입니다.

911년 궁예는 나라 이름을 다시 '태봉'으로 바꿨습니다. 궁예는 수도를 옮기고 국호를 바꾸고 통치체제를 변화시키며 자신의 권력을 강화하려 했으며, 신라에 대한 반감이 커서 신라에서 오는 사람들은 모두 죽였습니다.

궁예는 스스로 미륵불이라고 칭했습니다. 당시 백성들은 불교에 의지했으며, 중생을 구제해준다는 미륵불을 간절히 기다렸습니다. 궁예가 미륵불을 칭하며 직접 불교 경전까지 만들자 당시 존경받던 석총 스님이 이를 비판했습니다. 이에 궁예는 석총 스님을 철퇴로 때려죽였습니다.

궁예는 다른 사람의 마음을 읽을 수 있는 관심법을 쓴다며 오만해졌고, 자신에게 반대하는 사람들을 죽이기 시작했습니다. 어느 날은 왕건에게도 반역을 꾀했음을 자백하라고 강요했습니다. 왕건은 궁예의 측근이던 최응의 도움으로 거짓 자백을 하고 용서를 빌어 겨우 위기를 모면할 수 있었습니다. 최측근인 최응이 왕건을 도와준 것을 보면 이미 많은 이들이 궁예에게서 마음이 돌아섰음을 알 수 있습니다.

급기야 궁예는 간언하던 왕후도 간통으로 몰아 죽이고, 이를 말리던 두 아들까지 죽였습니다. 궁예의 지나친 폭정에 호족들도 등을 돌렸고, 민심도 떠나고 있었습니다. 왕건은 부하들의 추대로 궁예에게 반기를 들어 '고려'를 세웠습니다. 결국 궁예는 쫓기는 신세가 되었는데『삼국사기』는 그의 죽음을 이렇게 기록하고 있습니다.

"궁예가 급히 도주했는데 부양(강원도 평강)에서 굶주려 보리 이삭을 베어 먹다가 백성들에게 잡혀 비참하게 죽었다."

한 시대를 호령했던 영웅의 죽음치고는 너무 비참하고 초라했습니다.『삼국사기』는 궁예를 결코 긍정적으로 평가하지 않습니다.

"궁예는 본래 신라의 왕자로 도리어 제 나라를 원수로 삼아 심지어는 선조(先朝)의 화상(畫像)을 칼로 베었으니 그 행위가 매우 어질지 못했다. 그러므로 궁예는 그 신하로부터 버림을 당했다."

빠르게 성장하던 궁예는 왜 실패했을까요? 그것은 호족과 백성의 지지를 받으며 나라를 세운 초심을 잃고 권력에 집착했기 때문입니다. 우리는 궁예의 실패에서 천하를 얻었다 하더라도 사람을 잃으면 결국 그 천하도 무너지게 마련이라는 교훈을 얻을 수 있습니다.

새로운 시대의 주인이 된 또 한 사람은 후백제를 세운 견훤입니다. 견훤에 대해『삼국사기』에는 상주의 호족 아자개의 아들로, 어려서 호랑이가 젖을 먹였다는 이야기가 전해집니다. 한편『삼국유사』

에는 '지렁이의 아들'이라는 탄생 설화가 실려 있습니다.

견훤은 아버지 아자개와 반목하고 금성(경주)으로 와 신라의 장수가 되었습니다. 그는 능력을 인정받아 서남해로 파견되었는데, 여기서 큰 공을 세워 비장으로 출세했습니다. 『삼국유사』는 견훤의 급부상을 이렇게 기록하고 있습니다.

"서남 해안에 가서 국경을 지켰는데, 창을 베고 자면서 적을 기다렸다. 그의 용기는 항상 군사들 중에서 첫째였다. 이러한 공로로 비장(裨將)이 되었다."

서남해에서 세력을 확장하던 견훤은 중앙의 통치력이 약해지고 민란이 일어나는 혼란을 틈타 자신을 따르는 무리 5천 명과 함께 완산주(전주)에 나라를 세웠습니다. 의자왕의 복수를 하고 백제를 부활시키겠다고 해서 백제 유민들의 지지를 받았습니다. 백성들의 환대를 『삼국사기』는 이렇게 기록하고 있습니다.

"견훤이 서쪽으로 순행하여 완산주에 이르니, 백성들이 견훤을 맞이하여 위로했다."

견훤은 옛 백제가 그랬던 것처럼 바다를 이용해 중국과 교류했습니다. 견훤은 장수로서 능력뿐 아니라 정치와 외교 감각까지 갖춘 인물이었습니다. 후백제는 비옥한 토지와 풍부한 물자를 바탕으로 빠르게 성장했습니다. 궁예가 도적에서 일어선 세력이라면, 견훤은 서남해에서 세력을 키운 정예군이었습니다. 견훤의 후백제도 결코 만만치 않았습니다.

# 후백제 견훤의 성공과 실패

후고구려의 궁예가 무너지자 후백제의 독주가 시작되었습니다. 견
훤도 신라에 대한 반감이 컸습니다. 견훤은 금성(경주)을 습격해 포
석정에 있던 신라 경애왕을 사로잡아 자결시키고 비빈들을 겁탈했
습니다. 견훤은 경순왕을 새로운 왕으로 세우고 금성을 약탈한 뒤
철수했습니다. 견훤은 고려를 꺾고 경순왕에게 양위를 받아 후삼국
을 통일하려는 속셈이었습니다.

후백제가 공격하자 신라는 고려에 급히 도움을 요청했습니다. 왕
건의 고려군이 철수하던 후백제군과 마주친 곳이 공산입니다. 고려
군은 매복해 후백제군을 공격하려 했지만, 견훤은 왕건의 전략을 이
미 꿰뚫고 있었습니다. 결국 후백제군에 포위된 고려군은 공산전투
에서 크게 패해 5천 병사를 잃었습니다. 신숭겸 장군이 왕건의 갑옷
을 대신 입고 싸우는 동안 왕건은 병졸의 옷을 입고서 겨우 목숨을
부지할 수 있었습니다. 여러 날 동안 왕건의 생사도 확인할 수 없었
을 만큼 큰 위기였습니다.

공산전투에서 승리한 견훤은 927년 12월에 왕건을 조롱하는 다
음과 같은 내용의 서신을 고려에 보냈습니다.

"허울뿐인 신라와 화친을 맺어 후백제에 싸움을 걸다가 태조가 죽
을 뻔했으니 이제 경거망동하지 말고 후백제가 삼한을 통일할 것이
니 조용히 있으라. 내가 신라를 침범한 것은 신라를 바로 세우고자
난신을 몰아내고 경순왕을 즉위시켜 위태로운 나라를 구하기 위함

역사를 바꾼 위대한 지도자들

이었다."

견훤의 서신을 받은 왕건은 928년 1월에 이런 내용을 담은 답신을 보냈습니다.

"시종일관 어려웠던 유방이 한 번의 전쟁에서 승리함으로써 천하를 통일하고 황제가 되었다. 천명이 어디를 향하겠나?"

왕건은 공산전투에서 견훤에게 패하고 목숨을 잃을 뻔했지만, 기죽지 않고 중국의 항우와 유방의 고사를 전하며 견훤에게 경고했습니다. 그리고 신라의 장수였던 견훤이 어떻게 군신의 예도 지키지 않고 신라를 칠 수 있느냐며 그를 역적으로 몰아붙였습니다.

공산전투의 승리로 대세는 후백제로 기우는 듯했습니다. 그런데 정말 그랬을까요? 후에 왕건이 신라를 방문했을 때의 반응입니다.

"전에 견훤이 왔을 때는 사나운 승냥이나 호랑이를 만난 것 같더니, 지금 오신 왕건을 보니 꼭 부모를 만난 것 같네."

놀랍게도 당시 신라의 민심은 왕건에게 기울고 있었습니다. 공산전투는 견훤이 승리했지만, 천 년의 신라 민심은 신라의 왕을 죽이고 경주를 약탈한 견훤이 아니라 신라를 구하러 와준 왕건에게 기울어버린 것입니다.

고려와 후백제의 운명을 건 두 번째 대결은 고창(안동)전투였습니다. 고창은 요충지였습니다. 사기가 오를 대로 오른 후백제군은 고창에서 고려군을 포위했습니다. 반면 공산전투의 패배로 고려군의 사기는 좀처럼 오르지 않았습니다. 그때 고려 북방을 지키던 유금필 장군이 기병을 이끌고 후백제군을 공격해 승기를 잡았습니다. 그리고 반전이 일어났습니다.

예상과 달리 고려군이 승기를 잡자 고창 일대의 호족들이 고려 편에 서기 시작했습니다. 전쟁은 길어졌고, 보급에 문제가 발생한 후백제군은 고창 일대를 약탈하기 시작했습니다. 반면 고려군은 고창호족들의 도움을 받아 보급을 해결했을 뿐 아니라 지형을 잘 아는 그들의 도움으로 후백제군을 공격해 승리를 거뒀습니다. 결국 후백제는 8천이나 되는 군사를 잃고 패퇴했습니다. 왕건은 고창을 '동쪽을 편안하게 했다'고 해서 안동(安東)이라 부르게 했습니다.

고창전투에서 승리한 왕건이 지역의 호족들을 크게 우대하자 주변 호족들도 고려 편으로 돌아섰습니다. 청송, 영천, 울산까지 110여 성이 고려에 귀부했습니다. 이제 대세는 고려로 기울었습니다. 견훤도 이를 인정하고 아들들에게 고려에 귀부하자고 제안했습니다. 그런데 이를 반대하던 세 아들이 반란을 일으켰습니다. 둘째 부인이 낳은 넷째 아들 금강을 더 총애하던 견훤에게 반기를 든 것입니다. 이에 큰아들 신검은 아버지 견훤을 금산사에 가두고 후백제 2대 왕에 즉위했습니다.

믿었던 아들 신검에게 뒤통수를 맞은 견훤은 왕건에게 도움을 요청했습니다. 왕건은 견훤을 환대했고 '상부(尙父)'라며 깍듯이 맞아주었습니다. 그 모습에 신라 경순왕도 화백회의를 거쳐 고려에 항복해 왔습니다.『삼국사기』는 경순왕이 왕건에게 항복하며 한 말을 이렇게 기록하고 있습니다.

"나라의 작고 위태로움이 이와 같아 형세를 보전할 수 없다. 이미

강해질 수 없고 또 약해질 수도 없으니, 차마 죄 없는 백성들의 간과 뇌장이 땅에 쏟아지게 하는 일을 할 수는 없다."

왕건에게 군대를 빌린 견훤은 칠순의 나이에 직접 후백제를 공격했습니다. 앞장선 견훤의 모습에 후백제 장수들이 투항했고, 후백제는 견훤의 손에 무너졌습니다. 견훤도 얼마 후 숨을 거두었습니다. 『삼국사기』는 견훤을 부정적으로 기록하고 있습니다.

"견훤은 신라의 백성으로 신라의 관록을 먹었으면서도 반역의 마음을 품고 나라의 위태로움을 다행으로 여겨 수도를 침범하여 임금과 신하를 도륙하기를 마치 새를 잡듯이, 풀을 베듯이 했으니 실로 천하에서 가장 흉악한 자였다. 그러므로 자기 자식에게 재앙을 입었던 것은 모두 스스로 취한 것이니 또 누구를 탓하겠는가?"

| 태조 왕건의 명언 |
"나라를 다스리는 데 백성을 근본으로 삼고,
백성의 마음을 얻는 것이 가장 중요하다."
-「훈요 10조」 중

역사는 견훤을 신라에 반역을 품은 흉악한 자로 기록했습니다. 견훤은 왜 실패했을까요? 그 이유는 관용을 몰랐기 때문입니다. 견훤은 뛰어난 장수로 외교적 수완에 정치적 능력까지 갖추었습니다. 하지만 상대를 용서하고 포용하기보다 힘으로 누르고 복종시키려 했

　　　　　　　　　　　　　　　　　　　　　셋째 마당

습니다. 관용과 포용을 몰랐기에 아버지 아자개와도 맞서고, 아들 신검에게도 배신당한 게 아니겠습니까.

## 궁예, 견훤과 달랐던 왕건의 결정적 차이

그럼 왕건은 어떻게 새로운 시대의 주인이 될 수 있었을까요? 궁예나 견훤과 달랐던 왕건의 선택 덕분입니다. 왕건의 첫 번째 선택은 관용입니다. 견훤의 아버지 아자개가 귀순해오자 그를 아버지처럼 섬겼고, 견훤도 예를 갖춰 맞이하는 관용과 포용을 보여주었습니다. 그 모습에 경순왕도 신라를 고려에 바친 것입니다.

두 번째는 상생입니다. 왕건은 고려 편에 선 호족들을 우대해주었습니다. 왕건도 호족도 원원할 수 있는 상생을 도모했기 때문입니다. 호족들과 함께 더 큰 세상을 만들려고 한 것입니다. 그 과정에서 왕건은 호족의 딸들과 결혼하고 호족들에게 왕씨 성을 하사하며 신뢰를 보여주었습니다.

세 번째는 민심입니다. 공산전투로 목숨을 잃을 뻔한 위기를 겪었지만 천 년을 이어온 신라의 민심을 고려 편으로 만들었습니다. 이후에도 백성들의 세금을 줄여주고 굶주린 백성을 구휼하는 흑창을 만들어 민심을 다독였습니다.

네 번째는 비전입니다. 국호를 고려로 정해 고구려를 계승했다는 정통성을 갖추었고, 서경(평양)을 제2의 수도로 정해 옛 고구려 땅을 회복하겠다는 의지를 보였습니다. 그뿐 아니라 멸망한 발해 유민들을 받아주어 고구려 계승 의식을 분명히 했으며, 발해를 멸망시킨 거란을 적대시했습니다. 왕건은 고려가 어떤 나라인지를 증명하고, 고려가 나아갈 비전을 보여준 것입니다.

마지막은 개방성입니다. 왕건은 해상세력을 기반으로 한 송악의 호족 출신입니다. 이렇듯 고려가 바다에서 시작했기에 이후에도 활발한 교역으로 고려를 '꼬레아'로 세계에 알릴 수 있었습니다. 고려가 받아들인 과거제도 역시 이전과 달리 출신이 아니라 능력에 따라 기회가 주어지는 완전히 다른 세상을 열어주었습니다.

**왕건의 성공 법칙은 시대마다 관통하는 정치의 성공 법칙, 리더의 성공 법칙이라고 할 수 있습니다. 그런 면에서 왕건의 성공 법칙을 연구해보면 오늘날 우리가 처한 문제를 해결하는 데도 많은 도움이 될 것입니다.**

**왕건의 리더십을 한마디로 표현한다면 '우리'라는 마인드가 아닐까 합니다. 그의 마음속에는 늘 우리가 있었고, 우리를 위한 선택을 했습니다. 그 덕분에 그는 후삼국통일이라는 반전 드라마를 쓸 수 있었습니다. 우리 인생의 반전도 어떤 선택을 하느냐에 달린 것 아닐까요.**

셋째 마당

# 흑역사를 딛고
# 태평성대를 연 고려 현종

고려 현종은 세종대왕에 견줄 만한 성군이지만, 그의 인생은 소금장수였던 고구려 미천왕에 버금갈 만큼 너무나 파란만장했습니다. 또한 현종은 조선의 선조처럼 전란을 피해 도망갔지만 선조와는 완전히 달랐습니다.

　고려 현종은 과연 어떤 인물일까요? 현종은 국왕에 어울리지 않게 흑역사가 많았지만 고려의 태평성대를 연 손꼽히는 명군이 되었습니다. 그래서 그를 태조 왕건 이후 최고 성군이라 평가하며 '열조(烈祖), 성조(聖祖)'라 칭할 정도입니다.

# 고려 제2의 창업자, 현종

고려 제8대 임금 현종은 사생아로 태어났습니다. 아버지는 태조 왕건의 아들 왕욱, 어머니는 태조의 손녀 헌정왕후입니다. 정말 대단한 혈통입니다.

아버지와 어머니는 삼촌과 조카 사이였지만, 고려 왕실에서는 근친혼이 문제 될 게 없었습니다. 문제는 어머니가 돌아가신 경종의 왕비였다는 사실입니다. 고려시대에 과부의 재혼은 문제가 되지 않았지만, 아버지와 어머니가 혼인하지 않고 사통한 관계에서 아이가 태어났습니다. 고려 사회가 발칵 뒤집힐 만한 스캔들이었죠.

당시 고려의 왕은 성종이었고, 헌정왕후는 성종의 여동생이기도 했습니다. 성종은 왕실의 권위를 떨어뜨렸다는 이유로 왕욱을 귀양 보냈고, 헌정왕후는 아이를 낳고 얼마 후 죽고 말았습니다. 어린 조카 왕순을 보살피던 외숙부 성종은 측은한 마음에 왕순을 아버지 왕욱의 귀양지인 사천으로 보내주었습니다. 아버지 왕욱과 아들 왕순의 첫 부자 상봉이었습니다.

죄인인 왕욱은 날이 밝으면 아들이 있는 사천 배방사까지 8킬로미터나 되는 거리를 걸어가 아들을 만나고, 해가 지기 전에 다시 돌아와야 했습니다. 부자는 하루하루 애달픈 상봉을 했습니다. 그런데 그것도 오래가지 못했습니다. 3년 후 왕욱이 세상을 떠났기 때문입니다. 결국 왕순은 다섯 살에 고아가 되었습니다.

고려 현종은 우리 역사상 유일하게 사생아로 태어난 왕입니다. 그런데 놀랍게도 이후 고려 왕조는 그의 핏줄들로 이어졌습니다. 그래서 현종을 '고려 제2의 창업자'라고 합니다.

사생아로 태어나 다섯 살에 고아가 된 왕순의 삶은 이후에도 순탄하지 않았습니다. 얼마 후 그를 돌봐주던 외숙부 성종도 죽었고, 뒤를 이어 목종이 즉위했습니다. 목종의 나이는 열여덟 살이었지만 그 어머니 천추태후가 섭정으로 권력을 잡았습니다. 천추태후를 중심으로 관계를 살펴보겠습니다.

천추태후는 5대 경종의 왕비로, 아들을 낳았습니다. 하지만 경종이 요절하고 아들은 두 살이라 왕위에 오를 수 없었으므로 천추태후의 오빠 성종이 즉위했습니다. 그런데 성종이 아들 없이 사망하자 천추태후의 아들 목종이 즉위한 것입니다. 천추태후는 왕순의 이모였습니다. 왕순의 어머니 헌정왕후는 천추태후의 여동생으로, 자매가 모두 경종의 왕비였습니다. 그런데 이모인 천추태후가 자신의 권력을 위해 왕순을 죽이려 했습니다. 목종에게 아들이 없었기 때문입니다.

천추태후는 자신이 좋아하던 김치양이란 자에게 권력을 주었고, 급기야 김치양과의 사이에 아들까지 두었습니다. 천추태후와 김치양 역시 혼인 관계가 아니었습니다. 고려 사회를 뒤흔든 또 하나의 스캔들이었습니다. 천추태후는 자신이 낳은 아들로 목종의 왕위를 잇게 할 야심을 키웠는데, 그러자니 왕순이 걸림돌이었습니다.

천추태후는 열두 살 된 왕순을 강제로 '신혈사'라는 절에 출가시키고, 독이 든 음식을 보내 죽이려고 했습니다. 천추태후의 살해 위협은 이뿐만이 아니어서 자객을 보내기도 했습니다. 그때마다 신혈사의 진관 스님이 법당에 파놓은 지하 공간에 왕순을 숨겨주었습니다. 그 고마움에 훗날 왕위에 오른 현종은 진관 스님을 위해 신혈사를 더 크게 짓고 진관사라 이름 지었습니다.

고려는 권력을 쥔 천추태후 세력과 왕순을 지지하는 세력으로 나뉘었습니다. 목종에게 아들이 없었을 뿐 아니라 그가 남색(동성애자)이었기 때문입니다. 목종은 유행간이라는 신하를 사랑해 남색의 관계를 맺었고, 유행간은 목종의 총애를 믿고 관료들을 업신여기고 제멋대로 부렸습니다. 목종이 남색에 빠져 있으니 천추태후가 자신이 낳은 아들로 후계를 삼으려 한 것입니다.

얼마 후 궁궐에 큰 화재가 일어났는데, 충격을 받은 목종은 몸져누워 정사를 돌보지 못하게 되었습니다. 목종은 서경에 있던 강조 장군을 불러 개경을 지키라고 명했습니다.

목종의 명을 받고 개경으로 향하던 중, 강조는 목종이 살해되었다는 거짓 서신을 받았습니다. 이에 강조는 서경으로 되돌아가 대군을 이끌고 개경으로 진격했고, 개경 가까이 와서야 목종이 살해된 게 아니라는 사실을 알았습니다. 대군을 이끌고 개경을 향해 진격한 강조의 행동이 자칫 역모로 여겨질 수 있는 난처한 상황이었습니다. 결국 강조는 마음을 바꿔 개경에 입성하자마자 천추태후와 목종을 귀양 보내고 김치양 세력을 처형했습니다. 그리고 귀양 가던 목종을 살해한 후에 왕순을 새로운 왕 현종으로 즉위시켰습니다.

이런 우여곡절 끝에 왕이 된 현종에게 더는 위협이 없을 것 같았습니다. 현종은 즉위한 뒤 관료를 재편하고, 세금을 줄여주고, 거란과의 전쟁에 대비하고자 했습니다.

그런데 바로 다음 해 거란이 쳐들어왔습니다. 거란은 정변을 일으켜 왕을 죽인 강조의 죄를 묻겠다며 전쟁을 일으킨 것입니다. 거란의 성종이 직접 40만 대군을 앞세워 압록강을 건너 흥화진을 공격했습니다. 하지만 흥화진을 지키던 양규 장군의 결사 항전으로 거란군은 흥화진을 함락하지 못한 채 진격해야 했습니다.

거란군은 통주에서 강조의 30만 고려 주력군과 격돌했습니다. 고려군은 거란의 기병에 맞서 검차(劍車)로 승리를 거뒀습니다. 하지만 자만에 빠진 강조가 거란군에 내습을 허용했고, 결국 강조의 군대는 패퇴했습니다. 거란 성종은 강조에게 자기 신하가 되라고 요구했지만, 강조는 이를 거부하고 처형되었습니다.

고려의 주력군이 무너지자 수도 개경도 위험해졌습니다. 신하들은 항복을 논했지만 강감찬 장군이 반대했습니다. 강감찬 장군은 "일단 몸을 피하고 시간을 번다면 거란군은 군량이 부족해 퇴각할 것"이라고 현종을 설득했습니다.

현종은 금군 50여 명과 함께 개경을 빠져나갔습니다. 왕의 피란길은 생각보다 훨씬 더 험난했습니다. 적성현(파주)을 지날 때는 누군가 왕 일행을 기습하기도 했습니다. 뒤쫓아온 하공진이 현종에게 이렇게 말했습니다.

"거란이 본디 강조를 토벌한다는 걸 명분으로 삼았는데 이미 강조가 죽었습니다. 그러니 사신을 보내어 화친을 청한다면 그들이 군사를 돌이킬 것입니다."

하공진은 직접 거란 성종을 설득하겠다며 거란군 진영으로 향했고, 현종은 다시 남쪽으로 향했습니다. 남경의 북쪽(양주)에 다다랐을 때는 고을 아전이 현종에게 건방지게 거들먹거렸고, 밤에는 적도들이 들이닥쳐 모두가 놀라 흩어지면서 현종도 가까스로 몸을 피했습니다. 일행이 삼례 지역을 지날 때는 전주의 절도사가 찾아와 현종을 위협하기도 했습니다.

이렇듯 현종의 피란길은 위태롭게 계속되었습니다. 제대로 거처할 곳도 없었고, 먹을 것도 부족했습니다. 그런데 피란 행렬이 공주에 다다랐을 때, 공주 절도사 김은부가 현종 일행을 극진히 대접했습니다. 현종의 피란길에 유일하게 환대해주고 대접해준 이가 김은부였습니다.

현종은 무사히 나주까지 피란을 갔습니다. 왜 나주였을까요? 나주는 가장 먼저 왕건의 세력이 된 지역이고, 왕건의 두 번째 부인이 낳은 왕건의 장자 혜종의 외가였기에 고려 왕에게는 가장 믿을 만한 지역이었기 때문입니다.

현종이 무사히 나주까지 피란할 수 있었던 데는 하공진과 양규 장군의 활약이 컸습니다. 하공진은 군대를 물리면 입조하겠다며 거란의 성종을 설득했고, 거란의 성종은 군사를 물리며 하공진을 볼모로 데려갔습니다. 이후 하공진은 거란을 탈출해 고려로 돌아오려다 무참하게 죽임을 당했습니다. 훗날 현종은 하공진에 대한 고마운 마음으로 진주에 그를 기리는 비석을 세워주었습니다.

양규 장군은 거란과의 전투에서 승전을 이어갔고, 포로가 된 고려인들을 구출했습니다. 결국 퇴각하는 거란군과 벌인 마지막 전투에서 양규 장군은 온몸에 화살을 맞고 전사했습니다. 현종은 그들에게 큰 포상을 내렸을 뿐 아니라 그들의 공을 직접 글로 써서 칭송했습니다.

## 훌륭한 치세를 만들어간 현종

거란군은 물러갔고, 현종은 다시 나주에서 개경으로 향했습니다. 개경으로 돌아오는 길에 현종은 자신에게 무례하게 굴었던 이들을 벌하지 않았습니다. 그리고 유일하게 자신을 환대해준 공주 절도사 김은부를 찾아가 그곳에서 머물며 그의 세 딸을 모두 왕비로 맞았습니다. 개경으로 돌아온 현종은 절치부심하고 다음과 같은 내용을 담은 교서를 발표했습니다.

"내가 외람되게 왕위를 계승하여 어렵고 위태로운 상황을 두루 겪었으며, 밤낮으로 부끄러움과 다투며 그 허물에서 벗어날 것을 생각하므로 그대들은 부족한 것을 힘써 도와주고, 또 면전에서만 순종함은 없도록 하라."

좋은 정치를 펴도록 쓴소리도 아끼지 말라고 당부한 것입니다. 그런데 다시 위기를 맞았습니다. 무신들에게 지급해야 할 전시과가 지급되지 않아 무신들이 정변을 일으킨 것입니다.

현종은 무신들을 진정시키고, 전시과를 빼돌린 문신들을 유배 보냈습니다. 그리고 얼마 후 정변을 일으킨 무신들에게 연회를 베풀어 그들을 취하게 한 뒤 19명의 목을 쳤습니다. 고려는 여전히 거란의 위협을 받고 있었고, 그들은 거란과의 전쟁에서 고려를 위해 싸운 이름난 무장들이었지만 왕에게 반기를 들었기 때문입니다.

무신 19명의 목을 쳤지만 반역 사건임에도 무신들의 처자식은 벌하지 않았습니다. 잘못한 사람에게만 벌을 주었고, 이후 무신들의 처우가 개선될 수 있도록 했습니다.

현종은 거란의 공격에 대비해 개경 주위에 성을 쌓기 시작했습니다. 1018년에 거란이 다시 쳐들어왔습니다. 거란의 3차 침입이었습니다. 고려는 홍화진에서 소가죽으로 막아둔 물줄기를 터서 거란군에 타격을 입혔지만 거란군은 개경을 함락하려고 남쪽으로 빠르게 진격해 개경이 또다시 위험에 빠졌습니다.

하지만 현종의 선택은 예전과 달랐습니다. 이번에는 피란을 가지 않고 개경을 지켜내기로 한 것입니다. 보급이 부족한 거란군은 장기간의 공성전이 불리했고, 고려는 후방에서 지원군이 개경으로 오고 있었으므로 현종은 백성들을 독려하며 싸우기로 한 것입니다.

백성들도 자신들과 생사를 함께하겠다는 현종의 뜻을 따랐습니다. 현종은 백성들과 거란의 정찰부대 300여 명을 전멸시켰고, 거란은 개경에도 대군이 있다고 오해하고 퇴각했습니다.

퇴각하던 거란군과 고려군이 만난 곳이 귀주입니다. 귀주 벌판에서 벌어진 전투는 거란의 기병에 유리해 보였습니다. 하지만 강감찬 장군은 보병 20만과 기병 1만여 명으로 양측을 공격해 대승을 거뒀습니다. 거란의 참혹한 패배였습니다.

　이후 거란은 고려에 사신을 보내왔습니다. 고려는 거란과의 전쟁에서 우위를 차지하며 거란과 실리적인 외교를 이끌었습니다. 송나라도 고려를 달리 보고 우대했습니다. 송과 거란 두 나라 사이에서 고려는 100년간 동북아의 균형자로서 평화를 이끌었습니다.

**"**

| 고려 현종의 명언 |
"그대들은 나의 부족함을 힘써 도와주고, 면전에서만 순종함은 없도록 하라."
–현종의 교서 중

**"**

　이렇게 펼쳐진 평화기에 현종은 훌륭한 치세를 만들어갔습니다. 초조대장경을 간행했고, 전쟁으로 소실된 고려실록을 재편찬했습니다. 연등회와 팔관회를 부활시켜 백성의 마음을 하나로 모았습니다. 부모를 기리려고 현화사(玄化寺)를 건립했으며, 설총과 최치원을 문묘에 배향하는 등 유교 정책도 폈습니다. 현종 때 고려는 지방행정구역을 5도 양계로 편성하면서 중앙집권체제를 갖추었습니다. 수도를 더욱 튼튼하게 방비하려고 개경 주위에 23킬로미터에 달하는 나성을 축조했습니다. 일흔 살 이상의 노모가 있는 경우 군역을 면제해주었고, 전쟁에서 죽은 군인의 유가족에게는 토지를 지급하기도 했습니다.

　현종은 7명의 왕후와 6명의 후궁을 두었습니다. 이렇듯 많은 부인

　　　　　　　　　역사를 바꾼 위대한 지도자들

을 두었지만 후계자리를 두고서 분란이 생기지 않았습니다. 현종 스스로 모범이 되었고 사람들의 마음을 얻었기 때문입니다. 현종 이후 왕위를 계승한 덕종, 정종, 문종은 원성왕후와 원혜왕후의 소생입니다. 원성왕후와 원혜왕후는 공주 절도사 김은부의 딸들이었습니다.

현종은 22년 동안 재위하고 서른여덟 살에 숨을 거뒀습니다. 태어나면서부터 시련과 역경을 겪었고, 거란 침입 때는 고난의 피란길을 떠나야 했던 흑역사가 많은 왕입니다. 하지만 그는 상을 줄 때는 후하게 진심으로 고마움을 표했고, 벌을 줄 때는 꼭 필요한 경우에만 최소한으로 주려고 애썼습니다. 현종을 두고 고려 후기 유학자 이제현은 이렇게 평가했습니다.

"나는 현종에게서 어떠한 흠도 발견할 수 없노라."

현종의 삶에는 역사상 유례를 찾아볼 수 없을 만큼의 흑역사가 있습니다. 그럼에도 현종은 고려의 태평성대를 연 성군이 되었습니다. 우리 역사에서 이처럼 파란만장한 삶을 살면서 이처럼 흑역사를 딛고 태평성대를 만들어낸 왕이 또 있을까요?

사람들은 대부분 성공에 집착하고 실패는 감추려 합니다. 그러나 우리는 실패의 필요성과 그 가치를 인정해야 합니다. 세상도 그렇게 변하고 있습니다. 다시 말해 실패를 바라보는 패러다임이 바뀌고 있다는 말입니다. 그 대표적 사례가 '실패학'입니다. 실패학의 핵심은 "실패도 배워야 한다, 실패를 성공의 토대로 삼아야 한다"라는 것입니다. 언젠가 '실패 박람회'가 열렸다는 기사를 본 적이 있습니다. 실패나 흑역사를 감추고 잊어버리기보다는 다시 도전하는 디딤돌로 만들 수 있게 공유하자는 취지입니다.

이제 우리는 실패의 의미를 다시 생각해야 합니다. 실패 그 자체보다 실패에서 아무것도 배우지 않는 것이 진짜 실패이기 때문입니다. 당신은 어떤 실패 경험이 있나요? 용기 내어 우리의 실패, 흑역사를 나눠보세요. 그 흑역사는 우리가 만들어갈 빛나는 역사의 밑거름이 될 것입니다.

역사를 바꾼 위대한 지도자들

# 만천명월주인옹을 꿈꿨던
# 조선의 개혁군주 정조

우리 역사에서 가장 마음이 가는 인물이 바로 정조입니다. 누구보다 아픈 상처가 있었음에도 누구보다 백성을 아낀 군주이자 인간적 향기가 나는 인물이기 때문입니다.

정조의 롤모델은 세종이었습니다. 정조는 세종과 함께 조선을 대표하는 애민군주입니다. 하지만 정조의 삶은 세종과 너무 달랐습니다. 세종이 타고난 천재라면, 정조는 만들어진 천재였습니다. 몸이 상할 정도로 책을 손에서 놓지 않아 아버지 태종이 책을 모두 치워버릴 정도였던 세종과 달리 정조는 살해 위협으로부터 살아남으려고 밤새 책을 읽었습니다. 이 정도면 정조의 삶이 궁금해집니다.

## 순탄하지 않았던 정조의 어린 시절

정조의 어린 시절은 순탄하지 않았습니다. 정조의 아버지 사도세자는 뒤주에서 생을 마감했습니다. 조선 왕실 역사상 최악의 사건인 임오화변(壬午禍變)으로 인해 벌어진 일입니다.

어린 세손이던 정조는 영조에게 엎드려 아비를 살려달라고 울며 매달렸습니다. 아비의 죽음을 막으려는 어린 세손과 죽음을 목전에 두고도 자식을 걱정하는 아비의 피울음이 궁궐을 울렸습니다. 뒤주에 갇힌 사도세자는 지키던 병사들에게 온갖 모욕을 당하며 고통스럽게 죽어갔습니다. 구선복이라는 자는 병사들을 시켜 뒤주에 소변을 보게 했고, 창으로 뒤주를 때리고 흔들어댔습니다. 뒤주에 갇힌 지 8일이 되고서야 사도세자는 시신으로 꺼내어졌습니다.

사도세자가 참혹하게 죽은 이후 세손의 신변도 위태로워졌습니다. 세손은 생명의 위협을 받았고, 불안감에 잠을 이룰 수 없었습니다. 책을 읽고 글을 쓰며 두려움에 맞섰지만, 어린 세손에게는 이겨내기 힘든 고통이었습니다. 당시 세손이 느낀 고통을 『존현각 일기』는 이렇게 전합니다.

"두렵고 불안하여 차라리 살고 싶지 않았다."

할아버지 영조는 세손을 무척 아꼈습니다. 세손을 위해 경희궁에서 함께 생활했습니다. 잠버릇이 고약한 세손을 안고 자느라 잠을 못 이루는 날도 많았습니다. 어머니 혜경궁 홍씨와 떨어져 지내야 했던 세손이 어머니를 만날 때면 눈물바다가 되었습니다. 어린 세손이었지만 자신이 할아버지 곁에 있어야 자신도 어머니도 살 수 있다는 것을 본능적으로 알았던 것입니다. 세손은 하루하루 바늘방석에 앉은 것 같은 위태로움 속에서도 무사히 성장했습니다.

영조의 나이 팔순이 넘고 세손의 나이 스무 살이 넘었습니다. 영조는 세손에게 왕위를 물려주겠다고 승지에게 명했습니다. 하지만 노론은 영조의 명을 거부하며 승지가 이를 받아 적지 못하게 막았습니다. 세손에 대한 노론의 경계가 어느 정도였는지를 짐작게 합니다.

하지만 정조는 결국 왕위에 올랐습니다. 죄인의 아들인 정조는 어떻게 왕이 될 수 있었을까요? 영조는 정조를 죽은 첫째 아들 효장세자의 양자로 입적해 세손으로 삼았습니다. 왕위에 오른 정조는 이렇게 말했습니다.

"나는 사도세자의 아들이다. 그리고 이제부터 사도세자를 장헌세자로 추존한다. 그러나 선대왕께서 종통을 둘로 나누지 말라고 하셨다. 사도세자의 아들이지만 효장세자의 아들이다."

정조는 자신이 사도세자의 아들임을 당당히 밝혔습니다. 왕권을 제대로 세우겠다는 의지를 보인 것입니다. 정조는 선대왕의 뜻 역시 따르겠다며 자신감을 보였습니다. 하지만 노론도 쉽게 물러서지 않았습니다. 정조 1년, 정조의 침전에 자객이 들었습니다. 기왓장 소리에 눈치를 챈 정조가 창덕궁으로 피신했습니다. 이후에도 여러 차례 자객의 침입이 있었습니다.

당시 조정은 사도세자의 죽음을 당연시하는 노론 벽파와 사도세자의 죽음을 동정하는 노론 시파로 나뉘어 있었습니다. 정조는 우선

셋째 마당

노론 벽파의 핵심 인사들을 제거했습니다. 작은외할아버지인 홍인한과 화완옹주의 양아들 정후겸을 귀양 보내고 사약을 내렸습니다. 정순왕후의 일가인 김귀주를 귀양 보내고, 외할아버지 홍봉한은 어머니 혜경궁 홍씨를 생각해 파직하는 데 그쳤습니다. 자신이 왕위에 오르는 것을 반대한 데 대한 벌이었습니다. 그리고 정조는 나머지 노론 벽파와 시파를 끌어안는 정치 9단의 면모를 보여주었습니다.

사실 정조가 가장 복수하고 싶었던 인물 중 하나는 뒤주에 갇힌 아버지를 욕보였던 구선복이었습니다. 하지만 아직 정조에게는 그럴 만한 힘이 없었습니다. 아직은 힘이 부족함을 토로한 정조의 당시 심경을 『정조실록』은 이렇게 전하고 있습니다.

"구선복으로 말하면 손으로 찢어 죽이고, 그 살점을 씹어 먹는 것도 부족할 것이다. 경연에 오를 적마다 심장과 뼈가 떨리고 얼굴을 대하고 싶지 않았다. 하지만 그가 병권을 쥐고 있어 어찌할 수 없었다."

정조가 구선복의 죄를 묻기까지 무려 10년이 걸렸습니다. 오랜 시간 권력을 차지했던 노론의 힘이 어느 정도였는지 짐작게 합니다.


## 정조의 개혁정치

정조는 친위부대인 장용영(壯勇營)을 설치했습니다. 처음에는 무과 시험으로 선발한 30명에 불과했지만, 10년 후에는 1만 8천 명으로 늘어 조선 최강의 부대로 성장했습니다. 장용영은 정조의 친위부대

역사를 바꾼 위대한 지도자들

이자 부국강병의 핵심이었습니다.

정조는 병법서 『무예도보통지(武藝圖譜通志)』도 편찬했습니다. 조선뿐 아니라 중국, 일본까지 병법에 관한 모든 것을 글과 그림으로 담았습니다. 게다가 한글로도 편찬되어 누구든 무예를 익히고 자신의 기량을 발휘할 기회를 만들어주었습니다.

정조는 규장각(奎章閣)을 재건하고 인재를 등용해 개혁정치를 준비했습니다. 문과 시험 응시가 제한된 서얼들에 대해서도 벼슬길에 나갈 기회를 열어주었습니다.

정조는 시전상인의 금난전권(난전을 금할 수 있는 권리)을 없애고 누구나 상업활동을 할 수 있도록 해서 조선 후기 상업 발달의 기반을 다졌습니다. 이에 나라 곳곳에 시장이 만들어지고 상업이 활발해지니 물가가 안정되었습니다. 백성들은 이러한 변화를 이끈 정조를 칭송했습니다.

정조는 수원화성을 개혁정치의 핵심으로 삼으려 했습니다. 수원화성을 축조하면서 여러 차례 설계를 변경했는데, 성곽을 두 번, 세 번 둘러서 쌓더라도 백성들이 집을 잃고 이주하는 일이 없도록 하기 위해서였습니다. 조선의 백성들은 성을 쌓을 때마다 노동력을 제공하는 요역의 의무가 있었지만, 정조는 수원화성을 쌓는 백성들에게 모두 일당을 지급했습니다. 다쳐서 일을 쉬어야 하는 이들에게도 일당의 반을 지급했습니다. 백성들이 구해온 돌들도 모두 값을 쳐주었습니다. 한여름과 한겨울 한 달씩은 공사를 멈추게 했고, 여름에는 인부들에게 '척서단'이라는 영양제를, 겨울에는 털모자를 하사했습니다. 수원화성 완성까지 10년이 걸릴 것이라 예상했지만 2년 10개월 만에 완성할 수 있었던 것도 그 덕분이었습니다.

정조는 수원화성으로 행차할 때마다 백성들을 엎드리고 고개 숙이게 하지 않았습니다. 백성들이 편안한지, 잘살고 있는지 그들의 모습과 표정으로 직접 확인하기 위해서였습니다. 백성 한 사람 한 사람을 직접 만나기도 했습니다. 왕이 행차할 때마다 글을 아는 사람은 꼭 하고 싶은 말을 적어 올릴 수 있게 했고, 그렇지 않은 백성은 꽹과리를 쳐 억울한 사연을 호소할 수 있게 했습니다. 이를 상언(上言)과 격쟁(擊錚)이라고 합니다.

**"**

| 조선 정조의 명언 |
"아름다움이 적을 이기느니라."
"인간으로 태어나 어찌 귀한 존재가 있고 천한 존재가 있겠는가.
이 세상에 노비보다 슬픈 존재는 없다. 고로 노비는 혁파되어야 한다."

**"**

당시 가난과 전염병으로 조선에는 고아가 많았습니다. 정조는 열 살 미만의 아이들은 국가가 책임져야 한다며 고을 수령이 아이들에게 숙식과 교육을 제공하도록 법으로 명시했습니다. 또한 이와 같은 내용을 훈민정음으로도 기록하게 해서 백성들이 그들의 권리를 알게 했습니다. 형벌에 대해서도 「흠휼전칙」이라는 법령에 형구의 규격과 사용법을 명시하고 그대로 시행하게 했습니다. 감옥은 죄인들

역사를 바꾼 위대한 지도자들

을 교화하는 곳이지 고통을 주는 곳이 아니라는 것이 정조의 생각이 었습니다. 억울한 죽음을 막기 위해 직접 살인 사건에 관한 1천여 건의 판결 기록인『심리록(審理錄)』을 남기기도 했습니다.

정조의 애민은 노비들에게도 향해 있었습니다. 노비 해방을 꿈꿨던 정조는 공노비 해방은 물론이고 사노비를 해방시킬 자금을 마련해나갔습니다. 정조가 갑작스럽게 죽지 않았다면 우리는 세계 최초의 노비 해방 국가가 되었을 것입니다.

## 애민군주 정조의 진면목

정조는 어떻게 이런 애민군주가 될 수 있었을까요? 왕의 위치에서 백성들, 특히 고아나 죄인, 노비들에게까지 신경을 쓰기는 쉽지 않습니다. 아마도 정조 자신이 매우 어려운 시절을 거쳐 왕위에 올랐기에 누구보다 고통받는 사람의 마음을 잘 헤아릴 수 있었던 것이 아닐까요.

정조는 모든 면에서 뛰어난 군주였습니다. 어려서부터 밤에도 깨어 있어야 했기에 독서에 매진했고, 학문적 수준이 높았기에 젊은 신하들을 직접 재교육하기도 했습니다. 아버지 사도세자와 어머니 혜경궁 홍씨를 닮아 글씨와 그림에도 능했습니다. 그의 그림 6점이 보물로 지정되어 있을 정도입니다. 그중에서도 가장 뛰어난 것이 활쏘기였습니다. 정조는 손꼽히는 명궁이었습니다. 기록에 따르면

50발 중 49발을 맞히고 1발은 일부러 맞히지 않았다고 합니다. 오만해질 수 있기 때문입니다. 이렇게 완벽해 보이는 정조에게도 인간적인 면모가 있었습니다.

정조는 엄청난 애주가였습니다. 영조가 50년 넘게 시행했던 금주령을 없앨 정도였습니다. 초계문신제로 젊은 신하들을 재교육하고 시험을 쳐 평가할 때면 수고한 신하들을 위로하며 술자리를 열어주었습니다. 그리고 그때마다 "주량대로 다 마셔라"라고 신하들을 재촉했습니다. 수원화성을 축조할 때도 기술자들을 격려하는 술자리에서 정조는 '불취무귀(不醉無歸)', 즉 취하지 않으면 집에 보내주지 않겠다고 했습니다.

정조는 담배도 즐겼습니다. 그런 정조에게 채제공은 잔소리를 늘어놓았다고 합니다. 하지만 담배를 너무 좋아했던 정조는 과거시험에 '모든 백성이 담배를 피울 수 있게 하는 방안을 강구하라'라는 문제를 논의하게 했다는 이야기도 있습니다. 그런 정조도 백성들이 벼농사는 안 짓고 담배 농사를 지어 흉년에 쌀값이 더 비싸게 되었다는 말에 담배를 끊은 적이 있습니다. 정조는 담배에 대해 이렇게 이야기했습니다.

"백방으로 약을 구했으나 오로지 이 남령초(담배)에서만 도움을 얻었다. 가슴에 막힌 것이 저절로 사라졌고, 연기의 진기가 폐를 적셔 밤잠을 편히 이룰 수 있었다. 정사의 잘잘못을 고민할 때 복잡하게 뒤엉킨 생각을 시원하게 비춰보고 요점을 잡아낸 것도 그 힘이고, 글의 가부를 수정하고자 깎고 자르는 고민을 할 때 고르게 저울질하여 내어놓게 만든 것도 그 힘이다."

정조가 왜 그리 담배를 찾았는지, 그에게 담배가 어떤 것이었는지 이해가 되는 대목입니다. 인간적인 고뇌가 컸던 정조, 마음속 응어리진 상처와 화병을 다스리기 힘들었을 정조의 마음이 느껴집니다.

정조에게는 막말을 일삼는 고약한 취미도 있었습니다. 정조가 쓴 편지에 '호종자(胡種子)', 즉 오랑캐 자식이라는 글자가 등장하고, 심환지에게 '생각 없는 늙은이'라는 막말을 내뱉기도 했습니다. 하지만 정조는 심환지 부인의 병을 걱정하며 약재를 보내주었고, 금강산 유람에 나선 심환지의 건강을 염려해 약재를 챙겨주는 세심한 군주이기도 했습니다.

1785년 정조는 아버지 사도세자의 무덤을 수원으로 옮겼고, 1795년에는 어머니 혜경궁 홍씨의 회갑연을 수원에서 열었습니다. 어머니 혜경궁 홍씨는 아버지 사도세자와 동갑으로, 아버지도 살아계셨다면 회갑을 맞을 해였기 때문입니다.

사도세자의 무덤 앞에서 모자는 엎드려 통곡했습니다. 이날 혜경궁 홍씨는 33년 만에 처음 남편의 무덤을 찾은 것이었습니다. 회한을 쏟아내는 두 사람의 모습에 이를 지켜보던 채제공은 "피눈물을 흘린다는 것이 어떤 것인지 알 수 있었다"라고 말했습니다.

정조는 화성에 머물며 백성들에게 쌀을 나눠주었습니다. 노인 171명을 초대해 음식을 베풀며 자신도 똑같은 밥상을 받아 함께 식사하고 그들에게 비단과 지팡이를 하사했습니다. 내 백성을 내 어머니 섬기듯 챙기는 애민군주의 모습이었습니다.

수원화성에서 정조는 서장대에 올라 군사들을 지휘하며 실전을 방불케 하는 야간 군사훈련을 실시했습니다. 이제 완벽한 왕권을 구축했다는 자신감을 보인 것입니다. 그 8일간의 기록을 『원행을묘정리의궤』에 모두 담았고, 〈화성능행도〉라는 8폭 병풍으로도 만들었습니다. 그런데 아버지 사도세자가 뒤주에 갇혀 죽어간 날도 8일이었습니다. 자신이 그동안 가슴속에 숨겨뒀던 회한을 8일간의 여정으로 다 풀어낸 듯했습니다. 즉위한 지 18년 만이었습니다.

정조의 정치는 개혁의 정점을 향해가고 있었습니다. 그러던 정조 24년, 정조가 갑작스럽게 세상을 떠났습니다. 몸져누운 지 보름 만이었습니다.

창덕궁 후원 존덕정에는 '만천명월주인옹(萬川明月主人翁)'이라고 쓴 현판이 있습니다. 이 글의 의미는 정조가 쓴 『홍재전서(弘齋全書)』에 잘 나타나 있는데, 1만 개 강을 비춰주는 달과 같은 군주가 되고 싶다는 정조의 마음을 표현한 것입니다. 그리고 이것이 정조가 꿈꾸었던 조선이었습니다. 그런 정조가 좀 더 오래 살았다면 조선은 어떻게 달라졌을까요? 참으로 안타까운 죽음이 아닐 수 없습니다.

저는 정조가 오늘날 우리 사회에 필요한 가장 매력적인 리더라고 생각합니다. 그의 정치·통치 철학이 21세기를 사는 우리에게도 꼭 필요한 리더의 역량이기 때문입니다. 이와 더불어 고난과 역경의 연속이었던 그의 삶과 예상 밖의 인간적 면모는 때로는 우리를 가슴 먹먹하게 하고 웃음 짓게 하며 큰 용기를 주는 것 같습니다.

역사를 바꾼 위대한 지도자들

조선의 개혁을 이끈 조준과 이원익, 조선의 킹메이커인 정도전과 하륜과 한명회, 왕과의 완벽한 케미를 보여준 박문수와 정약용의 삶에서 성공한 2인자의 모습을 찾을 수 있습니다. 어쩌면 성공한 1인자보다 더 어려운 자리가 성공한 2인자 아닐까요? 성공한 2인자가 되려면 능력이 뛰어나야 하는 건 물론, 리더를 알아보고 리더의 마음까지 헤아릴 수 있어야 합니다. 여기에 더해 자신을 기꺼이 희생할 각오로 진심으로 1인자와 교감하고 시너지를 일으킬 수 있다면 진정한 2인자가 될 수 있을 겁니다.

# 1인자를 만든
# 성공한 2인자들

# 조선의 개혁을 이끈
# 정도전과 조준, 이이와 이원익

지금도 여러 매체에서 심심찮게 들리는 말이 '개혁'입니다. 시대마다 개혁을 외쳤습니다. 왜 그럴까요? 성공하는 개혁이 거의 없었기 때문입니다. 세상은 변하고 그에 따라 제도도 바뀌어야 하지만, 개혁은 번번이 실패했습니다. 그만큼 힘든 것이 개혁입니다.

그렇다면 개혁에 필요한 것이 무엇일까요? 정도전과 조준, 이이와 이원익에게서 개혁의 목소리는 같았지만 성공한 개혁과 실패한 개혁은 어떻게 달랐는지 그 도전과 한계를 살펴보며 개혁의 진정한 의미를 찾아보려 합니다.

1인자를 만든 성공한 2인자들

## 정도전과 조준의 개혁

정도전과 조준, 그들이 살았던 고려 말의 상황은 권문세족이 대토지를 소유하고 있었습니다. 이들의 땅은 100평, 200평이 아니라 산과 강을 경계로 한 것이었습니다. 백성들은 '송곳 하나 꽂을 내 땅이 없다'며 '국지불국(國之不國)', 즉 나라가 나라가 아니라고 불만을 터트렸습니다.

정도전은 원나라 사신을 접대하라는 명을 어겨 전라도 나주로 귀양 보내졌습니다. 지인과 동료들은 이런 정도전에게 등을 돌렸는데, 나주 백성들은 귀양 온 그를 따뜻하게 대해주었습니다. 게다가 정도전이 귀양 온 까닭을 정확하게 꿰뚫은 백성이 있었습니다.

"나는 당신의 죄목을 알겠다. 그 힘이 부족한 것을 헤아리지 않고 큰 소리를 좋아하고, 그때의 불가함을 알지 못하고 바른말을 좋아하며, 아랫자리에 있으면서 위를 거스른 것이 죄를 얻은 원인이로다."

그 말에 놀란 정도전은 백성을 보는 시각이 완전히 달라졌습니다. 백성들도 사대부 못지않게 세상사를 꿰뚫고 있었던 것입니다.

정도전의 생각을 바꿔놓은 것이 또 하나 있었습니다. 정몽주가 보내준 책 『맹자』였습니다. 정도전은 『맹자』를 읽으며 깊은 경지에 이르게 되었는데, 그 핵심은 '백성의 마음을 얻으면 천자가 된다'는 것이었습니다. 백성에 대한 이러한 생각의 변화는 정도전이 개혁을 꿈꾸는 불씨가 되었습니다. 이러한 정도전의 생각은 그의 책 『조선경국전』에 다음과 같이 아주 구체적으로 기록되어 있습니다.

"대저 군주는 국가에 의존하고 국가는 백성에 의존한다. 그러므로 백성은 국가의 근본인 동시에 군주의 하늘이다. 그래서 『주례(周禮)』에서는 백성의 호적을 군주에게 바칠 때 군주는 절을 하면서 받았으니 이것은 자기의 하늘을 중히 여기는 까닭이다. 인군된 사람이 이러한 뜻을 안다면 백성을 사랑하는 것도 불가불 지극해야 할 것이다."

귀양이 끝났지만 정도전은 다시 관직에 오르지 못한 채 백성들 속에서 백성을 다시 보았습니다. 정도전은 개혁을 결심했지만 힘이 없었습니다. 그런 그에게 날개를 달아준 이가 이성계였습니다. 위화도 회군으로 권력은 잡은 이성계는 정도전에게 관직을 주었고, 그의 개혁을 지지했습니다. 당시 이성계도 위화도 회군 후 최영을 죽이고 우왕과 창왕을 폐위했기에 싸늘해진 민심을 염려하고 있었습니다. 민심을 돌이킬 만한 개혁이 필요했죠.

조선을 대표하는 개혁가, 정도전의 가장 파격적인 개혁이 '계민수전(計民授田)'입니다. 계민수전은 나라에서 땅을 거두어 백성의 수에 따라 나누어주고 세금을 걷는다는 것입니다. 정도전은 가장 심각한 것이 토지 문제라고 생각했습니다. 백성의 시각으로 바라보았기 때문입니다. 그는 백성의 근본은 농업이고, 농업을 장려하려면 모든 토지를 국가가 회수해 백성들에게 똑같이 나누어주어야 한다고 주장했습니다. 『조선경국전』에는 이러한 그의 토지관이 잘 기록되어 있습니다.

"옛날에는 토지를 관에서 소유하여 백성에게 주었으니, 백성이 경작하는 토지는 모두 관에서 준 것이었다. 천하의 백성으로서 토지를

1인자를 만든 성공한 2인자들

받지 않은 사람이 없었고, 경작하지 않은 사람이 없었다."

하지만 정도전의 토지 개혁은 시대를 앞선 이상적인 것이었습니다. 계민수전은 권문세족의 강한 반대와 비판으로 결국 실현되지 못했습니다. 그의 파격적 개혁은 함께 개혁을 주장하던 이들도 반대할 정도였습니다. 정도전의 토지 개혁이 성공을 거두지 못한 이유는 현실을 고려했지만 이상을 포기할 수 없었기 때문입니다.

**66**

| 정도전의 명언 |
"천하와 국가를 다스리는 요점은 사람을 씀에 있을 따름이다."
-『삼봉집』

**99**

정도전이 주장한 '계민수전'은 실패했지만, 조준이 주장한 '과전법(科田法)'은 성공을 거뒀습니다. 어떻게 성공할 수 있었을까요? 토지 제도에 해박했던 조준은 1388년 7월에 다음과 같은 내용의 상소를 올렸습니다.

"토지제도를 올바르게 함으로써 국가의 살림살이를 풍족하게 하고 민생을 넉넉하게 하는 것이 우리가 당면한 가장 긴급한 일입니다. (…) 지금 전국의 창고가 한꺼번에 텅 비었으니 국사에 드는 비용이 나올 곳이 없습니다."

이어 1388년 9월에도 다음과 같은 내용의 상소를 올렸습니다.

"토지란 본디 인민을 양육하는 바탕인데, 지금은 오히려 백성을 해치는 도구가 되어버렸으니 사전의 폐해가 이렇게 극심하게 되었습니다. (…) 마땅히 경기의 토지는 사대부로서 왕실을 시위하는 자의 전지로 삼아 생계의 터전으로 제공함으로써 삶의 질을 높여주어야 할 것입니다. 나머지는 모두 혁파하여 왕실과 제사의 비용에 충당하고 녹봉과 군수의 비용을 충족하게 하십시오. 그리고 겸병의 기회를 아예 막아버려 쟁송의 여지를 단절함으로써 이를 영원불변의 법전으로 정착해야 합니다."

조준의 이 상소문은 문제 제기에서 그 해결책까지 구체적 내용을 담고 있었습니다. 조준은 여러 차례 상소와 함께 '국가의 운명은 백성들의 삶이 괴로운 상태냐, 즐거운 상태냐에 달려 있다'는 대의와 원칙으로 반대 세력도 수긍할 수밖에 없는 명분을 내세웠습니다.

**"**

| 조준의 명언 |
"국가의 운명은 백성들의 삶이 괴로운 상태냐, 즐거운 상태냐에 달려 있다."

**"**

그뿐이 아니었습니다. 조준은 옛 토지대장을 개경 한복판에서 불태워 민심을 내 편으로 만들었습니다. 백성들의 눈높이에서 그들이 이해할 수 있게 개혁의 가능성을 보여준 것입니다. 불타는 토지대장을 보면서 백성들은 개혁에 대한 기대와 지지를 보냈습니다.

1391년 3월, 과전법이 본격적으로 실시되었습니다. 토지를 국유화해 백성에게 경작하게 하고, 관리들에게는 등급에 따라 조세를 거둬들이는 권리를 주었습니다. 이로써 기존의 문란했던 사전을 바로잡았고, 국가의 수입을 증대했으며, 백성의 세금 부담을 줄여줘 새로운 왕조를 열 경제적 기반을 마련했습니다.

조준의 과전법이 성공을 거둔 데는 몇 가지 이유가 있습니다. 첫째, 상소문에서 토지 개혁의 필요성과 해결 방법을 주장해 반대 세력이 반박할 수 없는 대의와 명분을 내세웠기 때문입니다. 둘째, 개혁을 위해 민심을 자기편으로 만드는 노력을 기울인 덕분입니다. 문제점을 정확히 인식했고, 실현 가능한 대안과 반대를 극복하는 명분, 그리고 다수의 지지를 이끌어내는 능력이 있었기 때문입니다.

## 이이와 이원익의 개혁

율곡 이이는 모두가 아는 신사임당의 아들로 조선 최고의 유학자입니다. 그런 이이도 젊은 시절 방황하던 때가 있었습니다. 그의 나이 열여섯 살에 신사임당이 세상을 떠나자 삼년상을 마치고 삶과 죽음에 대한 고민에 빠져 금강산으로 불교를 공부하러 떠났습니다. 하지만 1년 만에 돌아와 유학 공부에 매진했습니다. 자기 뜻이 세상을 위하는 데 있음을 깨달았기 때문입니다.

열세 살에 진사시에 합격한 이이는 스물세 살부터 스물아홉 살까지 무려 아홉 번이나 장원 급제를 했습니다. 그래서 '구도장원공

(九度壯元公)’이라 불렸습니다. 그는 왜 그렇게 많은 과거를 보았을까요? 이이는 자신이 학문을 하는 뜻을 이렇게 말했습니다.

"사람이 재주가 있고 없는 것은 배우고 배우지 않은 데 달려 있고, 사람이 어질고 어질지 못한 것은 행하고 행하지 않은 데 달려 있다."

이처럼 이이는 학문에 대한 겸손과 더불어 학문을 현실에 적용하고자 고민하며 개혁에 뜻을 두었습니다. 스물아홉 살에 벼슬길에 올라 사헌부와 사간원, 승정원 등을 거치고 외직에 나가 백성들의 삶도 가까이 지켜봤습니다. 관직이 점차 올라가자 평소 생각하던 개혁의 목소리를 내기 시작했습니다.

당시는 조선이 건국된 지 200년쯤 되었고 임진왜란이 일어나기 전이었습니다. 왕조를 여는 ‘창업(創業)’이 이루어지면, 다음은 제도를 만드는 ‘수성(守成)’의 시기가 이어지며, 더 시간이 지나면 그 제도를 조금씩 고쳐나가는 ‘경장(更張)’의 시기가 옵니다. 당시는 경장의 시기로, 조선은 사회 변화와 제도적 병폐로 폐단이 쌓이고 있었습니다. 이이는 끊임없이 상소를 올렸습니다. 작심하고 상소를 올렸고, 사직을 청하며 상소를 올렸습니다. 그가 올린 상소들의 내용은 다음과 같습니다.

"나라가 마치 오래 손보지 않은 1만 칸 큰 집처럼 옆으로 기울고 위로 빗물이 새고 대들보와 서까래는 좀이 먹고 썩어서 구차하게 아침저녁을 넘기고 있는 것 같다."

"오래된 법령을 현실에 맞게 고치지 않아 생긴 폐단의 피해는 결국 백성에게 돌아가니 성왕(聖王)이 제정한 법이라 할지라도 오래되면 폐단이 생기며 묵은 폐단을 개혁하지 않고는 민생 안정을 찾기 어려울 것이다.”

“형세가 위태로워졌음을 전하가 스스로 아는 바이다.”

“200년 동안 저축해온 나라가 지금 2년 먹을 양식도 없다. 나라가 나라가 아니다.”

이이는 당시 조선의 문제를 해결할 방책으로 1581년 10월 올린 상소에서 다음과 같은 주장을 폈습니다.

“대신들과 상의하여 ‘경제사(經濟司)’를 설치하소서. 대신들로 하여금 통솔하게 하고, 국정 현안을 잘 알고 나랏일에 마음을 둔 자들을 뽑아 상의하고 확정하여 잘못된 정치를 개혁한다면 천심을 돌이킬 수 있을 것입니다.”

이이는 선조에게 올린 ‘만언소(萬言疏, 만언에 이르는 상소)’에서 조선의 문제점과 해결방안을 말했습니다. 이이는 정치란 때를 놓치면 역사가 뒤바뀔 수도 있다며, 때를 아는 것이 중요하다고 했습니다.

이이가 주장한 대표적 개혁이 ‘수미법(收米法)’입니다. 공납을 쌀로 거두어 그 폐단을 개혁하고자 한 것입니다. 영화 〈광해〉에서 궁녀 사월이가 광해에게 자신이 궁녀가 된 사연을 이야기하는 장면이 공납의 폐단을 보여주는 것입니다. 영화 속 대사는 다음과 같습니다.

“사월아, 너는 어쩌다 여기까지 흘러왔느냐?”

“소인의 아비는 산골 소작농이었습니다. 어느 날부터 관아에서 세금으로 전복을 바치라 하여 고리를 빌려 세금을 메우다 보니 결국 집과 전답마저 빼앗기고, 아버지마저 옥살이를 하게 되었나이다. 그

넷째 마당

걸로도 가름이 되지 않자 어미와 동생은 변방 노비로 팔리고 저는 참판댁 몸종으로 가게 되었지요."

공납은 지역의 특산물을 세금으로 걷는 제도였지만, 이처럼 폐단이 만연해 백성들의 부담이 가중되었습니다. 공납을 현물 대신 쌀로, 소유한 토지의 양에 따라 거두자는 이이의 수미법은 양반들의 반대에 부딪쳐 시행되지 못했습니다.

> **"**
>
> | 이이의 명언 |
> "사람이 재주가 있고 없는 것은 배우고 배우지 않은 데 달려 있고,
> 사람이 어질고 어질지 못한 것은 행하고 행하지 않은데 달려 있다."
> "옥도 갈지 않으면 그릇을 만들 수 없고,
> 사람도 배우지 않으면 도를 알 수 없다."
>
> **"**

또한 이이는 '10만 양병'으로 미래에 있을 수 있는 전란에 대비해야 한다고도 주장했지만 받아들여지지 않았습니다. 그는 시급한 민생 개혁과 붕당의 갈등을 해결하고자 노력했지만 지지를 얻지 못했습니다. 오히려 '소인'이라고 비난받기까지 했습니다. 이이의 학문은 지금까지도 칭송받지만 그의 개혁은 제대로 실현되지 못해 조선의 역사에 큰 아쉬움을 남깁니다. 이이의 제자 이귀는 이이에 대해 이렇게 안타까움을 나타냈습니다.

"하늘이 낸 자질을 가지고도 평생의 포부를 하나도 실현할 수 없었다."

1인자를 만든 성공한 2인자들

이이의 수미법을 '대동법(大同法)'으로 실현한 이가 바로 이원익입니다. 그는 조선의 명재상이자 청백리로 칭송받는 인물입니다. 임진왜란 당시 모함을 받은 이순신 장군을 끝까지 변호한 인물이기도 합니다. 이원익은 선조 때인 1569년 벼슬에 나가 사간원, 홍문관, 승정원을 거치며 빠르게 승진했습니다. 그는 1587년 평안도 안주에 전염병이 돌고 기근이 들자 안주 목사로 파견되었습니다. 그곳에서 양곡과 함께 종자를 나눠주고, 양잠(누에치기)을 가르치고, 군역을 줄여주는 등 백성을 구휼하는 정책으로 큰 성과를 냈습니다. 이때 백성들의 참상을 경험하고 이를 해결하고자 대동법을 제안한 것입니다.

**"**

| 이원익의 명언 |
"뜻과 행동은 나보다 나은 사람과 비교하고,
분수와 복은 나보다 못한 사람과 비교하라."

**"**

광해군 즉위 후 영의정에 오른 이원익은 대동법을 강하게 주장했습니다. 대동법은 공납을 쌀로 납부하게 하되 소유한 토지에 비례해서 세금을 내자는 것입니다. 양반들은 대동법에 크게 반발했고, 광해군도 탐탁지 않게 여겼습니다. 하지만 이원익은 왕의 신임을 받는 탁월한 관료였으며, 계속된 정쟁 속에서도 그에게 적대적인 사람들은 많지 않았습니다. 무엇보다 임진왜란의 피해 복구와 민생 문제 해결이 급선무였습니다. 결국 대동법이 실시되었지만 방납의 폐단이 가장 심했던 경기도에 한해서였습니다.

대동법은 효종 때 김육의 끈질긴 노력으로 충청도와 전라도까지 확대되었고, 현종 때는 정태화의 노력으로 함경도까지, 숙종 때는 경상도와 황해도까지 확대될 수 있었습니다. 이처럼 대동법의 전국적인 시행까지는 무려 100년이라는 오랜 시간이 걸렸습니다. 그만큼 기득권층의 반대가 심했기 때문입니다.

이렇듯 힘들었던 대동법을 끈질기게 시행·확대할 수 있었던 것은 이원익을 비롯해 김육, 정태화의 의지 덕분이었습니다. 그리고 그들이 끝까지 포기하지 않을 수 있었던 것은 당시 백성들이 겪은 참상을 직접 경험한 실무관료였기 때문입니다.

**현실에서도 그렇지만 역사 속에서도 개혁은 결코 쉽지 않았습니다. 개혁을 주장하는 사람들의 목소리가 커지고 많은 실패를 거듭하고 나서야 개혁이 빛을 발했습니다. 그만큼 개혁은 먼저 개혁을 소리친 사람이 있고, 고통스러운 실패의 쓴맛을 보고 나서야 이루어졌습니다. 즉 실패한 개혁가들이 없었다면 성공한 개혁도 없었을 거라는 말입니다. 실패한 개혁이 개혁의 밑거름이자 디딤돌이 된 것입니다.**

**우리가 살다 보면 디딤돌을 만나기도 하고, 걸림돌을 만나기도 합니다. 그런데 조금만 생각을 바꿔보죠. 걸림돌을 적절한 곳으로 옮기거나 필요한 형태로 모양을 다듬으면 디딤돌이 됩니다. 개혁도 마찬가지입니다. 힘들고 실패하더라도 신념과 의지를 꺾지 않고 상황에 맞게 방법을 찾는 지혜가 필요합니다.**

1인자를 만든 성공한 2인자들

# 조선의 킹메이커인
# 정도전, 하륜, 한명회

킹메이커는 말 그대로 왕을 만든 사람입니다. 용의 등에 올라타 자신의 꿈을 이룬 사람들이라 할 수 있습니다. 그들은 어떻게 왕을 세우고, 어떻게 2인자가 될 수 있었을까요?

왕을 만드는 2인자에게는 많은 능력이 필요합니다. 세상을 통찰하고, 인재를 알아보고, 민심을 아우르는 능력이 있어야 왕을 만들 수 있기 때문입니다. 그런 면에서 킹메이커는 어쩌면 왕보다 더 큰 그림을 그리며 모든 걸 설계한 사람 아닐까요. 이제 조선의 대표적 킹메이커인 정도전, 하륜, 한명회를 보며 그들의 진가를 확인해보죠.

넷째 마당

## 이성계의 킹메이커인 정도전

『삼봉집』에는 정도전의 정치 철학이 잘 드러나 있습니다.

"나라도 임금도 백성을 위해 존재할 때만 가치가 있다."

정도전은 『조선경국전』에서 백성의 마음을 더욱더 강조합니다.

"백성의 마음을 얻으면 백성은 복종하지만, 백성의 마음을 얻지 못하면 백성은 인군을 버린다."

정도전과 정몽주는 권문세족의 눈 밖에 나서 유배 보내졌지만, 정도전은 유배가 끝나고도 벼슬길에 오르지 못하고 있었습니다. 외조모가 노비 출신이었기 때문입니다. 하지만 유배지에서 백성을 제대로 이해하게 된 정도전은 나라도 임금도 백성을 위해 존재한다는 『맹자』의 사상에 깊은 감흥을 받았습니다. 세상을 바꾸고 싶었던 정도전은 함흥까지 이성계를 찾아갔습니다. 황산대첩의 영웅으로 사람들이 칭송하는 이성계가 어떤 인물인지 직접 확인하려고 한 것입니다. 이성계의 군대를 본 정도전은 깜짝 놀라 말했습니다.

"훌륭합니다. 이만한 군대로 무슨 일인들 못 하겠습니까?"

정도전의 말이 무슨 뜻인지, 왜 자신을 찾아왔는지 이성계도 짐작했을 것입니다. 여진족과 홍건적, 왜구 토벌로 이름을 떨쳤지만 이성계도 함흥 출신이라 고려의 주류가 아니었습니다. 내세울 것 없던 두 사람의 역사적 만남이 이루어진 순간이었습니다. 조선 건국에서 정도전의 역할이 어느 정도였는지는 『태조실록』에 잘 나타나 있습니다.

"무릇 임금(이성계)을 도울 만한 것은 정도전과 모의하지 않은 것이 없었으므로 마침내 큰 공업을 이루었다."

조선은 정도전이 직접 설계했습니다. 그가 유교 이념으로 사대문의 이름을 정했고, 유교 경전에서 궁궐과 전각의 이름을 가져왔습니다. 조선을 통치할 법인 「조선경국전」과 경제 제도인 「경제문감」도 직접 지었습니다. 정도전의 손을 거치지 않은 것이 없을 정도였습니다. 그 때문이었을까요? 정도전은 취중에 이런 말을 한 적이 있습니다.

"한 고조(유방)가 장자방을 쓴 것이 아니라 사실은 장자방이 그를 키운 것이다."

정도전은 조선을 재상이 중심이 되어 이끌어가는 나라로 만들고자 했고, 이를 위해 이성계에게 막내아들 '방석'을 세자로 추천했습니다. 그리고 이방원은 조선 건국에 혁혁한 공이 있음에도 정치에서 배제했습니다. 이 때문에 결국 정도전은 왕자의 난을 일으킨 이방원에게 죽임을 당하고 말았습니다. 그뿐 아니라 정도전은 건국 공신에서 간신으로 추락했습니다. 역사는 그를 '음험한 성격' '간사한 신하'로 기록했고, 500년이 흐른 고종 대에 와서야 훈작과 시호가 회복되면서 평가가 달라지게 되었습니다.

## 이방원의 킹메이커인 하륜

하륜은 관상과 풍수지리에 능했습니다. 하륜은 경복궁의 위치를 놓고 정도전과 의견이 달랐고, 정도전은 그런 하륜을 경계했습니다.

하륜은 자신을 알아줄 사람을 만나길 기다리기보다 직접 찾아 나섰습니다. 그러던 중 권문세가 민제의 사위 이방원을 보고 한눈에 귀한 관상임을 알아봤습니다. 이방원과 하륜의 만남은 이렇게 이루어졌습니다. 두 사람은 뜻이 잘 통했고, 정도전에 대한 감정이 좋지 않은 점도 같았습니다.

정도전은 하륜과 이방원을 떼어놓으려 하륜을 충청도 관찰사로 임명했습니다. 하륜은 떠나기 전 송별연을 열었고, 이방원도 연회에 참석했습니다. 하륜이 술에 취해 이방원이 건넨 술잔을 그만 이방원의 옷에 엎질러버렸습니다. 화가 난 이방원이 자리를 박차고 나가자 하륜이 쫓아와 이렇게 고했습니다.

"제가 떠나면 반드시 정도전이 선수를 칠 것입니다. 대군께서는 이숙번에게 힘을 의지하십시오. 이미 제가 그를 통해 훈련된 군사 300명을 준비해두었습니다. 제가 아무 준비 없이 대군을 떠나기야 하겠습니까."

이방원은 이렇게 왕자의 난을 일으켰습니다. 하륜은 사병을 빼앗긴 이방원에게 이숙번을 소개해 거사를 준비한 것입니다. 1차 왕자의 난으로 이방원은 권력을 잡았고, 2차 왕자의 난 이후 정종의 양위를 받아 왕위에 올랐습니다.

하지만 태조 이성계의 인정을 받는 것이 무엇보다 절실했습니다. 함흥으로 떠난 태조 이성계를 오래도록 힘들게 설득했고, 결국 이성계가 한양으로 돌아오고 있었습니다. 이방원은 기쁜 나머지 아버지 태조를 마중 나갔습니다. 하지만 하륜은 만약을 대비해 철저히 준비

1인자를 만든 성공한 2인자들

했습니다.

"상왕의 노여움이 아직 풀어지지 않았으니, 모든 일을 염려하지 않을 수 없습니다. 차일을 받치는 기둥은 큰 나무를 써야 할 것입니다."

아니나 다를까, 태조 이성계가 마중 나온 태종 이방원을 향해 활시위를 당겼고, 놀란 이방원은 기둥 뒤에 숨어 화살을 피했습니다. 하륜은 모든 것을 예상이라도 한 듯 철저한 준비로 이방원의 목숨까지 구해주었습니다. 그러자 사람들은 하륜을 일컬어 '태종의 장자방'이라 불렀습니다.

**"**

| 하륜의 명언 |
"나무는 오래 자라면 반드시 바위 골짜기에 우뚝 서고
물은 오래 흐르면 반드시 바다에 이른다.
사람의 배움도 이와 같다. 오래 힘쓰며 그치지 않으면 반드시 성취에 이른다."
-하륜이 아들의 이름(오랜 구, 久)을 지으면서 남긴 글

**"**

하륜은 누구보다 왕의 마음을 잘 헤아리는 신하였습니다. 어느 날 태종이 세자에게 양위할 뜻을 밝혔습니다. 신하들이 모두 반대하자 태종은 "그럼, 언제 선위를 할 수 있겠느냐?"라고 물었습니다. 그러자 태종의 측근이던 이숙번이 말했습니다.

"사람의 나이 50이 되어야 혈기가 쇠하니, 50이 되길 기다려도 늦지 않습니다."

태종은 이숙번의 말에 마음이 상했습니다. 이런 태종의 마음을 헤

넷째 마당

아린 하륜은 이렇게 말했습니다.

"주상의 춘추가 60, 70이고 세자 나이가 30, 40이어도 불가할 터인데, 하물며 지금 주상의 춘추가 한창이고 세자가 아직 어리니 절대 불가합니다."

하륜의 말에 태종의 마음이 풀렸습니다. 하륜은 태종의 마음까지 헤아려 심기를 편안하게 해주는 능력이 있었습니다. 그런 하륜을 태종이 어찌 총애하지 않을 수 있었을까요?.

하륜에 대한 태종의 신뢰는 매우 깊었습니다. 태종은 하륜을 일컬어 이렇게 말했습니다.

"저 사람의 귀에 들어간 것은 쉬이 입으로 나오지 않는다."

『태종실록』은 하륜에 대해 이렇게 긍정적으로 적고 있습니다.

"하륜은 천성적인 자질이 중후하고 온화했다. 결단하고 계책을 정하면 그 마음을 움직이지 않았다. 인재를 제대로 천거하지 못할까봐 늘 두려워했고, 집에 머물 때는 사치하고 화려한 것을 좋아하지 않았다. 글 읽기를 좋아해 손에서 책을 놓지 않은 채 시를 읊으며 자고 먹는 것도 잊었다."

사실 하륜은 욕심이 없는 사람이 아니었습니다. 많은 땅을 소유하고 있었고, 뇌물도 받았습니다. 역사에서 개국공신이 토사구팽당하는 경우를 많이 보았지만 그는 부귀영화와 천수를 누렸습니다. 결코 태종의 역린을 건드리지 않는 2인자의 처세술을 보였기 때문입니다.

하륜의 부고를 들은 태종은 눈물을 흘리며 3일 동안 조회를 폐했고, 7일 동안 고기 든 음식을 먹지 않으며 깊이 상심했습니다. 태종보다 스무 살 연상이던 하륜이 은퇴하겠다고 청했지만, 왕릉을 참배하고 바람이나 쐬고 오라며 보낸 터였습니다. 그런데 그 길에 하륜이 객사하고 만 것입니다. 누구보다 자신의 마음을 헤아리고, 자신을 이끌어준 하륜을 잃은 태종의 슬픔은 이루 말할 수 없었습니다.

## 수양대군의 킹메이커인 한명회

수양대군과 안평대군은 세종의 아들들입니다. 3남인 안평대군은 시·서·화에 능하고 성품이 좋아 늘 주위에 사람이 많았습니다. 그에 반해 2남인 수양대군은 무인 기질이 다분했습니다.

문종이 재위 2년여 만에 세상을 떠나고 열두 살의 단종이 즉위했습니다. 황보인과 김종서가 문종의 유지를 받들어 단종의 정치를 곁에서 도와주었습니다. 김종서와 황보인은 인사를 발표하는 단종을 위해 임명할 사람의 이름에 노란색 표시를 해주었습니다. 이 같은 '황표정사(黃標政事)'로 황보인과 김종서가 국정을 책임지고 있었고, 안평대군도 김종서, 황보인과 가까운 사이였습니다.

하지만 수양대군은 이를 매우 못마땅하게 여겼습니다. 이러한 때 수양대군을 찾아온 이가 한명회였습니다. 한명회는 과거에 낙방해 출사하지 못하고 경덕궁 궁지기로 있던 인물입니다. 수양대군을 만난 한명회는 "수양대군은 활달하기가 한 고조와 같고, 영무한 성품은 당 태종과 같다"라고 칭찬했습니다. 수양대군은 한명회를 마음에 들어 했고, 한명회는 수양대군에게 이렇게 조언했습니다.

"한 고조 유방이 비록 장량의 계책을 써서 천하를 얻었으나, 그 또한 한신의 군세에 힘입지 않았다면 어려웠을 것입니다. 마땅히 무장들을 사귀십시오."

한명회의 말에 수양대군은 사냥하러 다니며 무장들과 어울렸습니다. 그러자 김종서는 사냥만 좋아하고 정치에 관심이 없어 보이는 수양대군을 크게 견제하지 않았습니다.

그런데 1453년 수양대군이 '계유정난(癸酉靖難)'을 일으켰습니다. 김종서를 죽이고 궁궐로 들어오는 신하들을 차례로 죽였습니다. 그때 죽인 반대 세력의 명부를 만든 이가 바로 한명회입니다.

권력을 잡은 수양대군은 이후 단종의 양위를 받아 세조로 즉위했습니다. 하지만 세조의 정치에 반대한 사육신이 단종 복위를 모의한 사건이 발생했습니다. 당시 명나라 사신을 접대하는 연회에서 유응부와 성승이 호위무사로 참석해 세조를 죽이려고 모의한 것입니다. 그런데 한명회가 "날이 덥고 장소가 좁으니 운검(호위무사)을 빼도록 하라"라고 명해 수양대군이 화를 피할 수 있었습니다. 한명회가 세조의 목숨을 구한 것입니다.

세조는 술을 즐겼고, 술자리에서는 누구보다 관대했습니다. 세조는 술자리에서 신하들에게 "전하라고 부르지 말라. 형님이라 불러라"라며 편하게 대했습니다. 세조는 보기보다 너그러웠고, 술에 취해서 한 실수는 용서해주었다고 합니다. 신하들이 세조에게 "중전이 그렇게 좋으신가요?"라고 물으면 "당연하다. 나에겐 중전 하나뿐이

1인자를 만든 성공한 2인자들

다"라고 답할 정도로 편하게 어울렸습니다.

한명회는 술을 잘 마시지 못했습니다. 그래도 세조의 측근이라 연회마다 참석했습니다. 어느 날 연회에서 세조가 신숙주와 팔씨름을 했는데 세조가 이겼습니다. 그런데 신숙주가 술김에 한 판 더 겨루자고 청했고, 세조가 잠깐 한눈을 팔 때 신숙주가 재빨리 세조의 손을 넘겨버리고 이겼다며 좋아했습니다. 순간 세조의 표정이 살짝 나빠진 것을 한명회는 놓치지 않았습니다. 한명회는 귀가하는 신숙주에게 "오늘 밤에는 절대 불을 켜지 말고 책도 읽지 말고 자라"고 단단히 일러주었습니다. 신숙주는 잠을 자기 전 꼭 책을 읽는 습관이 있었기 때문입니다.

**"**

| 한명회의 명언 |
"처음에는 부지런하고 나중에는 게으른 것이 사람의 상정이니,
원컨대 나중을 삼가기를 처음처럼 하소서."
-성종에게 남긴 유언

**"**

세조는 술에 취해서 한 실수에는 관대했지만, 자신의 권위에 도전하는 것은 용서하지 않았습니다. 그날 밤 세조는 신숙주의 집에 사람을 보내 방에 불이 켜져 있는지 확인했습니다. 신숙주가 술에 취했는지 확인하려고 한 것입니다. 신숙주는 한명회 덕분에 화를 면할 수 있었습니다.

넷째 마당

이렇듯 한명회는 세조의 마음을 알아차리는 능력이 탁월했습니다. 『소문쇄록』에는 한명회의 남다른 처세술을 이렇게 기록하고 있습니다.

"충성공 한명회는 계려(헤아려 생각함)가 다른 사람보다 뛰어났다."

한명회의 신도비에 "한명회는 얼굴이 잘나고 키가 커서 바라보면 위대했고, 규모와 기개가 우뚝하여 무리에서 돋보였다"라고 적혀 있습니다. 칠삭둥이 한명회의 외모가 볼품없었으리라 생각한 것은 우리의 편견입니다. 『세조실록』은 한명회에 대해 이렇게 적고 있습니다.

"한명회가 주상의 신임하는 바가 되어 팔도의 군사를 통솔하고, 형벌과 상 주는 것이 손안에 있었다."

과거에 몇 차례나 낙방하고 겨우 경덕궁 궁지기로 있던 한명회가 불과 14년 만에 영의정에 올랐습니다. 종9품 가장 낮은 품계에서 정1품 가장 높은 품계로 올라선 것입니다. 공신 책봉도 네 번이나 받았습니다. 세조의 신임을 받던 한명회는 예종의 장인이 되어 권세가 갈수록 커졌습니다.

한명회는 한강변에 멋진 정자를 갖고 있었는데, 그 경치가 빼어나 명나라 사신들도 방문을 요청할 정도였습니다. 이 정자를 '압구정(狎鷗亭)'이라 불렀습니다. 한명회에 관해 『성종실록』은 "토지와 노비, 보화 등의 뇌물이 잇따랐고, 집을 널리 점유하고 희첩을 많이 두었다"라고 기록하고 있습니다. 중국 황제에게 뇌물을 줄 만큼 재물이 많았다고 합니다.

1인자를 만든 성공한 2인자들

한명회는 부귀영화를 누리며 명을 다하고 죽었지만, 끝까지 평온하지는 않았습니다. 그가 죽고 난 이후 폐비 윤씨의 일에 관여했다는 이유로 연산군에게 부관참시(무덤에서 관을 꺼내 시신의 목을 베는 극형)되었습니다.

킹메이커인 정도전, 하륜, 한명회! 그들은 자신이 세운 왕이 훌륭한 치세를 여는 것을 곁에서 함께한 숨은 실력자이자 권력자였습니다. 어쩌면 왕 뒤에서 자신의 꿈이 이루어지는 것을 지켜보며 대리만족했을지도 모릅니다. 세상이 왕을 중심으로 움직이는 것처럼 보이지만, 실제로는 킹메이커가 움직인 것이었습니다. 그렇게 그들은 한 시대를 즐겼습니다.

그들은 어떻게 킹메이커가 될 수 있었을까요? 첫째, 그들은 리더를 알아보는 안목이 있었습니다. 자신이 꿈꾸는 나라를 함께 만들어줄 인물을 찾아낸 것입니다. 둘째, 그들은 리더의 마음을 읽어내는 능력이 탁월했습니다. 그랬기에 자신이 세운 왕의 곁에서 꿈꾸던 나라가 완성되는 것을 지켜볼 수 있었습니다. 그 속에서 어쩌면 왕보다 더 큰 성취감과 자부심을 느꼈을지도 모릅니다. 우리도 1인자보다 탁월한 2인자가 되어보는 건 어떨까요?

넷째 마당

# 왕과의 완벽한 케미를 보여준
# 박문수와 정약용

서로 호흡이 좋고 잘 어울리는 사람을 일컬어 '케미'가 좋다고 합니다. 남자들 간의 진한 우정을 '브로맨스'라고도 합니다. 영혼을 나눌수 있는, 친구 이상의 관계를 '소울메이트'라고 합니다. 우리 역사에도 그런 관계의 인물들이 있습니다. 왕과 신하 사이에도 그런 관계가 가능할까요? 영화나 드라마에서는 재미를 더하기 위해 왕과 신하의 케미를 강조하지만, 실제로는 엄격한 상하관계에 깍듯이 예의를 갖춰야 하는 것이 신하였기에 쉽지 않았을 것입니다. 그런데 영조와 박문수, 정조와 정약용은 달랐습니다. 이들은 왕과 신하의 관계였지만 제도를 뛰어넘는 각별한 우정과 케미를 보여주었습니다.

1인자를 만든 성공한 2인자들

## 영조와 박문수의 케미

박문수는 영조에게 막말하는 신하였습니다. 어떤 막말이었을까요?

"전하께서 직언을 들으려 하지 않으시니 군신들도 전하의 뜻을 거스를까만 두려워해서 상하가 서로 도리를 잃고 있습니다. 이렇게 하여 나랏일이 장차 어떤 지경에 이르겠습니까?"

박문수의 막말은 거침이 없었습니다. 화를 낼 법도 한데 영조의 답변이 예상 밖이었습니다.

"오늘날 박문수가 아니었다면 내가 이와 같은 말을 듣지 못했을 것이다."

박문수의 막말에 가까운 직언을 새겨듣고 포용해준 이가 바로 영조였습니다. 박문수의 막말은 한두 번이 아니었습니다.

"전하께서는 영명함이 지나치나 학식이 부족하여 작은 일은 잘 살피지만 혹 대체를 잃기도 하십니다. 원하건대 긴요하지 않은 문서는 제거해 없애고 긴절한 공부를 하신다면 국가를 부지할 수 있을 것입니다."

자칫 영조가 중요한 일과 그렇지 않은 일도 제대로 구분하지 못한다고 들릴 수도 있습니다. 박문수의 이러한 막말에 그를 처벌해야 한다는 상소가 빗발쳤습니다. 관직에서 쫓아내고 유배를 보내도 이상할 게 없는 불경한 발언이었습니다. 하지만 그때마다 영조는 박문수 편을 들어주었습니다.

"영성군 박문수의 이와 같은 기습을 사람들이 거칠다고 하지만 나

넷째 마당

는 당직하다고 생각한다.”

영조는 박문수의 말이 아니라 그 말에 담긴 깊은 뜻을 이해한 것입니다.

도대체 왜 영조는 박문수의 이런 막말을 다 받아주었을까요? 깐깐한 군주였던 영조가 왜 박문수에게만 관대했을까요?

영조를 성군이라 칭송하지만, 사실 그는 완벽주의에 까칠한 사람이었습니다. 그뿐 아니라 변덕이 심하고 감정적이며 눈물이 많고 화를 잘 냈습니다. 한마디로 맞추기 힘든 유형이었습니다. 때로는 아주 냉정한 사람이기도 했습니다. 자칫 말실수라도 하면 영조는 결코 쉽게 넘어가지 않았습니다. 하지만 박문수가 하는 말은 다 들어주었습니다. 박문수의 말과 행동은 사리사욕과 이익을 챙기려는 것이 아니라 모두가 백성을 위하는 것임을 누구보다 잘 알았기 때문입니다.

두 사람은 어떻게 만났을까요? 박문수는 서른셋에 과거에 합격해 세제(世弟)였던 연잉군(영조)의 교육을 담당하는 일로 관직을 시작했습니다. 즉 박문수는 연잉군의 과외 선생이었습니다.

영조는 처음부터 박문수를 마음에 들어 했습니다. 「박문수 졸기」에는 당시 두 사람의 관계를 이렇게 기록하고 있습니다.

“박문수는 세제 시강원에 있을 때부터 영조의 알아줌을 받았다.”

박문수는 소탈하고 윗사람에게 잘 보이려 하기보다 자신의 생각과 소신을 있는 그대로 말하는 사람이었습니다. 영조는 그런 박문수의 성격을 누구보다 잘 알았습니다.

박문수는 암행어사로 유명합니다. 하지만 사실 그는 암행어사가

1인자를 만든 성공한 2인자들

아니었습니다. 암행어사는 신분을 숨기고 몰래 탐관오리들의 부정부패를 찾아내 왕에게 보고합니다. 반면에 어사는 백성을 구휼하는 등의 임무를 수행하려고 공개적으로 왕명을 받아 파견됩니다. 박문수는 암행어사가 아니라 어사였습니다.

66

| 박문수의 명언 |
"내가 문책을 당하는 것은 작은 문제요, 굶주린 백성을 구하는 것은 큰 문제다."

99

그런데 왜 박문수가 암행어사로 유명해졌을까요? 1996년 출간된 『암행어사 박문수』라는 소설 때문입니다. 백성들에게 암행어사는 특별했습니다. 조선시대 가장 백성의 편을 들어준 사람이 박문수라 여겼기에 소설 속 암행어사 이름을 박문수라 한 것 아닐까요. 그만큼 백성들에게 신망이 두터웠다는 것은 박문수가 실제로 백성의 편에서 옳은 일을 많이 했음을 보여줍니다.

영조가 박문수를 절대적으로 신뢰하게 된 사건이 있습니다. 영조가 왕위에 오른 얼마 후 선왕인 경종 독살설이 돌았고 '이인좌의 난'까지 일어났습니다. 즉위 초 대규모의 반란은 영조에게 큰 부담이었는데, 경상도 지역 반란을 진압하는 데 박문수의 공이 컸습니다. 이에 박문수는 공신으로 책봉되어 영성군에 봉해졌습니다. 반란이 진압되었지만 박문수는 민심을 안정시키고자 경상도에 남기를 청했

넷째 마당

습니다. 그 마음이 고마워 영조는 박문수를 경상도 관찰사로 임명했고, 그를 더욱 신뢰하게 되었습니다.

박문수가 경상도 관찰사로 재직하며 민심을 수습할 때였습니다. 동해안에 많은 가재도구와 시신을 넣은 관이 떠내려왔습니다. 보고를 받은 박문수는 함경도에 물난리가 난 것 같다며 급히 재난 물자를 보내라고 명했습니다. 하지만 아랫사람들은 자칫 일을 독단적으로 처리하면 화를 입을 수도 있으니 조정에 보고하고 명을 기다리자며 반대했습니다. 하지만 박문수는 함경도에 쌀 3천 석을 당장 보내라고 명했습니다.

"내가 문책을 당하는 것은 작은 문제요, 굶주린 백성을 구하는 것은 큰 문제다."

이러한 박문수의 도움에 이후 함경도 사람들은 큰 공덕비를 세워 감사를 표했습니다. 이처럼 박문수는 자기 안위보다 백성을 먼저 생각하는 사람이었습니다.

이번에는 삼남 지방에 수재가 나고 흉년이 들었습니다. 굶주린 백성들이 시신을 구워 먹었다는 기록이 있을 정도로 당시 상황은 심각했습니다. 영조는 사태를 해결하기 위해 박문수를 어사로 파견했고, 박문수는 자신의 곳간까지 털어 굶주린 백성에게 내어주었습니다. 그리고 영조에게 이 같은 상황을 보고하며 '분징지청(分徵之請, 관리들의 곡식을 징발하고 녹봉을 줄여 백성들에게 나눠주자는 요청)'을 올렸습니다. 이에 관리들은 '광란한 잠꼬대'라며 박문수를 비판했지만, 영조는 박문수의 요청대로 백관의 녹봉을 감해 백성을 구하는 데 쓰도록 지시했습니다.

영조와 박문수는 총애하는 임금과 충성스러운 신하의 관계 그 이상이었습니다. 뜻이 잘 맞기도 했지만, 인간적으로 마음을 나눌 수 있었기 때문입니다. 그것은 어쩌면 두 사람의 삶이 닮았기 때문이 아닐까요. 두 사람 모두 맘고생을 하며 힘들게 자랐고, 그렇기에 백성을 바라보는 시선이 남달랐습니다.

"일생토록 얇은 옷에 거친 음식을 먹기 때문에 나는 지금도 병이 없다"라고 말했을 정도로 영조는 백성의 삶과 친근했습니다. 어머니가 무수리 출신이었던 영조는 왕위에 오르기 전 백성들과 어울리며 누구보다 그들의 삶을 가까이에서 지켜본 왕자였습니다. 마찬가지로 박문수도 어려서 부모를 여의고 외가에 의탁해 힘들게 과거 공부를 해서 관직에 올랐습니다. 두 사람은 어려운 환경에서 성장했기에 누구보다 백성의 삶을 잘 이해할 수 있었던 것입니다.

박문수는 강직하지만 때로는 독단적이고 괴팍해 그의 곁에는 사람이 없었습니다. 박문수가 30년 넘게 관직에 있을 수 있었던 것은 영조의 신뢰가 컸기 때문입니다. 하지만 영조의 총애가 클수록 박문수에 대한 비판도 커졌습니다. 소론이던 박문수를 향한 노론의 탄핵이 이어졌습니다. 결국 영조 31년, '나주괘서(羅州掛書) 사건'이 일어났습니다. 나주 객사에 조정과 영조를 비방하는 벽서가 붙은 것입니다. 소론이 연루된 사건이었고, 국문 과정에서 박문수의 이름도 거론되었습니다.

박문수는 영조의 통치에 걸림돌이 되지 않으려 관직을 내려놓고

넷째 마당

물러났습니다. 은둔 생활을 하며 지내던 박문수는 얼마 후 눈을 감았고, 영조는 큰 충격과 슬픔에 빠졌습니다.

영조는 박문수를 두고 이렇게 말했습니다.

"깊이 생각하고 널리 염려하여 일을 맡으면 반드시 효과를 거두니, 백성으로 하여금 국가가 있음을 알게 하는 것이 경이다."

백성을 위하는 국가가 존재한다는 것, 백성을 아끼는 임금의 존재를 백성들이 느낄 수 있게 해준 사람이 박문수였다는 말입니다.

또한 영조는 "박문수는 보검 자루다"라고 말했습니다. 보검은 칼, 자루는 손잡이를 지칭합니다. 흔히 신하를 칼에 비유하고, 왕은 칼자루를 쥐고 통치한다고 비유합니다. 하지만 영조는 자신이 칼이고, 박문수가 자신을 움직이게 한 칼자루였다고 말한 것입니다.

영조는 박문수를 영의정에 추증하며 말했습니다.

"내 마음을 아는 사람은 박문수이며, 박문수의 마음을 아는 사람은 나였다."

## 정조와 정약용의 케미

정약용은 '정조의 남자'라 불립니다. 왕의 행동에는 그에 걸맞는 무게가 느껴지는데, 정조에게는 의외의 면이 많습니다.

정조와 정약용은 내기를 자주 했는데, 하루는 정조가 똑같은 글자를 세 번 사용해서 만든 글자를 누가 더 많이 찾는지 내기를 하자고 제안했습니다. 정약용은 한 글자 차이로 무조건 자신이 이긴다고 자신했습니다. 그러자 정조는 말도 안 되는 소리라며 반박했습니다. 두 사람은 각자 글자를 찾아 적기 시작했습니다. 姦(간사할 간), 晶(밝을 정), 磊(돌무더기 뢰), 森(빽빽할 삼)…. 내기는 어떻게 되었을까요? 결과는 정약용이 이겼습니다. 정약용이 장담한 대로 정조보다 한 글자를 더 썼는데, 三(석 삼)자였습니다. 정조는 박장대소하며 무릎을 쳤습니다. 학문이 높은 두 사람이 이런 내기를 하며 친구처럼 즐겼던 것입니다.

학문이 높았던 정조는 신하들 교육에도 신경을 많이 썼습니다. 젊은 신하들을 '초계문신(抄啓文臣)'이라는 이름으로 직접 재교육했고, 매주 구술·기술 시험을 치르게 했습니다. 시험을 잘 치르지 못하면 반성문을 제출해야 했는데, 정약용의 성적도 최상위가 아닌 차상위를 받을 정도였으니 그 수준이 상당했음을 알 수 있습니다.

시험을 치르고 나면 정조는 신하들을 위해 술자리를 자주 마련해 주었는데, 술을 잘 못하는 정약용에게는 매우 곤혹스러웠습니다. 한번은 이런 일이 있었습니다. 정조가 정약용에게 필통 가득 술을 따르더니 한번에 마시라고 한 것입니다. 그날 정약용의 일기에는 다음과 같은 내용이 기록되어 있습니다.

"세 번 일등한 덕에 소주를 가득 따라 하사하시기에 나는 오늘 죽었구나 생각했는데…. 주량대로 다 마셔라. 재촉이 내리었다."

정조는 짓궂었습니다. 정조는 술에 잔뜩 취한 정약용에게 시를 한 수 지어보라 했고, 정약용은 시키는 대로 시를 지었습니다. 다음 날

넷째 마당

선배가 정약용에게 전날 밤의 시가 너무 좋았다며 다시 들려달라고 했지만, 정약용은 아무것도 기억하지 못했습니다. 블랙아웃이 된 것입니다.

**"**

| 정약용의 명언 |
"천하 만물 가운데 굳이 지킬 것이 없지만, 오직 나만은 지켜야 한다.
천하에 잃기 쉬운 것에 나만 한 것이 없다."
-정약용, 『여유당전서』

"겸손은 사람을 머물게 하고, 칭찬은 사람을 가깝게 하고,
넓음은 사람을 따르게 하고, 깊음은 사람을 감동케 하니 마음이 아름다운 이여,
그대 그 향기에 세상이 아름다워라."
-정약용, 『목민심서』

**"**

정조와 정약용의 첫 만남은 어떠했을까요? 정조 7년(1783), 정약용이 소과에 합격했습니다. 소과에 합격하면 성균관에 입학해 관리가 되기 위한 대과를 준비하게 됩니다. 그런데 두 사람이 운명이었는지, 정조가 소과에 합격한 이들을 불렀습니다. 정조는 합격자들의 인사를 받던 중 눈에 띈 정약용을 보고 나이를 물었습니다. 정약용이 '임오년생'이라고 대답하자 순간 정조의 얼굴이 굳었습니다. 임오년은 정조의 아버지 사도세자가 돌아가신 해였기 때문입니다. 정조와 정약용의 그 짧은 만남, 짧은 대화가 두 사람의 마음에 강하게 자리 잡았습니다.

1인자를 만든 성공한 2인자들

호학군주 정조는 성균관에 자주 들러 유생들의 공부를 독려했습니다. 어느 날은 정조가 『중용(中庸)』을 읽고 의문 나는 점 70가지를 뽑아 문답을 쓰라는 과제를 유생들에게 냈습니다. 성균관 유생들이 제출한 과제 중 정조 마음에 쏙 드는 답이 있었습니다. 정약용의 것이었습니다.

조선 후기는 붕당정치로 남인은 이황의 학풍을 따르고, 노론은 이이의 학풍을 따랐습니다. 붕당의 경계가 명확해 남인은 이이를 언급하지 않았고, 노론은 이황을 언급하지 않았습니다. 그런데 정약용은 남인이지만 이이의 해석을 지지했습니다. 정조는 정약용이 남인임에도 이이의 학설을 가져와서 논했다는 점이 마음에 들었던 것입니다. 이는 탕평정치를 펼치려는 정조의 통치철학과도 맞았고, 정약용이 탕평정치에 적합한 인물이라 생각해 그를 더욱 신뢰하게 되었습니다. 정조는 정약용을 따로 불러 자주 만났고, 시를 잘 지을 때면 궁궐에 있는 책을 빌려주거나 선물해주었습니다.

그런데 정약용이 나머지 공부를 한 적도 있었습니다. 그는 병법서를 읽고 무예를 익히는 데는 부족함이 많았습니다. 정조는 "문장은 아름답게 꾸밀 줄 알면서 활을 쏠 줄 모르는 것은 문무를 갖춘 재목이 아니다"라며 무예를 강조했습니다. 정조는 화살 1순(5개)을 쏠 때마다 하나는 꼭 맞혀야 한다며 화살 20순(100개)을 쏘라는 과제를 냈습니다. 정약용은 활쏘기를 못해 늘 나머지 공부를 해야 했고, 심지어는 유배에 처해지기도 했습니다. 정약용의 유배지는 창덕궁 안 부용지였는데, 부용지에 배를 띄우고 정약용이 직접 노를 저어 섬으로 유배 가는 모습을 보며 정조는 배를 잡고 웃었다고 합니다.

정조는 사도세자를 복권하고 묘를 수원으로 이장해 현륭원이라 칭했습니다. 그 과정에서 정약용이 만든 배다리는 큰 도움이 되었습니다. 수원화성 축조도 그 계획에서 완공에 이르기까지 정약용의 역할이 컸습니다.

정조의 총애가 계속될수록 정약용을 향한 신하들의 공격도 거셌습니다. 천주교를 믿는 정약용의 집안 문제로 탄핵 상소가 올라왔고, 결국 정약용은 유배 보내졌습니다. 하지만 유배는 열흘 만에 풀렸습니다. 유배라기보다는 잠시 쉬다가 오라는 정조의 배려였던 것입니다.

유배에서 돌아오던 길에 정약용은 온양행궁을 지나며 사도세자에 대한 미담을 듣고, 사도세자가 심은 홰나무를 관리하고 돌아왔습니다. 정약용에 대한 정조의 총애는 더욱 깊어졌지만, 정약용은 자신이 정조에게 걸림돌이 될까 늘 염려했습니다. 그런 정약용의 마음을 노래한 시가 있습니다.

나비야 나비야 너 믿을 것이 뭐가 있니 / 전갈 이빨 벌 독침이 네겐 본디 없지 않니 / 부디 그저 꽃 밖에서 훨훨 날아다니고 / 꽃술을 사모하여 맴돌지를 말아라.

사모하는 꽃, 정조를 맴돌고 있는 나비가 바로 정약용입니다. 떠나야 한다고 생각하지만, 정조를 사모한 나머지 떠나지 못했습니다.

1인자를 만든 성공한 2인자들

결국 또다시 천주교 문제로 비방과 공격이 이어지자 정약용은 스스로 물러났습니다. 몇 달 후 정조는 정약용이 보고 싶어 편지를 썼습니다.

"오래도록 서로 보지 못했다. 너를 불러 책을 편찬하고 싶어 주자소의 벽을 새로 발랐다. 아직 덜 말라 정결하지 못하니 그믐께쯤에 궁에 들어와서 경연에 나오거라."

정조는 정약용에게 함께 학문을 논하고 책을 편찬하고 싶어 주자소의 벽지를 새로 발랐으니 그것이 마를 때쯤 돌아오라고 했습니다. 편지를 받은 정약용도 그믐께는 궁궐로 돌아갈 채비를 서둘렀습니다. 그런데 궁궐에 도착했더니 전날 정조가 승하하셨다고 합니다. 정조는 정약용에게 편지를 보내고 다음 날부터 몸져누워 불과 보름 만에 돌아가셨습니다.

"그 일만 생각하면 눈물이 옷깃을 적셔 곧바로 따라 죽어 지하에서라도 임금을 뵙고 싶었으나 그러지를 못했네."

정약용은 정조의 부음을 듣고 그때 따라 죽지 못한 것을 한탄하며 십수 년이 지나서도 정조를 그리워했습니다. 정약용이 죽기 전 직접 지은 자신의 묘비명에도 그런 마음이 잘 담겨 있습니다.

"군신의 정의가 그날 저녁에 영원히 끊긴 것이다. 매양 이 일에 생각이 미칠 적마다 눈물이 비 오듯 쏟아져 금할 수 없었다."

일제강점기 조선학 운동을 이끌었던 정인보는 두 사람을 두고 이렇게 말했습니다.

"정조는 정약용이 있었기에 정조일 수 있었고, 정약용은 정조가

넷째 마당

있었기에 정약용일 수 있었다."

정조와 정약용의 관계를 이보다 더 명쾌하게 설명할 수 있는 말은 없을 것입니다.

영조와 박문수, 정조와 정약용은 특별한 케미를 보여준 조선의 왕과 신하였습니다. 그들은 서로에게 좋은 영향을 주었고, 꼭 필요한 존재였으며, 진심으로 마음을 나누는 사이였습니다.

우리에게도 이런 사람이 있지 않나요? 서로에게 긍정적 영향을 주고, 더 큰 시너지를 일으키는 사람이 있을 겁니다. 나를 더 성장시키고, 격려와 위로를 아끼지 않으며, 만날 때마다 행복을 느끼게 해주는, 나를 더 빛나게 해주는 사람을 떠올려보기 바랍니다.

저 또한 한 사람 한 사람 떠올리다 보니 이런 생각이 듭니다. '그런 사람을 만나려면 어떻게 해야 할까?' 그리고 이런 질문을 하게 되었습니다. '나는 누구를 더 빛나게 해줄 수 있을까?'

1인자를 만든 성공한 2인자들

위대한 사상가인 원효와 의상, 자유를 꿈꾼 방랑 사상가인 김시습과 허균, 여류 예술가인 신사임당과 허난설헌. 이들을 보면 선도적인 사상가와 예술가는 태어나는 게 아니라 만들어지는 것 같습니다. 그들은 세상과 타협하지 못한 안타까운 삶을 살았지만, 자신만의 방식으로 세상의 소외된 사람들과 소통하고 자신만의 방식으로 세상을 노래하며 시대를 앞서간 사람들이었습니다.

다섯째 마당

# 사상과 예술의
# 위대한 선도자들

# 백성과 함께한 실천적 사상가인
# 원효와 의상

우리에게도 공자, 소크라테스 같은 위대한 철학자, 사상가가 있었습니다. 바로 원효입니다. 원효는 우리보다 일본, 중국, 인도에 더 잘 알려진 인물입니다. 그뿐 아니라 그는 실천적 사상가였습니다.

　원효와 의상이 활동하던 시기에 신라는 삼국통일을 위한 오랜 전쟁중이었고, 백성들은 전쟁이 남긴 상처로 고통받고 있었습니다. 불교는 왕과 귀족이 아니라 백성들 가까이 다가가 그들을 위로해야 했습니다. '누구나 부처가 될 수 있다. 누구나 극락왕생할 수 있다'는 불교의 평등을 전해야 했습니다. 그 중심에 바로 원효와 의상이 있었습니다.

사상과 예술의 위대한 선도자들

# 원효의 삶

원효는 신라를 넘어 동아시아를 아우르는 철학자이자 사상가였습니다. 교토 외곽의 고잔지(高山寺)에 원효와 의상의 초상과 일대기를 그린 그림이 전합니다. 거뭇한 머리에 수염까지 기른 그을린 얼굴에 호방한 모습을 한 원효와 인자하고 부드러운 얼굴을 한 의상의 모습이 대조적입니다.

779년 신라 사신단의 일원으로 일본을 방문한 원효의 손자 설중업이 왕족의 환대를 받았다는 기록이 『삼국사기』 「설총전」에 전합니다. 원효와 원효의 저술은 일본에서 높은 평가를 받고 있었습니다. 이후 신라로 돌아온 설중업은 김언승(헌덕왕)의 후원으로 원효를 추모하는 '서당화상비(誓幢和上碑)'를 건립했습니다.

원효의 『대승기신론소』는 『대승기신론』에 대한 주석서로 가장 뛰어나다는 평가를 받습니다. 오렐 스타인이 둔황 석굴에서 발견한 『대승기신론소』 필사본이 영국도서관에 소장되어 있습니다. 인도의 승려는 당나라에서 원효의 『십문화쟁론』을 읽고 범어로 번역해 가져갔습니다. 원효의 저술이 중국을 넘어 서역으로까지 전해진 것입니다. 중국의 학승들은 현장법사의 논리적 오류를 지적한 원효의 『판비량론』을 보고 찬탄하며 원효가 있는 동쪽을 향해 세 번 절했다고 합니다.

『송고승전』에 따르면, 673년 원효가 갑자기 현판을 던져 산사태로 매몰될 위기에 놓인 태화사 승려들을 구한 일도 있었습니다. 태화사

다섯째 마당

의 승려 1천 명은 원효의 제자가 되려 천성산으로 찾아왔고, 원효는 89개의 암자를 지어 이들을 받아들였다고 합니다.

원효는 일생을 신라에서 보냈습니다. 하지만 그의 사상과 철학은 신라를 넘어 동아시아를 아우르고 있었습니다. 원효가 우리에게 전하고자 하는 메시지는 무엇일까요?

원효는 신라의 6두품 화랑이었습니다. 그는 '원효(元曉 첫 새벽)'라는 법명을 짓고 황룡사에서 출가했습니다. 살던 집도 희사해 절(초개사)을 지었습니다. 그는 절하는 무릎이 얼음과 같이 차도 불을 쬘 생각을 하지 않으며, 주린 창자가 끊어질 것 같아도 밥을 구하는 생각이 없을 정도로 열심히 구도 정진했습니다.

당시는 100년간 무려 150차례의 전쟁이 있었습니다. 백성들은 가혹한 세금에 시달렸으며, 굶주림과 전쟁으로 죽어갔습니다. '세속 5계'를 지은 원광과 황룡사 9층 목탑 건립을 건의한 자장 같은 승려들이 있었지만, 이들은 궁궐 옆에 큰 절을 짓고 많은 노비와 토지를 하사받아 권력을 누렸습니다. 불교도 승려도 백성들 곁에 있지 않았습니다.

하지만 모두가 그런 것은 아니었습니다. 혜공과 대안 같은 비주류 승려들은 백성들 속에서 깨달음을 얻고 부처의 가르침을 실천하려 했습니다. 대안은 저잣거리에서 "크게 평안하여라"를 외쳤고, 혜공은 삼태기를 지고 길거리에서 노래하며 춤췄습니다. 원효는 혜공을 찾아 스승처럼 불경의 막히는 부분을 묻기도 했고, 도반처럼 함께 지내기도 했습니다.

사상과 예술의 위대한 선도자들

하루는 혜공이 원효에게 법력을 겨루어보자고 제안했습니다. 두 스님은 강에서 물고기를 먹고 변을 누었는데, 그때 물고기 한 마리가 헤엄치는 게 보였습니다. 이를 보고 두 스님이 동시에 소리쳤습니다. "저 고기가 내 고기야!" 포항 '오어사(吾魚寺)'에 전해오는 이야기입니다.

원효는 또한 영취산으로 낭지를 찾아가 공부했는데, 그의 『묘법연화경』 강론은 큰 울림을 주었습니다. 『묘법연화경』에 이런 내용이 있습니다.

"나는 여러분을 공경하고 가벼이 여기지 않습니다. 여러분은 모두 부처가 될 분들이기 때문이지요."

원효는 의상을 만나 더 깊은 공부를 함께하면서 위험을 무릅쓰고 백제로 건너가기도 했습니다. 고구려에서 온 보덕대사를 만나러 간 것인데, 열반종을 창시한 보덕대사가 도교를 장려하는 연개소문과 보장왕에 반대해 고구려를 떠나 백제로 왔기 때문입니다. 백제 완산주에서는 고구려에서 온 보덕, 신라에서 온 원효와 의상, 그리고 백제의 승려들까지 한자리에서 설법을 논하느라 불을 때지 않은 방도 춥지 않았다고 합니다.

삼국이 치열하게 싸우던 시기, 이곳에서는 갈등을 극복할 새로운 사상이 피어나고 있었습니다. 『유마경』과 『열반경』을 통한 보덕대사의 가르침입니다.

『유마경』에는 이런 내용이 적혀 있습니다.

"중생에게 병이 있는 한 나에게도 병이 있고, 그들이 나으면 나도

다섯째 마당

낫는다. 보살의 병은 커다란 자비에서 일어난다. 연꽃이 진흙 연못 속에서 피어나듯이 불도는 번뇌의 진흙 구덩이 속에서 생겨난다."

『열반경』에는 이런 내용이 있습니다.

"불교의 참다운 가르침은 오직 하나이며, 모든 사람이 고루 성불할 수 있다."

보덕대사의 가르침에 큰 감흥을 받은 원효는 유마경에 주석을 단 『유마경소』, 열반경을 요약한 『열반경종요』를 펴냈습니다. 공부의 깊이가 더해가자 원효와 의상은 당나라 유학을 결심했습니다. 의상은 당나라에서 지엄스님에게 화엄종을 배우고 싶어 했고, 원효는 삼장법사의 모델이자 인도를 다녀온 현장법사를 만나고 싶어 했습니다. 그들은 고구려 요동을 통과하는 육로로 당나라 유학길에 올랐습니다. 하지만 원효는 고구려에서 첩자로 몰려 체포되었고, 간신히 풀려나 신라로 돌아왔습니다.

이후 원효는 스스로 '소성거사(小性居士)'라 칭하며 백성들 사이로 들어갔습니다. 그리고 어느 날 이상한 노래를 부르고 다녔습니다.

"누가 내게 자루 없는 도끼를 주겠는가. 내가 하늘을 떠받칠 기둥을 깎아보련다."

아무도 그 노랫말을 이해하지 못했지만, 무열왕 김춘추는 원효가 귀한 여인을 얻어 나라를 떠받칠 인재를 낳겠다는 뜻임을 알아챘습니다. 마침 무열왕에게 남편을 잃고 과부가 된 요석공주가 있었습니다. 무열왕의 명을 받은 원효는 다리를 건너다 일부러 물에 빠졌고, 관리는 원효의 옷을 말리려고 요석궁으로 안내했습니다. 이후 요석공주에게 태기가 있었고, 아들 설총을 낳았습니다. 원효는 무열왕의 사위가 되었고, 김유신과는 동서지간이 되었습니다. 6두품의 원효가 로열패밀리의 일원이 된 것입니다.

무열왕은 왜 원효와 요석공주를 이어주었을까요? 당시의 역사적 배경을 먼저 이해할 필요가 있습니다.

642년 신라는 백제의 공격으로 대야성을 빼앗겼고, 대야성의 성주인 김춘추의 사위 김품석과 딸 고타소가 죽임을 당했습니다. 김춘추는 딸을 잃고 충격에 빠졌고, 정치적으로도 위기를 맞았습니다. 대야성 함락으로 수도 경주의 안전도 장담할 수 없게 되었습니다. 신라는 김유신을 압량(경산)주 도독으로 임명했고, 김유신은 군대를 정비해 대야성을 공격해서 백제 장수 여럿을 사로잡는 전과를 올렸습니다. 김유신은 사로잡은 백제 장수들과 김품석 부부의 유해를 교환해 김춘추의 한을 풀어주었습니다.

한편 김춘추는 나당동맹을 체결해 다시 정치적 입지를 굳혔습니다. 김춘추와 김유신은 위기를 넘어 강력한 세력으로 부상하게 되었는데, 그들에게 필요한 것이 민심이었습니다. 압량주 도독이던 김유신을 통해 백성들의 지지를 받던 원효의 영향력을 알고 있었기에 김춘추가 적극적으로 딸을 원효와 이어준 게 아닐까요.

하지만 원효는 권력에 뜻을 둔 인물이 아니었습니다. 파계하고 소성거사로 백성들 속으로 들어간 원효는 당시에 어떤 깨달음을 얻었던 걸까요?

# 원효의 사상

원효의 첫 번째 깨달음은 '해골물'입니다. 원효와 의상은 다시 당나라 유학에 도전했습니다. 661년, 이번에는 바닷길로 유학에 나섰습니다. 바다에 다다를 즈음 많은 비가 왔고, 두 스님은 비를 피해 동굴에 들어가 잠을 잤습니다. 자다가 목이 마른 원효는 주위에 있던 물을 달게 마시고 잠이 들었습니다. 그런데 다음 날 일어나보니 자신이 마신 물은 해골에 담긴 썩은 물이었고, 벌레들이 우글거리고 있었습니다. 구역질하던 원효는 순간 깨달음을 얻었습니다.

"밤중의 내 마음과 아침의 내 마음은 다르지 않을 터인데, 모를 때는 달고 시원했던 것이 알고 나서는 기분이 좋지 않으니 더럽고 깨끗한 것이 사물 자체에 있는 것이 아니라 사람 마음에 있는 것이 아니겠는가? 그러니 모든 것은 마음이 만드는 것이라는 사실을 이제 깨달았네."

우리가 익히 잘 알고 있는 해골물 이야기입니다. 그런데 이는 사실이 아닙니다. 『송고승전』에 따르면, 원효와 의상은 비를 피해 동굴에서 잠을 잤습니다. 그런데 아침에 일어나보니 동굴이 아니라 무덤이었습니다. 백제의 무덤은 무덤 일부가 무너지면 동굴처럼 보였습니다. 온몸이 오싹했지만, 비가 그치지 않아 그날도 같은 곳에서 잠을 자야 했습니다. 하지만 무덤인 줄 알고 나니 잠을 이룰 수 없었습니다. 어둠 속에서 귀신 눈동자가 번뜩이며 그를 바라보았기 때문입니다. 밤새 귀신에게 시달리다가 날이 밝았습니다. '지난밤에는 토굴

　　　　　　　　　사상과 예술의 위대한 선도자들

인 줄 알고 잘 잤는데, 오늘 밤은 무덤인 줄 알고 나니 귀신굴이 따로 없구나.' 원효는 깨달음을 얻었습니다.

"마음이 생기니 온갖 법이 생기고, 마음이 사라지니 토굴과 무덤이 둘이 아니구나. 모든 것이 다 내 마음에 달렸구나! 그러니 신라에 없는 진리가 당나라에는 어떻게 있을 것이고, 당나라에 있는 진리가 신라에는 왜 없겠는가?"

이에 원효는 당나라 유학을 포기하고 돌아왔습니다. 당나라로 갈 이유가 없어졌기 때문입니다. 중국의 찬녕이 지은 『송고승전』에는 이런 기록이 있습니다.

"하룻밤을 더 그 무덤에서 머무르게 되었는데, 갑자기 귀신이 나타나 놀라게 했다."

『송고승전』의 기록은 100년이 지나 혜홍의 『임간록』에서 그 내용이 바뀌었습니다.

"황폐한 무덤 속에서 잤다. 갈증이 심해 무덤 속에 고여 있는 물을 손으로 떠 마셨는데, 매우 달고 시원했다. 새벽에 보니 그것은 해골물이었다."

해골물을 마셨다는 이야기는 각훈의 『해동고승전』에도 나옵니다.

"원효는 서른네 살에 입당구법을 결심하고 의상과 남양 갯가 어느 무덤 사이에서 배가 오기를 기다리다가 해골물을 마시고 견성오도했다."

무덤이 해골물로 바뀌어 전해진 것입니다. 하지만 그 본질은 다르지 않습니다. 무덤이든, 해골물이든 원효의 첫 번째 깨달음은 '일심

(一心)'입니다. 깨끗한 것과 더러운 것이 다르지 않으며, 모두 내 마음이 인식하는 것에 따른 것입니다. 사람에게는 누구나 부처가 될 수 있는 마음이 있고, 그 마음의 근본이 바로 일심이라 말하고 있습니다. 일심의 이치를 깨달은 원효에게는 성(聖)과 속(俗)의 구별도 무의미했습니다.

원효의 두 번째 깨달음은 무엇일까요? 『화엄경소』를 집필하던 원효는 화엄경의 핵심이 평등이며, 무애(無碍)가 화엄경의 평등을 함축하고 있음을 깨달았습니다. 원효는 '모든 것에 거리낌이 없는 사람(무애인)이라야 생사의 편안함을 얻느니라'라며 무애가를 불렀습니다. 속인의 옷을 입고 표주박을 들고 춤을 추며 노래를 불렀습니다. 술집과 기생집도 드나들었고, 여염집에서 자기도 하는 등 거리낌이 없었습니다. 백성들에게는 '나무아미타불'을 간절히 부르면 극락정토에 왕생할 수 있다고 했습니다.

당시에는 승려 대부분이 지배층이었으므로 승려의 굴레를 벗고 자신을 낮춰야 백성들과 거리낌 없이 어울릴 수 있었습니다. 그가 파계하고 소성거사를 칭한 것은 고통받던 백성에게 다가가고 그들을 위로하기 위해서였습니다. 『삼국유사』에는 그가 백성과 함께한 모습이 기록되어 있습니다.

"박 모양의 불구(佛具)를 가지고 촌락에서 노래하고 춤추며 교화하고 읊고 돌아왔으므로 가난뱅이나 코흘리개 아이들까지도 모두 부처의 이름을 알게 되었고, 일제히 나무아미타불을 부르게 되었으니 원효의 법화는 컸던 것이다."

원효의 이런 노력으로 백성에 이르기까지 불교가 대중화하고 있었습니다. 하지만 이런 노력이 다른 승려들에게는 어떻게 보였을까요? 비난의 대상이 되었을 뿐입니다.

신라에는 100일 동안 법회를 열고 승려 100명이 한꺼번에 출가하는 백고좌법회가 있었습니다. 과거에 원효도 백고좌법회에 초대받았지만, 승려들의 반대로 참석할 수 없었습니다.

세월이 한참 흐른 671년, 문무왕의 왕비가 병이 들어 약을 구하러 당나라에 다녀온 사신들이 『금강삼매경』을 얻어왔습니다. 하지만 이를 풀이할 승려가 없자 대안이 원효를 추천했습니다. 부름을 받고 황룡사로 향하던 원효는 황소를 타고 가며 3일 만에 주석서를 쓰고, 『금강삼매경』을 강의했습니다. 전국에서 모인 승려들은 탄복했고, 강의를 끝낸 원효는 이런 농담을 던졌습니다.

"지난날 나라에서 서까래 백 개를 구할 때는 낄 수도 없더니, 오늘 아침 단 한 개의 대들보를 가로지르는 마당에서는 나 혼자 그 일을 하는구나."

원효는 뛰어난 불교 사상가이자 저술가였으며, 백성들 속에서 실천하는 승려였습니다. 그렇지만 그는 여전히 신라의 아웃사이더였습니다. 『송고승전』에 이와 관련된 기록이 전합니다.

"원효는 진리의 성을 용감하게 공격하고 문진에서 종횡무진 당당히 분투해서 나아갈 뿐 물러서는 일이 없었다. 삼학에 두루 통달해 능히 만 명을 대적할 만한 인물이었다. 도리에 정통해 입신의 경지에 이르렀다. 그러나 그 나라에서는 만인의 적이었다."

원효의 두 번째 깨달음은 '무애(無碍)'입니다. 백성의 고통을 위로하고 불교를 전하고자 거리낌 없이 모두 벗어던지고 그들 곁으로 다가갔습니다. 그것은 곧 화엄경에서 말하는 평등의 실천이었습니다.

원효의 세 번째 깨달음은 무엇일까요? 원효는 분황사에 머물며 많은 저서를 남겼습니다. 분황사에는 자장이 당에서 가져온 경전이 많았기 때문입니다. 당시 당나라에서는 현장법사가 인도에서 가져온 경전들을 번역했지만, 기존의 불교 이론과 차이가 있어 이를 두고 종파 간, 승려 간에 논란이 커지고 있었습니다. 이러한 논쟁은 신라에서도 마찬가지였습니다. 원효는 분황사 경내를 돌며 생각했습니다.

'부처님 세상에는 대립과 모순이 없다. 그러나 인간 세상에는 대립과 갈등이 끊이지 않는다. 그렇다면 이 대립을 어떻게 해야 하나?'

고민을 거듭하던 원효의 눈에 분황사의 석정(石井)이 보였습니다. 우물의 바깥은 팔각 모양으로 각이 졌는데, 우물의 안은 원형이었습니다. 이를 본 원효는 '종파 간 다른 해석과 이에 따른 갈등도 부처의 일심으로 보면 모두 융합할 수 있는 것이다'라는 생각이 들었습니다. 그는 불교 경전의 해석이 각기 다른 것 같아도 사실은 하나라는 것을 깨닫고, 10가지 논쟁에 대해 정리한 『십문화쟁론』을 저술했습니다. 이 책은 후에 인도까지 전해졌습니다.

『대승기신론』에 "백 가지 논쟁을 아우르지 못할 것이 없다"라고 적었듯이, 원효의 세 번째 깨달음은 '화쟁(和諍)'입니다. 나는 맞고 상대는 틀렸다고 생각하면 논쟁과 대립이 끊이지 않습니다. 하지만 상

사상과 예술의 위대한 선도자들

대를 존중하며 서로 다르다는 것을 인정하면 의견을 하나로 모을 수 있다는 것이 화쟁입니다. 화쟁 사상으로 종파 간 대립뿐 아니라 다양한 갈등과 대립도 해소할 수 있습니다.

"

| 원효의 명언 |
"나무아미타불만 외워도 극락정토에 갈 수 있다."
"인간은 누구나 불성을 가지고 있으며,
이러한 마음의 근원을 회복하면 누구나 부처가 될 수 있다."

"

원효가 수행했던 소요산(경기도 동두천) 자재암 아래에 요석공주가 별궁을 짓고 설총을 키웠다는 곳이 있습니다. 설총에게는 아버지가 없는 거나 마찬가지였습니다. 파계승의 자식이라 손가락질을 받을 수도 있었지만, 요석공주는 설총에게 훌륭한 아버지가 있음을 보여 주고 싶지 않았을까요.

아버지 원효가 미울 법도 한데 장성한 설총은 원효가 머물던 분황사를 찾아오곤 했습니다. 분황사 앞마당을 깨끗이 쓸어놓은 설총에게 원효는 "가을마당에는 나뭇잎이 몇 장 흩어져야 제맛"이라며 나뭇잎을 뿌렸습니다. 설총은 그 말뜻을 단박에 알아챘습니다. 원효는 아들에게 고정관념을 내려놓으라는 가르침을 준 것입니다. 자기 생각에 매어 있으면 정작 중요한 것을 놓치기 쉽다는 것입니다.

어느 날 원효는 분황사를 떠나 동해로 향하던 중 혈사에 들어가

다섯째 마당

생을 마쳤습니다. 그 형사는 원효가 당나라 유학길에 비를 피해 들어갔던 토굴의 모습과 닮아 있었습니다. 『삼국유사』에는 당시를 이렇게 기록하고 있습니다.

"원효가 세상을 떠나자 아들 설총이 화장한 후 유골을 가루로 만들어 흙을 섞은 다음 소상을 만들어 분황사에 모시고 예를 올렸다. 그런데 어느 날 설총이 예를 올리자 소상이 돌아보았는데 지금까지도 돌아본 채 그대로 있다."

원효의 소상은 왜 설총을 돌아보았을까요? 아들에 대한 애틋한 마음이었을까요, 죽어서도 전하고 싶은 마지막 가르침이었을까요?

설총은 이두를 집대성했습니다. 원효가 불교 대중화를 위해 나무아미타불을 외고 무애가를 부르며 백성에게 다가갔듯이 설총은 한자의 음훈을 빌려와 우리말을 쉽게 표현한 이두로 유학을 더 많은 사람에게 전하려 했습니다. 원효는 승려이고 설총은 유학자였지만, 설총이 이두를 집대성한 것도 아버지 원효의 영향이 아니었을까요?

"무지몽매한 사람들도 모두 부처의 이름을 알게 되었다. 원효의 교화 덕택이다."

『삼국유사』는 원효를 이렇게 평가하고 있습니다. 우리는 그를 '원효성사(元曉聖師)'라고 합니다. 그는 시대가 필요로 한 실천적 사상가였습니다. 분황사에서 원효의 소상이 설총을 향해 뒤돌아보았던 것처럼 1,300여 년이 흐른 지금 원효가 우리를 향해 뒤돌아보며 전하고 싶어 하는 메시지는 무엇일까요? 일심(一心), 무애(無碍), 화쟁(和諍)이 아닐까요?

# 의상의 삶과 사상

의상은 원효와 함께 신라를 대표하는 고승입니다. 신라 진골 출신으로 열아홉 살에 황복사에서 출가한 의상은 황룡사에서 자장에게 계를 받았습니다. 그 자리에는 진덕여왕도 있었다니 신라 왕실이 의상에게 거는 기대가 상당했음을 짐작하게 합니다. 원효와 달리 의상은 홀로 당나라로 향하는 배에 올랐습니다. 30대 중반이었습니다. 당나라 지엄은 전날 꿈을 꾸고 특별한 예를 갖춰 의상을 맞이했습니다. 「삼국유사」 '의상전교'에 당시 상황이 기록되어 있습니다.

"큰 나무 한 그루가 해동에서 생겨나 가지와 잎이 번성하여 신주(중국)까지 덮었다. 그 위에 봉황의 집이 있어 올라가 보니 마니보주가 한 개 있어서 그 광명이 멀리까지 비치고 있었다."

의상이 지엄의 문하에서 공부한 지 8년째 되던 해, 지엄은 제자들에게 그동안 공부한 화엄의 이치를 정리해보게 했습니다. 의상은 며칠 만에 30구 210자의 법성게(法性偈)와 그 글자들로 도인(圖印)을 만들었습니다. 지엄은 의상의 「화엄일승법계도(華嚴一乘法界圖)」를 보고 크게 감탄했습니다.

얼마 후 의상은 신라로 급히 돌아왔습니다. 당에 머무르던 문무왕의 동생 김인문과 김유신의 동생 김흠순에게 당이 신라와 전쟁을 벌이려고 준비하고 있다는 소식을 듣고 이를 신라에 전해야 했기 때문입니다. 신라로 돌아온 의상은 낙산의 관음굴로 향했고, 지극한 기도로 관음보살을 친견하고 낙산사를 세웠습니다.

| 의상의 명언 |
"우리의 불법은 평등해 높고 낮음이 균등하며
귀하고 천함이 같은 도리를 지니고 있습니다.
무엇 때문에 논밭이 필요하고, 어찌 노복을 거느리겠습니까?"
–부석사에 토지와 노비를 하사한 문무왕에게

**"**

몇 년 후 왕명으로 화엄종 사찰 부석사를 지었습니다. 부석사를 지을 때 도적들 때문에 어려움을 겪었는데, 용으로 변한 선묘의 신통력으로 큰 바위를 들어 도적들을 쫓아내고 절을 지을 수 있었습니다. 선묘는 당에서 유학하던 의상에게 반해 고백했던 여인이었는데, 결국엔 의상의 제자가 되어 당을 떠나는 의상의 배를 지켜주려 바다에 뛰어들어 용이 되었답니다. 문무왕은 부석사에 토지와 노비를 하사했지만, 의상은 이를 거절하며 이렇게 말했습니다.

"우리의 불법은 평등해서 높고 낮음이 균등하며 귀하고 천함이 같은 도리를 지니고 있습니다. 무엇 때문에 논밭이 필요하고, 어찌 노복을 거느리겠습니까."

엄격한 골품제 사회였지만 불법 안에서 평등을 추구하고 세속의 권력과 거리를 두는 의상의 사상은 계율에 어긋남이 없었습니다. 의상은 나무꾼 진정과 노비 지통처럼 불법에 뜻을 둔 사람은 누구든 제자로 받아들였습니다.

의상이 신라로 돌아오고 약 20년 후에 당에서 법장의 편지가 전해졌습니다. 지엄의 문하에서 의상과 동문수학했던 법장이 측천무후의 지원을 받아 펴낸 화엄경에 잘못된 부분이 있으면 지적해달라는 부탁이었습니다. 의상의 화엄 사상이 어느 정도 수준이었는지를 보여줍니다.

문무왕은 왕경에 성곽을 축조하려고 의상에게 자문했다가 공사를 중지해야 했습니다. 의상이 왕에게 이렇게 간언했기 때문입니다.

"왕의 정치가 제대로 행해진다면 땅바닥에 금을 그어놓고 넘지 말라고 해도 사람들은 넘지 않을 것이나, 정치가 제대로 행해지지도 않는데 으리으리하게 성을 짓고 궁을 지어봤자 쓸데없는 짓입니다."

**원효와 의상은 서로 다른 길을 간 것처럼 보이지만, 그들의 길은 다르지 않았습니다. 원효가 권력과 명예를 내려놓고 저잣거리를 떠돌며 자유분방한 포교를 실천했다면, 의상은 귀족불교의 특권을 포기하고 하층민 출신의 제자들까지 받아들여 평등과 개혁을 실천한 것입니다.**

**원효와 의상은 서로를 존중하며 자신의 자리에서 역할을 다했습니다. 그 덕분에 신라 불교는 이론적 발전과 함께 대중적 불교로 성장할 수 있었습니다. 이런 원효와 의상의 삶과 사상은 어떻게 살아야 할지를 고민하는 우리에게 종교를 떠나 삶의 깊이를 더하는 가르침과 깨달음을 줍니다.**

다섯째 마당

# 자유를 꿈꾼 방랑사상가인
# 김시습과 허균

김시습과 허균, 이들의 이름 앞에는 천재 또는 아웃사이더라는 수식어가 따라붙습니다. 그만큼 이들의 삶은 특별했습니다.

무량사에서 죽은 김시습의 시신은 3년이 되도록 생전 모습 그대로였다고 합니다. 무슨 의미였을까요? 역사는 허균을 "천지간에 괴물이다. 그 몸뚱이를 찢어 죽여도 시원치 않고, 그 고기를 씹어먹어도 분이 풀리지 않을 것이다. (…) 그 일생을 보면 악이란 악은 모두 갖추어져 있다"라고 말합니다. 도대체 허균은 무슨 잘못을 얼마나 했기에 저런 말을 들었을까요? 자유를 꿈꾸며 시대와 불화했던 김시습과 허균의 삶이 궁금합니다.

사상과 예술의 위대한 선도자들

# 아웃사이더가 된 천재, 김시습

김시습이 태어날 때의 일입니다. 성균관 유생들이 반궁리에서 공자가 나오는 꿈을 꾸고 다음 날 그 집을 찾았더니 아이가 태어났다고 합니다. 김시습은 세 살 무렵 시를 짓기 시작했는데, 하루는 유모가 맷돌로 콩을 가는 모습을 보고 이런 시를 지었습니다.

無雨雷聲何處動 비도 안 오는데 천둥소리 어디서 나는가 / 黃雲片片四方分 누런 구름이 풀풀 사방으로 흩어지네.

김시습의 명성이 입소문을 타자 일흔 살인 좌의정 허조가 다섯 살 김시습을 찾아와 '老(늙을 노)' 글자를 넣어 시를 지어달라고 부탁했습니다.

老木開花心不老 늙은 나무에 꽃이 피었으니 마음은 늙지 않았네.

이 시를 본 허조는 무릎을 치며 감탄했고, 얼마 후 세종이 김시습을 궁궐로 불렀습니다. 승지가 먼저 "동자의 학문은 백학이 푸른 소나무 끝에서 춤을 추는 것 같구나"라고 운을 띄웠습니다. 그러자 김시습이 "어진 임금님의 덕은 황룡이 푸른 바다 가운데서 노니는 것 같습니다"라고 답했습니다. 세종이 크게 칭찬하며 김시습에게 비단 50필을 하사했답니다. 이에 사람들은 김시습을 '오세(五歲)' 또는 '오세 신동'이라 불렸습니다.

하지만 김시습의 삶은 순탄하지 않았습니다. 열다섯 살에 어머니를 여의었고, 상중에 외할머니마저 돌아가셨습니다. 이번에는 결혼한 지 얼마 안 되어 부인을 잃었고, 과거에도 낙방하고 말았습니다. 그는 굳게 결심하고 삼각산으로 들어갔습니다.

그런데 계유정난 소식이 들렸고, 얼마 후 세조가 왕위에 올랐습니다. 김시습은 3일 동안 통곡하며 공부하던 책을 불태워버렸습니다. 그리고 법명을 '설잠(雪岑)'이라 짓고 승려가 되어 유랑했습니다. 단종 복위 사건으로 사육신의 목이 효수되었고, 사지가 잘려나간 채 버려졌습니다. 이 소식을 듣고 김시습이 이들의 시신을 모아 지금의 노량진에 무덤을 만들어주었습니다.

유학자였던 김시습이 승려가 된 까닭은 무엇일까요?

"나는 어려서부터 성격이 질탕하여 명리를 즐겨하지 않고 생업을 돌보지 아니하여, 다만 청빈하게 뜻을 지키는 것이 포부였다. (⋯) 하루는 홀연히 감개한 일(세조의 왕위 찬탈)을 당하여 남아가 이 세상에 태어나서 도(道)를 행할 수 있는데도 삼강오륜을 어지럽히는 것은 부끄러운 일이며, 도를 행할 수 없는 경우에는 홀로 그 몸이라도 지키는 것이 옳다고 생각했다."

그는 불의한 세상을 등지고 양심과 지조를 지키고자 전국을 떠돌며 나름의 저항을 이어가고 있었습니다. 이런 그를 사람들은 '생육신'이라 불렸습니다. 하지만 '머리를 깎은 것은 세상을 피하려는 뜻이고, 수염을 기른 것은 장부의 뜻을 나타내려 함이다'라는 글을 보면, 그가 유학자의 삶을 완전히 저버린 것은 아니었습니다.

책을 구하기 위해 한양에 들렀던 김시습은 효령대군의 부탁으로 불경언해 사업을 돕고 '원각사' 낙성회의 찬시를 지었는데, 이 시를 보고 세조가 흡족해하며 김시습을 찾았습니다. 그러자 세조의 왕명을 받들기 싫었던 김시습이 스스로 뒷간에 빠졌다는 일화가 있습니다.

김시습은 다시 서울을 등지고 경주 금오산(남산)에 올라 7년간 머물며 『금오신화(金鰲新話)』를 썼습니다. 그 시절 호를 '매월당(梅月堂)'이라 했는데, 유학자로서 절개와 은둔을 상징하는 듯 합니다.

다시 한양으로 돌아온 김시습은 수락산 계곡에 '폭천정사(瀑泉亭舍)'를 짓고 '동봉(東峯)'을 자신의 호로 삼았습니다. 40대 후반 갑자기 환속해 머리를 기르고 고기를 먹기 시작했으며, 혼례를 치르고 아버지와 할아버지의 제사를 모셨습니다. 그런데 이번에도 부인이 일찍 죽고 말았습니다.

김시습은 왜 갑자기 환속한 걸까요? 유학자로서 대를 잇지도 못하고 조상을 섬기지도 못하는 불효가 마음에 걸렸을까요? 어쩌면 유학자로서 다시 꿈을 펴고 싶어서였을까요? 성종이 즉위하고 인재를 등용한다는 소문이 있었습니다. 김시습의 편지에서 그 마음을 짐작해볼 수 있습니다.

"새 왕이 등극하여 어진 인재를 등용하고 좋은 의견을 들어준다고 하기에 속으로 벼슬이라도 해볼까 한 적이 있었다."

하지만 세조의 편에 섰던 사람들이 여전히 벼슬을 차지하고 권세를 누리고 있었습니다. 설악산 오세암에도 머물며 강원도를 떠돌던 그가 마지막으로 찾은 곳은 부여 무량사였습니다. 김시습은 자신의 묘비명에 '꿈꾸다 죽은 늙은이'라고 새겨달라고 했습니다.

> 백 년 뒤 나의 무덤에 비석을 세울 때 / 꿈속에 살다 죽은 늙은이 라 써준다면 / 나의 마음을 잘 이해했다 할 것이니 / 천 년 뒤에 이내 회포 알아나 주었으면

그는 시신을 화장하지 말고 묻어달라고 유언을 남겼습니다. 승려의 삶도 있었지만, 유학자의 삶도 자신의 일부였다 말하는 것이 아닐까요. 삼년 후 무덤을 열어보았더니 살아 있을 때 모습 그대로였다고 합니다. 다시 승려의 예법대로 화장하고 부도를 만들어 모셨습니다.

김시습은 신동으로 태어났지만, 한평생 아웃사이더로 살았습니다. 그런데 그가 죽고 난 후『조선왕조실록』에 그 이름이 등장하는데, 왜일까요? 그에 대해 좀 더 알아보겠습니다.

김시습은 불의에 맞서 할 말은 하는 이였습니다. 한명회는 세조의 총애를 받으며 한평생 부와 권력을 누렸는데, 그가 아끼던 정자 '압구정'에 그가 걸어둔 시가 있었습니다.

> 靑春扶社稷 젊어서는 사직을 붙잡고 / 白首臥江湖 늙어서는 강호에 묻히네.

사상과 예술의 위대한 선도자들

이걸 보고 김시습이 단 두 글자를 고쳐 시를 완전히 바꿔놓았습니다.

青春亡社稷 젊어서는 사직을 망치고 / 白首汚江湖 늙어서는 강호를 더럽히네.

율곡 이이는 김시습을 이렇게 평가했습니다.

"절의를 표방하고 윤기(倫紀)를 붙들었으니, 그 뜻을 궁구해보면 가히 일월과 빛을 다툴 것이며 (…) 백대의 스승이라 하여도 또한 근사할 것이다."

이이는 『김시습전』에서 "그는 유학에 마음을 두었으나 불교를 실천했다"라고 했습니다. 마음은 유학에 있었지만, 세상을 피하려 불가에 몸을 맡겼다는 것입니다.

유학자였지만 승려의 삶을 살았던 김시습이 존경했던 이가 원효입니다. 그가 경주 남산에 머문 것도 원효와 같은 삶을 살고자 했기 때문입니다. 그도 원효처럼 산에서 화전을 일구고 농사를 지으며 백성들 속에서 불교를 실천했습니다.

김시습은 유교, 불교, 도교까지 아울렀습니다. 그의 호 '매월당'은 유학자로서의 생각을, '설잠'은 출가하며 지은 법명입니다. 그리고 '청한자(淸寒子)'는 맑고 차가운 사람이라는 뜻으로, 산천을 유람하며 이상을 찾으려는 도교의 의지가 느껴집니다. 도교의 역사를 적은 『해동전도록(海東傳道錄)』에는 김시습을 '한국 도교의 조상'이라 말하고 있습니다. 김시습은 유불도를 모두 아우르고, 자신이 깨달은 사상을 삶으로 실천하려 노력했습니다. 서거정은 그를 두고 이렇게 말했습니다.

"그는 입산도 출산도 마음대로 하고 유학에도 불교에도 구애됨이 없었다. 그는 공자이면서 불자이며 노장이었고, 동시에 공자도 불자도 노장도 아니었다."

김시습은 유불도의 근원적 이론은 모두가 같다고 주장했습니다. 하지만 그의 모든 사상적 근원에는 백성이 있었습니다. 김시습이 쓴 '애민의(愛民義)'라는 글에서 이를 알 수 있습니다.

**"**

| 김시습의 명언 |
"임금이 왕위에 올라 부리는 것은 백성뿐이다.
민심이 돌아와 붙좇으면 만세토록 군주가 될 수 있으나,
민심이 떠나서 흩어지면 하룻저녁도 기다리지 못해서 필부가 되는 것이다.
군주와 필부의 사이는 머리카락의 차이로 격해 있으니
조심하지 않을 수 있겠는가?"
-'애민의' 중

**"**

"임금이 왕위에 올라 부리는 것은 백성뿐이다. 민심이 돌아와 붙좇으면 만세토록 군주가 될 수 있으나 민심이 떠나서 흩어지면 하룻저녁도 기다리지 못해서 필부가 되는 것이다. 군주와 필부의 사이는 머리카락의 차이로 서로 격해 있으니 조심하지 않을 수 있겠는

사상과 예술의 위대한 선도자들

가? (…) 그러므로 임금이 음식을 받으면 백성들도 나와 같은 음식을 먹는가를 생각하고, 옷을 입으면 백성들도 나와 같은 옷을 입는가를 생각해야 한다."

김시습은 백성들 속에서 백성을 가장 걱정하던 이였습니다. 조선의 아웃사이더로 살았지만, 그의 내면은 결코 아웃사이더가 아니었습니다. 그가 한평생 철학자로 실천하는 삶을 살았기에 역사가 그를 기억하고 후대의 인물들이 그를 칭송하는 것 아닐까요.

김시습은 세상을 피하는 대신 자신의 목소리를 글로 남겼습니다. 『금오신화』는 '금오산에서 새롭게 지은 이야기'라는 뜻입니다. 유학자에게 귀신 이야기는 금기였고, 『금오신화』는 금서가 되었습니다. 『금오신화』에는 이야기 다섯 편이 수록되어 있는데, 지금 봐도 재미있는 판타지 소설입니다.

'만복사저포기'는 '만복사에서 저포(주사위)놀이를 하다'는 뜻입니다. 일찍 부모를 잃은 총각 양생이 부처님과 저포놀이 내기에 이겨 어여쁜 처녀를 소개받았습니다. 양생은 처녀와 3일간 사랑을 나누었는데, 알고 보니 처녀는 왜구에게 죽임을 당한 귀신이었습니다.

'이생규장전'은 '이생이 담 너머를 엿보다'라는 뜻입니다. 선비 이생이 담 너머로 최랑을 보고 한눈에 반해 사랑에 빠졌고, 우여곡절 끝에 혼인했습니다. 그러나 이생이 공부하러 떠난 사이 홍건적의 난으로 최랑은 죽임을 당했습니다. 그런데 돌아온 이생 앞에 부인이 나타났고 두 사람은 다시 행복해졌지만, 사실 최랑은 귀신이었습니다. 이생은 최랑과 부모의 시신을 찾아 장례를 치러주었고, 자신도 최랑을 따라 죽었습니다.

'취유부벽정기'는 '취하여 부벽정에서 놀다'라는 뜻입니다. 부잣집 아들 홍생이 평양 잔칫집에서 술에 취해 부벽정 정자에 올랐는데, 하늘에서 예쁜 여인이 내려왔습니다. 자신이 기자의 딸이라는 여인과 위만에 나라를 빼앗긴 망국의 슬픔을 나누며 시를 짓고 밤새 좋은 시간을 보냈습니다. 날이 밝자 처녀가 하늘로 올라갔고, 홍생은 처녀를 그리워하다가 죽었습니다. 그런데 홍생이 죽고 며칠이 지나도록 얼굴이 살았을 때 빛깔 그대로였습니다.

'용궁부연록'은 '용궁 잔치에 초대를 받다'라는 뜻입니다. 한생은 글을 잘 쓰지만, 출세하지 못했습니다. 어느 날 한생이 꿈에서 용궁으로 초대받아 새로 지은 건물의 상량문을 멋지게 완성해주었습니다. 용왕이 크게 기뻐하며 한생에게 용궁을 구경시켜주고, 선물까지 주었습니다. 그런데 꿈에서 깬 한생의 옆에 용궁에서 받은 선물이 그대로 있었습니다.

마지막 '남염부주지'는 '남염부주에 가다'라는 뜻입니다. 과거 준비를 하던 유학자 박생은 귀신을 믿지 않았습니다. 어느 날 꿈에서 지옥 염라대왕과 귀신, 윤회, 천국에 대한 문답을 주고받았는데, 박생의 박식함에 놀란 염라대왕이 박생에게 왕위를 물려주겠다고 했습니다. 그런데 꿈에서 깬 박생이 몇 달 후 갑자기 죽었고, 박생이 죽은 날 이웃 사람의 꿈에 염라대왕이 나타나 박생에게 왕위를 넘겨주었다고 말했다 합니다.

김시습은 왜 이런 이야기를 썼을까요? 이야기들은 행복한 결말

사상과 예술의 위대한 선도자들

이 아닙니다. 불운했던 김시습의 삶을 보는 듯합니다. 특히 '남염부주지'나 '용궁부연록'의 주인공들은 출중한 능력에도 출세하지 못한 김시습의 삶과 닮았습니다. 하지만 김시습은 이야기로 인간의 운명, 제도, 전쟁에 맞서 이를 극복하려는 인간의 의지를 말하려 한 게 아닐까요. 꿈은 이루지 못했지만, 여전히 꿈꾸고 있고 희망을 놓지 않은 자신의 의지를 담은 게 아닐까요.

김시습은 뛰어난 천재로 났으나 세상의 불의를 만나 화합하지 못했던 지식인으로 한평생 아웃사이더로 살았습니다. 그는 부조리한 세상과 적당히 타협하지도 않았지만, 세상을 외면하지도 않았습니다. 그것은 포기하지 않은 자신의 꿈 때문이었습니다. 500년 전의 김시습이 우리에게 이야기하고 싶은 것이 무엇일까요? 아마도 이것 아닐까요?

'세상이 불합리하다고 꿈을 포기하느니 차라리 꿈꾸다 죽은 늙은 이가 돼라.'

## 천재이자 자유인이자 역적인 허균

허균의 아버지 허엽은 서경덕의 문하에서 공부한 동인의 거두였습니다. 허엽의 아들과 딸인 허성, 허봉, 허초희, 허균까지 '양천 허씨 5문장가'라 부릅니다. 허초희는 허난설헌의 본명으로 허균의 누이입니다. 허균은 당대 최고 명문가이자 천재 집안에서 태어났습니다.

하지만 그의 삶은 평탄하지 않았습니다.

　그는 열두 살에 아버지를 여의었고, 나이 많은 두 형을 의지해 살았습니다. 특히 둘째 허봉은 허균의 스승이자 친구 같은 형이었습니다. 그런데 허봉이 율곡 이이를 탄핵하다가 귀양 보내졌고, 풀려났지만 객사하고 말았습니다. 허균이 스물하나였을 때입니다. 다음 해에는 마음을 나누던 누이 허난설헌마저 요절했습니다. 얼마 후 임진왜란이 일어났고, 허균은 만삭의 부인과 피란을 떠났습니다. 그런데 피란처에서 아이를 낳던 부인이 죽고 아이도 잃고 말았습니다. 연거푸 사랑하는 사람들을 잃은 허균의 절망이 얼마나 컸을까요.

　이 시기 조선에는 허균의 능력이 필요했습니다. 임진왜란으로 명의 원군이 절실했고, 명나라 사신의 마음을 얻는 것이 중요했습니다. 사신들은 조선 문인들과 시를 나누는 걸 즐겼기에 문장을 잘 짓고 시를 많이 외우는 허균이 탁월한 능력을 발휘했습니다.『광해군일기』에 허균의 이런 면모가 기록되어 있습니다.

　"허균은 글 쓰는 재주가 매우 뛰어나 수천 마디의 말을 붓만 들면써 내려갔다."

　임진왜란 말, 조선에 온 명의 사신 오명제는 허균으로부터 많은 시를 듣고『조선시선(朝鮮詩選)』이라는 시문집을 펴냈습니다. 신라 최치원의 시부터 108명의 시, 340여 편이 실려 있는데, 이 책 첫머리에 이렇게 적었습니다.

　"허균이 영민해서 한 번 보면 잊지 않아 동방의 시를 수백 편이나외워주었다."

　　　　　　　　　사상과 예술의 위대한 선도자들

명과 조선의 외교를 '시문(詩文)외교', '수창(酬唱)외교'라 부릅니다. 시를 주고받으며 마음을 나눈다는 뜻입니다. 명은 조선과의 시문외교에 각별히 신경을 썼습니다. 허균은 이후 여러 차례 사신으로 명을 방문했고, 명나라 3대 문사였던 주지번은 허균과 시를 나누며 감탄을 감추지 못했습니다. 이처럼 뛰어난 능력자였던 허균의 삶은 어땠을까요?

임진왜란 이후 공로를 인정받은 허균은 황해도사에 임명되었습니다. 그런데 부임 6개월 만에 파직되었습니다. 황해도사로 부임하면서 한양에서 기생들을 데리고 갔기 때문입니다. 양반 관료들은 허균을 비판했습니다. 당시 먼 부임지로 발령받은 관료들이 그곳 관기들의 수청을 받는 건 일반적인 관례였습니다. 다만 양반 체면에 드러내지 않을 뿐이었습니다. 하지만 허균은 기생들과 자유롭게 어울리며 그 연애담을 모두 기록으로 남겼습니다. 이런 모습은 양반의 체면을 크게 깎는 것이었습니다.

아닌 척 위선을 떠는 양반들과 달리 허균은 인간의 본성에 솔직했습니다. 허균은 기생들과 연애만 한 게 아니었습니다. 기생 매창과는 시로 교감을 나누는 영혼의 단짝이었습니다. 매창이 안타깝게 요절하자 그녀를 애도하는 시를 지었습니다.

신묘한 글귀는 비단을 펼쳐 놓은 듯 / 청아한 노래는 가는 바람 멈추어라 / 복숭아를 딴 죄로 인간에 귀양 왔고 / 선약을 훔쳤던가 이승을 떠나다니.

기생의 죽음을 애도하는 허균에게 양반들은 비난을 쏟아냈습니다. 이와 관련된 『선조실록』의 내용입니다.

"허균은 행실도 부끄러움도 없는 사람이다. 오직 문장에 재주가 있어 세상에 용납되었는데 식자들은 더불어 한 조정에 서는 것을 부끄러워했다."

허균의 파란만장한 삶은 아직 시작에 불과합니다. 허균은 수안군수에서 1년 만에 파직되었고, 삼척부사에서 13일 만에 파직되었습니다. 이번에는 부처를 신봉하고 승려들과 어울렸기 때문입니다. 허균은 임진왜란 이전부터 사명대사와 허물없이 지냈습니다. 해인사 사명대사 석장비의 비문도 허균이 지은 것입니다. 불교를 신봉했다고 자신을 파면한 양반들을 향해 허균은 이렇게 소리쳤습니다.

"하찮은 일을 가지고 소인배들이 모략을 일삼는다. 그대들은 그대들의 법을 따르라. 나는 내 인생을 나대로 살리라."

허균다운 말입니다. 삼척부사에서 파직되고서 7개월 뒤에 허균은 공주목사로 부임했습니다. 그런데 이번에는 서얼들과 어울렸다는 이유로 9개월 만에 파직당했습니다.

당시 서얼은 능력이 있어도 관직에 나갈 수 없었습니다. 그런데 허균은 이들과 친하게 지내며 자신의 녹봉을 털어 이들을 도와주었습니다. 허균이 서얼들과 친하게 지낸 것은 아마도 스승 이달 때문일 것입니다.

손곡 이달은 허균의 형 허봉과 가까운 친구였으며, 허균과 허난설헌의 시 스승이었습니다. 이달은 당대를 대표할 만한 시인이었지만,

사상과 예술의 위대한 선도자들

서자였기에 술과 방랑으로 한평생을 보내야 했습니다.

허균은 그 누구보다 스승의 재능을 알았지만, 세상이 스승을 받아주지 않는 것에 크게 실망하고 비판하는 마음을 지녔습니다. 이러한 허균의 마음은 그가 지은 한문 소설인 『손곡산인전』에 잘 나타나 있습니다. 허균 역시 자신의 인간적 면모를 알아주지 않고 오직 비난만 하는 조선 사회에 싫증과 염증을 느껴 서얼들과 어울려 풍류를 즐긴 게 아닐까요.

이처럼 허균은 20여 년 관직 생활 중 세 번의 유배와 여섯 번의 파직을 당했습니다. 허균은 자신의 삶을 두고 이렇게 말했습니다.

"불여세합(不與世合), 나는 세상과 화합하지 못한다."

그런 허균에게 위안이 되는 것이 책이었습니다. 책을 너무나 좋아하는 허균은 새로운 학문이나 사상에 관심이 많았습니다. 그는 명에서 천주학을 접하게 되었는데, 조선의 사신들이 명에서 골동품이나 비단을 사올 때 허균은 은 1만 냥을 주고 책 4천여 권을 사왔습니다. 그 속에는 천주교의 찬송가와 기도문도 들어 있었고, 명에서 금서로 지정된 양명학자 이탁오의 책도 포함되어 있었습니다. 허균이 다양한 학문과 사상에 얼마나 거리낌이 없었는지를 여실히 보여주는 대목입니다.

허균은 성리학뿐 아니라 다양한 학문과 사상으로 현실의 문제를 해결하고자 했습니다. 하지만 이런 허균의 모습은 결국 그를 위기로 몰아갔습니다.

"
| 허균의 명언 |
"하찮은 일을 가지고 소인배들이 모략을 일삼는다.
그대들은 그대들의 법을 따르라. 나는 내 인생을 나대로 살리라."

"서얼 출신이라고 인재를 버려두고 어머니가 개가했다고 해서
그 자식의 재능을 쓰지 않는 제도는 세상 어디에도 없다.
하늘이 낳았는데 사람이 그걸 버리니, 이것은 하늘을 거역하는 짓이다."
-『성소부부고』유재론

"천하가 두려워해야 할 바는 오직 백성뿐이다."
-『성소부부고』호민론
"

광해군 5년, 허균과 어울리던 서자들이 문경새재를 지나던 은상을 공격해 은 700냥을 강탈한 사건이 있었습니다. 그런데 광해군을 지지하던 대북파는 이 서자들이 김제남과 손을 잡고 영창대군을 옹립하려 했고, 그 자금을 마련하기 위해 은을 강탈했다고 사건을 조작했습니다. 이들과 친하게 지내던 허균까지 곤경에 빠졌고, 허균은 당시 권세가였던 이이첨에게 도움을 요청했습니다. 이이첨과 손잡은 허균은 오히려 이 사건과 관련된 김제남은 물론이고 그의 딸이자 선조의 계비 인목대비의 처벌까지 주장했습니다.

허균의 '폐모론'은 정치적으로 불안하던 광해군의 입지를 탄탄하게 만들어주었습니다. 광해군은 허균을 총애했고, 허균의 벼슬은 호조참의, 형조참의를 거쳐 좌참찬까지 올랐습니다. 허균의 딸이 세자의 후궁으로 거론될 정도로 허균의 위세가 커졌습니다. 그러자 이이

첨도 허균을 견제하기 시작했고, 결국 사달이 났습니다.

남대문에 '백성들을 구하고 죄를 벌하러 장차 하남 대장군이 이를 것이다'라는 내용의 흉방이 붙었습니다. 역모사건이었습니다. 남대문 흉방 사건의 배후로 허균이 지목되었고, 관련자들의 입에서 허균이 역모를 모의했다는 자백이 나왔습니다. 꼼짝없이 역모죄를 뒤집어쓴 것입니다.

그럼에도 허균은 승복하지 않았고, "할 말이 있다"라고 소리쳤지만 아무도 허균의 말을 들어주지 않았습니다. 결국 허균은 능지처참당했습니다. 허균의 죽음과 처형 절차를 두고 논란이 많았습니다. 허균의 빠른 처형은 다음의 기록에서 보듯 광해군의 분노가 컸기 때문입니다.

"허균은 성품이 사납고 행실이 개, 돼지와 같았다. 윤리를 어지럽히고 음란을 자행하여 인간의 도리가 전혀 없었다. 죄인을 잡아서 동쪽에 저잣거리에서 베어 죽이고 다시 기쁨을 누리고자 대사령을 베푸노라."

조선 사회의 소외된 자들이 중심이 되어 허균을 탈옥시키려는 움직임도 있었습니다. 허균이 처형된 이후 그를 장사 지내주려고 그의 머리를 가져가려던 백성들이 군사들과 충돌하기도 했습니다.

죽음을 눈앞에 두고 허균이 외친 한마디는 "할 말이 있다"였습니다. 그가 하고 싶었던 말은 무엇일까요?

인조반정 이후 광해군 때 있었던 반역 사건 연루자들은 모두 복권되었습니다. 하지만 허균은 복권되지 못했습니다. 허균은 조선 역사가 끝나는 날까지 역적으로 남겨졌습니다. 그 이유는 허균의 사상 때문이었습니다.

허균은 누이 허난설헌이 쓴 시를 기억하고 모아 『난설헌집(蘭雪軒集)』을 펴냈습니다. 난설헌의 시집은 조선에 사신으로 왔던 주지번에게 전해져 명나라에서 출판되었습니다. 허균은 형 허봉의 남겨진 글을 모으고 기억을 떠올려 『하곡집(荷谷集)』을 만들었습니다. 형의 호를 딴 제목입니다. 『하곡집』에 실린 '인주기사제(仁州寄舍弟, 인천에서 아우에게 부치는 글)'에는 허봉의 억울한 심정과 동생들을 그리워하고 염려하는 마음이 담겨 있습니다.

다음은 허균이 임진왜란 중에 아이를 낳다 죽은 첫 번째 부인을 기리며 쓴 글인 '망처숙부인김씨행장(亡妻淑夫人金氏行裝)'의 내용입니다.

"바야흐로 내가 가난할 때 당신과 마주 앉아 짧은 등잔 심지를 돋우며 밤을 지새워 책을 펴놓고 읽다가 조금 싫증을 내면 당신은 반드시 농담하기를, '당신이 게으르면 제 숙부인 첩지가 늦어진답니다.' 누가 알았으랴, 18년이 지난 후에 첩지를 앞에 놓고 허공에 고하게 될 줄이야!"

첫 번째 부인은 허균이 글공부를 게을리할 때면 자신의 숙부인 첩지가 늦어진다며 허균을 독려했습니다. 그 부인이 죽고 18년이 지나 허균은 형조참의 벼슬을 받았고, 숙부인 첩지가 내려진 것입니다.

본격적으로 소개할 허균의 사상이 담긴 책은 『성소부부고(惺所覆瓿藁)』입니다. '장독대를 덮을 만한 하찮은 글'이라는 뜻이지만, 허균의

사상과 예술의 위대한 선도자들

놀라운 사상이 담겨 있습니다. 다행히 이 책은 허균이 의금부에 끌려가기 전 사위에게 보내 숨겨둔 것입니다. 이 책에서 허균은 기구와 관료를 줄여 국고의 손실을 막아야 한다는 관론(官論), 관리에게 후한 녹봉을 줘야 부정부패를 막을 수 있다는 후록론(厚祿論), 모든 계층이 고르게 군역의무를 져야 한다는 병론(兵論)을 주장하고 있습니다. 유재론(遺才論)에는 인재에 대한 허균의 생각이 잘 드러나 있습니다. 서얼은 과거시험에 응시할 수 없다는 '서얼금고법'을 정면으로 반박하고 있습니다.

"서얼 출신이라고 인재를 버려두고, 어머니가 개가했다고 해서 그 자식의 재능을 쓰지 않는 제도는 세상 어디에도 없다. 하늘이 낳았는데 사람이 그걸 버리니, 이것은 하늘을 거역하는 짓이다."

그리고 호민론(豪民論)에서 허균은 백성을 세 가지로 나누어 말하고 있습니다.

"눈앞의 일에 얽매이고 부림을 당하는 사람은 항민(恒民)이다. 시름하고 탄식이나 하는 사람은 원민(怨民)이다. 천지간을 흘겨보다가 시대가 원할 때 꿈을 실현하는 사람이 호민(豪民)이다."

호민은 때를 만나면 당당히 일어서 세상에 맞서는 사람들을 말하는데, 호민이 일어서면 원민과 항민도 그를 쫓아 일어난다는 것입니다. 『홍길동전』 속 홍길동이 바로 호민입니다. 허균은 홍길동과 같은 호민으로 차별 없는 세상을 말하고 싶었습니다. 『홍길동전』에서는 서얼을 만들고 서얼 차별법을 만든 양반을 비판하고 있습니다. 허균은 『홍길동전』에 차별 없는 인재 등용과 백성이 중심이 되는 세상,

다섯째 마당

그가 꿈꾸던 이상세계를 담았습니다.

허균은 조선이 외면한 아웃사이더였지만, 누구보다 시대를 앞서 간 개혁가였습니다. 허균은 세상에 얽매이지 않고 허균답게 살았습니다.

지금의 우리는 어떤가요? 변화의 시대를 살고 있고, 여전히 세상의 부조리함을 느끼고 있습니다. 그럼 우리에게 필요한 것은 무엇일까요? 지금 우리에게 가장 필요한 것은 나다움을 찾는 것 아닐까요? 당신의 '나답게'는 무엇인가요?

김시습의 『금오신화』와 허균의 『홍길동전』은 파격적입니다. 천재로 태어난 그들이 부조리한 세상과 화합하지 못하며 지녔던 문제의식과 시대를 앞선 사상의 결과물이기 때문입니다. 두 사람이 서로의 작품을 본다면 뭐라고 말할까요?

시대의 틀을 과감하게 깨고 거침없었던 김시습과 허균! 세월이 흐르고 흘러 지금 우리의 모습은 두 사람이 기대했던 이상적인 모습일까요?

사상과 예술의 위대한 선도자들

# 조선을 대표하는 여류 예술가인
# 신사임당과 허난설헌

1504년생인 신사임당과 1563년생인 허난설헌은 조선을 대표하는 여류 예술가입니다. 두 사람은 같은 시대를 살았고 닮은 점이 많습니다. 두 사람에게는 그들을 더욱 빛나게 하는 남자들이 있는데, 신사임당의 아들 율곡 이이와 허난설헌의 남동생 교산 허균입니다. 게다가 두 사람 모두 강릉 출신입니다. 강릉에는 허난설헌의 생가와 신사임당의 친정인 오죽헌이 아주 가까이 있습니다.

　이렇게 두 사람은 비슷한 점이 많지만, 그들의 삶은 상당히 달랐습니다. 무엇이 그들의 삶을 바꿔놓았을까요?

다섯째 마당

## 우리가 미처 몰랐던 신사임당의 진면목

'사임당'은 중국 주나라 문왕의 어머니 '태임'을 스승으로 삼아 본받고 싶다는 뜻에서 '사임(師任)'이라고 신사임당이 직접 지은 호입니다. 신사임당의 본명에 관한 기록은 확인되지 않고 있습니다.

신사임당은 율곡 이이와 함께 세계에서 유일하게 모자(母子)가 화폐 속 주인공이 되었습니다. 신사임당이 오만원권 화폐의 주인공으로 거론되었을 때 여성단체의 반발이 컸습니다. '현모양처' 이미지 때문에 21세기 여성상에 어울리지 않는다는 것이었습니다. 그런데 '현모양처(賢母良妻)'는 조선시대에 쓰던 말이 아니며, '양처(良妻)'는 양인 출신의 아내라는 전혀 다른 뜻입니다. 현모양처는 일제강점기 제국주의에 충성하는 이상적인 여성상을 만들려고 나온 말로 추측됩니다. 신사임당이 정말 우리가 생각하는 봉건적 여성상인지 그녀의 삶을 살피며 확인해보겠습니다.

신사임당은 풀이나 꽃, 작은 동물이나 곤충, 벌레들을 그린 '초충도(草蟲圖)'로 유명합니다. 그런데 사실은 산수화를 더 잘 그렸습니다. 산수화는 조선시대 양반들이 즐겨 그렸던 그림인데, 신사임당이 그린 것으로 추정되는 산수화 〈이곡산수병〉이 전해집니다. 잔잔히 흐르는 강 위를 배 한 척이 외로이 지나는 풍광을 그린 병풍입니다.

신사임당의 그림에는 유명한 일화가 있습니다. 잔칫집에 비단옷을 빌려 입고 온 부인이 그만 옷을 버려 울먹이자 신사임당이 그 치마에 포도 그림을 그려주었고, 그 치마는 비싸게 팔려 빌린 옷값을

사상과 예술의 위대한 선도자들

충분히 치를 수 있었다고 합니다. 당대의 남성들은 예술가 신사임당의 그림을 안견 다음이라며 극찬했습니다. 어숙권의 『패관잡기』에 이와 관련한 기록이 있습니다.

"사임당의 포도와 산수는 절묘해 사람들이 안견 다음 간다고 했다. 아! 어찌 부녀자의 필치라고 소홀히 여기겠으며 어찌 부녀자가 마땅히 할 일이 아니라 하여 책망할 것인가."

신사임당의 빼어난 글씨도 전하는데, 초서로 쓴 병풍 6폭과 해서체입니다. 부드러운 곡선으로 써 내려간 초서체와 힘 있는 해서체는 신사임당의 성품을 보여주는 듯합니다.

조선시대 여성은 자신의 이름을 남기기가 쉽지 않았습니다. 시(詩), 서(書), 화(畵)와 같은 예술은 남성의 전유물이었습니다. 그와 같은 시기에 신사임당은 어떻게 자신의 예술적 능력을 펼칠 수 있었을까요? 친정, 특히 부모의 든든한 후원이 있었기 때문입니다.

신사임당의 외할아버지 이사온은 무남독녀 외동딸에게 오죽헌을 물려주었습니다. 신사임당의 어머니 용인 이씨는 결혼한 후에도 친정 오죽헌에서 지냈습니다. 모친이 병을 앓자 외동딸인 자신이 부모를 돌봐야 한다며 남편 신명화에게 눈물로 호소했습니다. 그 때문에 신사임당의 아버지 신명화는 10년 넘게 한양과 강릉을 오가며 생활했습니다.

신사임당의 어머니 용인 이씨는 학문을 잘 알지는 못했으나 신중하면서도 과단성 있는 인물이었습니다. 외할아버지 이사온은 총명한 신사임당에게 글과 글씨를 가르쳤고, 특히 그림에 재능을 보이는 신사임당에게 안견의 그림을 구해준 이도 외할아버지였습니다.

신사임당의 아버지 신명화는 아끼는 둘째 딸 신사임당의 남편으로 이원수를 골랐습니다. 이원수는 덕수 이씨로 좋은 집안 출신이었지만, 홀어머니 슬하에서 어렵게 자랐고 학문이 깊지 않았습니다. 신명화가 이원수를 사위로 삼은 것은 처가살이를 권할 수 있는 사윗감이었기 때문입니다. 신명화는 사임당이 그림을 계속 그릴 수 있도록 그 재능을 이해해줄 사위와 사돈을 찾은 것입니다.

당시에는 결혼하고 남자가 처가에 들어가 사는 '남귀여가혼(男歸女家婚)'의 전통이 남아 있었고, 성리학의 영향으로 결혼 후 여자가 시댁에 들어가 생활하는 '친영례(親迎禮)'가 시작되고 있었습니다. 신사임당이 결혼하고 오죽헌에서 살 수 있었던 건 이런 과도기였기 때문입니다.

신사임당은 아버지 신명화가 돌아가시고는 시댁인 파주에 머물기도 하고, 강릉 가까운 평창에서 살기도 했습니다. 율곡 이이를 낳을 즈음에는 강릉에서 생활하다 서른여덟 살이던 1541년에 한양으로 돌아와 시댁 살림을 도맡았습니다. 신사임당이 친정을 떠나면서 강릉의 어머니를 그리며 쓴 시 〈유대관령망친정(踰大關嶺望親庭)〉을 보면 그녀에게 친정과 어머니가 어떤 의미였는지 짐작할 수 있습니다.

慈親鶴髮在臨瀛 늙으신 어머님을 고향에 두고 / 身向長安獨去情 외로이 서울로 가는 이 마음 / 回首北村時一望 돌아보니 북촌은 아득도 한데 / 白雲飛下暮山靑 흰 구름만 저문 산을 날아내리네.

사상과 예술의 위대한 선도자들

신사임당의 어머니 용인 이씨는 율곡 이이에게도 각별한 외할머니였습니다. 오죽헌에서 나고 자랐으며 열여섯 살에 어머니를 여의고 방황하던 이이에게 어머니의 빈자리를 채워주었습니다. 그랬기에 이이는 아흔의 외할머니 병환을 이유로 벼슬까지 그만두었습니다. 이이의 『율곡전서』에 이와 관련된 기록이 전해집니다.

"조정으로 본다면 신은 있으나 마나 한 보잘것없는 존재이오나 외조모에게 신은 마치 천금의 보물 같은 몸이오며, 신 역시 한번 외조모가 생각나면 눈앞이 아득하여 아무것도 할 수 없습니다."

율곡 이이가 아버지에 대해 남긴 기록은 많지 않습니다. 이이의 『신사임당 행장』에 있는 내용입니다.

"아버지는 성품이 자상하지 않아서 집안 살림을 잘 모르셨다. 혹시 실수하는 일이 있으면 어머니가 반드시 친히 간(諫)했다."

신사임당의 남편 이원수는 학문도, 경제적 능력도 부족했습니다. 신사임당은 남편에게 10년 동안 절에 들어가 과거 공부에 매진하라고 했지만, 이원수는 매번 얼마 견디지 못하고 돌아왔습니다. 하지만 부인의 말에 귀를 기울이고 능력을 인정해주는 남편이었습니다. 이원수는 우의정이던 당숙 이기 덕에 벼슬을 얻어보려고 그의 집을 드나들었는데, 신사임당은 이기와 가까이 지내지 못하도록 남편을 극구 만류했습니다. 이기는 명종의 외삼촌 윤원형과 손잡고 을사사화를 일으켜 반대파를 몰아냈는데, 훗날 문정왕후가 죽고 윤원형과 이기도 큰 벌을 받았습니다. 이원수는 부인 덕분에 큰 화를 면할 수 있었습니다.

다섯째 마당

하루는 남편 이원수가 친구들을 데리고 와 술을 마시고 신사임당의 그림 솜씨를 자랑한 적이 있습니다. 당시 집안 형편이 좋지 않을 때라 남편의 친구들 앞에서 그림을 그리자니 종이가 없고, 그리지 않으려니 남편의 면이 서지 않을 것 같아 난감했습니다. 신사임당은 부엌에 있던 놋쟁반을 가져와 먹음직스러운 포도송이를 그려내 손님들을 놀라게 했습니다. 그런 남편의 지지와 시댁의 배려가 있었기에 예술가 신사임당으로 성장할 수 있었습니다.

66

| 신사임당의 명언 |
"늙으신 어머님을 고향에 두고 외로이 서울로 가는 이 마음
돌아보니 북촌은 아득도 한데 흰 구름만 머문 산을 날아내리네."
-〈유대관령망친정〉

99

신사임당은 사서삼경을 배우고 실천하는 모습을 자녀들에게 보여주었고, 글씨와 그림, 시로 자녀들을 직접 가르쳤습니다. 율곡은 "이 세상에서 나에게 글을 가르쳐준 이는 어머니밖에 없다"라고 했습니다.

신사임당의 예술적 재능은 큰딸 이매창과 막내아들 이우에게 이어졌습니다. 이우는 그림뿐 아니라 글씨도 어머니의 영향을 많이 받았으며, 오죽헌에는 이매창이 그린 〈달과 매화〉가 남겨져 있습니다. 하지만 신사임당의 이름은 예술가 신사임당보다 율곡 이이의 어머

니 신사임당으로 더 알려졌습니다. 조선 후기 서인의 거두 송시열은 신사임당의 〈초충도〉에 대해 『송자대전』에서 이렇게 극찬했습니다.

"이것은 옛날 증찬성(贈贊成) 이공의 부인 신씨가 그렸다. 손가락으로 그려낸 그림이 이렇게 막힘이 없고 자연스러울 수 있다니 마치 사람의 힘을 쓰지 않은 것 같구나. 오행의 정수를 얻고 천지의 기운을 모아 참 조화를 이루었다 할 것이니… 과연 그 율곡 선생을 낳으심이 당연하다."

조선 후기를 이끌었던 서인은 이이의 학통을 계승했기에 송시열은 율곡 이이를 높이려고 그의 어머니 신사임당을 함께 높였습니다. 그리고 남성 중심의 가부장제가 심화된 사회였기에 남성의 전유물인 산수화보다 집 안에서 세밀한 관찰을 바탕으로 그린 〈초충도〉를 앞세워 신사임당의 예술을 극찬한 것입니다.

신사임당은 마흔일곱 살에 세상을 떠나며 남편에게 이런 유언을 했습니다.

"우리에겐 칠남매나 있으니 후손은 더 필요하지 않아요. 그러니 내가 죽더라도 장가는 들지 마세요."

가부장적인 조선시대에 신사임당의 유언은 의외입니다. 이처럼 그녀는 자기 생각을 당당하게 표현하는 여성의 모습을 보여주었고, 어린 나이에 스스로 호를 정한 것처럼 삶을 주도적으로 이끌었습니다. 신사임당이 조선을 대표하는 여성으로 알려졌지만, 율곡의 어머니이자 현모양처의 이미지에 갇혀 뛰어난 예술가로 주체적인 삶을 산 여성이라는 진면목이 잘 드러나지 못한 것은 안타까운 일입니다.

## 결혼으로 좌절된 천재 허난설헌의 재능

허난설헌의 본명은 허초희이고 '난설헌(蘭雪軒)'은 호입니다. '눈밭에 핀 난초'라는 뜻인데, 여름을 상징하는 난초가 눈밭에 피었으니 춥고 시린 삶을 예상이라도 한 것일까요. 자는 '경번(景樊)'으로 초나라 장왕의 어진 아내 번희를 사모한다는 뜻입니다. 조선시대 여성의 이름과 호, 자가 모두 전하는 것은 드문 일입니다. 허난설헌의 아버지는 허엽으로, 강릉 초당두부의 '초당'이 그의 호를 딴 것입니다.

명망 있는 집안에서 태어난 허난설헌은 어려서부터 오빠, 남동생과 글공부를 함께했습니다. 특히 글을 잘 지었는데, 〈광한전 백옥루 상량문〉은 난설헌이 여덟 살 때 지은 글입니다. 신선들이 사는 곳에 광한전 백옥루를 새로 지으면서 쓴 상량문으로, 그 문장력이 대단하다는 평가도 있지만 아이가 도교에 심취해 이런 글을 지었다는 게 믿기 어렵다는 평가가 있을 정도입니다.

오빠 허봉은 여동생 난설헌의 글공부를 전폭적으로 지지했으며, 난설헌을 글동무로 존중하고 인정해주었습니다. 허봉은 명나라를 다녀오며 난설헌을 위해 두보의 시집을 구해주며 이렇게 이야기했습니다.

"내가 책 상자에 보물처럼 간직한 지 몇 해가 지났다. 너에게 주니 한번 읽어보렴. 이제 두보의 소리가 누이의 손에서 다시 나오게 할 수 있기를 바랄 뿐이다."

허봉은 동생 허난설헌과 허균을 친구이자 뛰어난 시인이었던 이

사상과 예술의 위대한 선도자들

달에게 맡겨 시를 배우게 했습니다. 그런데 이달은 서자였습니다. 명문가 출신인 허봉이 서자 출신인 이달에게 두 동생을 보내 배우게 한 걸 보면 재능에 있어 신분을 따지지 않는 열린 사고를 엿볼 수 있습니다.

재능이 뛰어났지만 서자라는 이유로 인정받지 못한 이달의 삶은 이후 허난설헌과 허균에게 많은 영향을 주었습니다. 모순된 세상을 비판한 허난설헌의 〈빈녀음(貧女吟)〉과 허균의 『홍길동전』이 대표적입니다.

> 용모인들 남에게 떨어지리오 / 바느질 길쌈 솜씨 모두 좋은데 / 가난한 집안에서 자라난 탓에 / 중매 할미 모두 나를 몰라준다네. / 추위도 주려도 내색 않고 / 온종일 창가에서 베만 짠다네.(⋯) / 베틀에는 베가 한 필 짜였는데 / 뉘 집 아씨 시집갈 때 옷감 되려나.(⋯)

허난설헌의 시 〈유선사(游仙詞)〉는 아름답고 환상적인 신선의 세계를 보여주고, 〈새하곡(塞下曲)〉은 변방의 군대를 그린 남성적인 특징을 보여줍니다.

허난설헌은 그림 실력도 뛰어났습니다. 허난설헌의 그림 〈앙간비금도(仰看飛禽圖)〉에는 하늘을 날아가는 새를 가리키는 아버지와 아이가 보입니다. 아마도 어린 시절의 자신을 그린 것이 아닐까요. 이처럼 허난설헌은 유복한 환경에서 자유롭게 날고 싶은 꿈을 꾸며 걱정 없이 성장했습니다.

하지만 허난설헌의 삶은 결혼한 후 완전히 달라졌습니다. 열다섯 살에 결혼해 시댁에 들어가 살았습니다. 성리학의 영향으로 친영례가 확대되고 있었기 때문입니다.

허난설헌의 시댁은 안동 김씨 명문가였지만 남편 김성립은 학문이 뛰어나지도 않았고, 자상하지도 않았던 듯합니다. 허엽은 사돈이 명문가이고 아들 허봉과 난설헌의 시아버지 김첨이 가까운 사이라 허난설헌의 재주를 귀하게 여겨주리라 생각했을 것입니다. 하지만 남편 김성립은 과거 공부를 한다며 집 밖으로 돌았고, 시어머니는 시 쓰는 며느리를 못마땅하게 여겼습니다.

허난설헌에게 시어머니와 남편은 의지할 데가 아니었습니다. 어려운 시집살이에 허난설헌의 위로가 되어준 것이 시(詩)였습니다. 그녀의 시 〈감우(感遇)〉(느끼는 대로)를 보면 외로움에 자신을 잃지 않으려는 절절함이 묻어납니다.

盈盈窓下蘭 넘칠 듯 하늘거리는 창가의 난초 / 枝葉何芬芳 가지와 잎 그리 향기로웠지만 / 西風一被拂 가을바람 불어와 한 번 스치고 가니 / 零落悲秋霜 슬프게도 찬 서리에 시들고 말았네. / 秀色縱凋悴 빼어난 네 모습은 이울어져도 / 淸香終不死 맑은 향기만은 끝내 죽지 않아 / 感物傷我心 그 모습 보면서 내 마음이 아파와 / 涕淚沾衣袂 눈물 흘러내리고 옷소매 적시네.

사상과 예술의 위대한 선도자들

그러던 차에 허난설헌에게 큰 시련이 닥쳤습니다. 아버지 허엽이 경상도 관찰사를 마치고 돌아오던 중 객사한 것입니다. 연이어 딸과 아들까지 전염병으로 잃었습니다. 허난설헌은 주체할 수 없는 슬픔을 〈곡자(哭子)〉라는 시에 담았습니다. '곡자'는 아이를 잃고 통곡한다는 뜻입니다.

去年喪愛女 지난해에는 사랑하는 딸을 잃고 / 今年喪愛子 올해는 사랑하는 아들까지 잃다니 / 哀哀廣陵土 서럽고 서러운 광릉 땅에 / 雙墳相對起 두 무덤이 마주 보고 섰구나 / 蕭蕭白楊風 백양나무 사이로는 쏴아아 바람이 불고 / 鬼火明松楸 소나무 가래나무 사이로는 번쩍이는 도깨비불 / 紙錢招汝魄 지전으로 너희 넋을 부르고 / 玄酒奠汝丘 너희 무덤에 술을 따른다. / 應知弟兄魂 그래, 알겠다. 너희 오누이의 혼은 / 夜夜相追遊 밤마다 어울려 놀겠지 / 縱有腹中孩 내 배 속에 아이가 있지만 / 安可冀長成 그것이 잘 크기를 어찌 바라겠니 / 浪吟黃臺詞 애끓는 노래 하염없이 부르며 / 血泣悲呑聲 피눈물을 삼킨다.

허난설헌은 고통을 견디며 살아내려 했지만, 결국 태중의 아이마저 잃고 삶을 놓아버렸습니다. 스물세 살에 지은 시 〈몽유광상산시(夢遊廣桑山詩)〉, 즉 '꿈에 광상산에서 놀던 일'을 보면 자신의 운명을 예견한 것 같습니다.

碧海侵瑤海 푸른 바다는 구슬빛 바다에 스며들고 / 靑鸞倚彩鸞 푸른 난새는 채색 난새에 어울리네 / 芙蓉三九朶 아리따운 부용 꽃 스물일곱 송이 / 紅墮月霜寒 붉게 떨어지니 달빛 서리 위에서 차갑구나.

허난설헌은 귀양에서 풀려난 오빠 허봉마저 얼마 후 객사했다는 소식에 견디지 못하고 스물일곱 생을 마감했습니다. 천재적인 재능을 타고났지만 불운한 삶을 산 허난설헌을 두고 이렇게 말합니다.

"조선이라는 소천지(小天地)에 태어난 것, 더구나 여성으로 태어난 것과 남편 김성립의 처가 된 것이 평생의 삼한(三限)이다."

**"**

| 허난설헌의 명언 |
"넘칠 듯 하늘거리는 창가의 난초, 가지와 잎 그리 향기로웠지만
가을바람 불어와 한 번 스치고 가니 슬프게도 찬 서리에 시들고 말았네.
빼어난 빛깔은 이울어져도 맑은 향기만은 끝내 죽지 않아
그 모습 보면서 내 마음이 아파와 눈물이 흘러 옷소매를 적시네!"
-〈감우(感遇)〉

**"**

허난설헌은 자신의 시를 모두 불태우라고 했습니다. 하지만 허균은 자신이 갖고 있던 시와 외우고 있던 시들을 모아 누이의 시집을 펴냈습니다. 그런데 허난설헌의 시가 중국 명나라에서 출판되었습니다. 조선을 방문한 사신이 허난설헌의 시를 보고 한눈에 반해 중

국으로 가져간 것입니다.

명나라에 소개된 허난설헌의 시집은 청나라까지 150년간 베스트셀러가 되었고, 일본에까지 알려졌습니다. 특히 강희제는 조선으로 가는 사신에게 "조선 고금의 시문들과 『동문선』 『난설헌집』, 그리고 최치원·김생·안평대군의 필적을 가져오라"고 명했을 정도입니다. 『고금야사』에는 "당나라 대표 시인 이태백을 뒤로 물러나게 한다"며 허난설헌의 시를 극찬한 기록이 전합니다.

**신사임당과 허난설헌의 삶이 달랐던 것은 결혼의 영향이 컸습니다. 신사임당은 결혼 후에도 친정의 도움과 시댁의 이해로 재능을 키울 수 있었지만, 허난설헌은 결혼 후 시집살이의 어려움에 시어머니와 불화를 겪으며 불행한 삶을 살았습니다. 그나마 허난설헌의 삶을 지탱하게 한 것이 시였습니다.**

**이 두 사람을 보면 삶의 의지도 중요하지만 환경도 매우 중요하다는 생각이 듭니다. 신사임당은 무능한 남편에 어려운 시댁 살림을 도맡아 힘든 삶이었지만, 아이들을 잘 키우며 자신의 재능을 포기하지 않았기에 조선을 대표하는 여성으로 존경받을 수 있었습니다. 하지만 허난설헌은 시집살이의 어려움 속에서 전염병으로 두 아이를 모두 잃었고, 태중의 아이마저 잃는 아픔에 당쟁으로 친정이 몰락하는 시련까지 겪으면서 결국 삶을 놓고 말았습니다. 두 사람의 환경이 달랐다면 그 삶이 어떻게 바뀌었을지 생각해보지 않을 수 없습니다.**

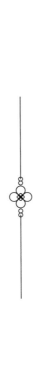

경제인으로 사는 건 불안의 연속입니다. 그러나 당에서 활약한 고구려 유민 출신의 고선지와 이정기, 골품제에 막혀 뜻을 펼 수 없었던 장보고와 최치원, 이들은 불안을 떨쳐내고 역사에 길이 남을 업적을 이루었고, 한계를 극복하려 피나는 노력을 기울였습니다. 우리 역사에 들어온 귀화인이 많았고, 그들을 끌어안은 포용의 역사도 있습니다. 지금 우리 주변에도 이런 경제인이 많습니다. 그들의 꿈이 무엇이고 그들에게 필요한 것이 무엇인지, 그들을 어떻게 대해야 할지 생각해보면 좋겠습니다.

여섯째 마당

우리가 미처 몰랐던
역사의 경계인들

# 중국을 흔든 고구려 유민인
# 고선지와 이정기

중국을 위협했던 고구려가 668년에 멸망했습니다. 당은 고구려 사
람들을 강제 이주시켰습니다. 고구려 유민들은 짐승처럼 당으로 끌
려갔고, 그들의 삶은 노예보다 처참했습니다.

  그런데 그렇게 끌려간 고구려 유민 가운데 중국을 흔든 인물들이
있습니다. 우리 역사에는 제대로 기록되지 못한 고선지와 이정기입
니다. 고선지는 실크로드를 지배했고, 이정기는 산둥반도를 지배한
영웅이었습니다. 그들의 서사가 기억되기를 바라는 마음으로 이 글
을 씁니다.

우리가 미처 몰랐던 역사의 경계인들

## 한니발과 나폴레옹을 능가하는 장수, 고선지

고선지는 중국에서 영웅으로 평가받으며 세계사에도 지대한 영향을 끼친 인물입니다. 영국의 고고학자이자 탐험가로 아시아를 연구한 오렐 스타인은 『극오지 아시아』에서 고선지를 "고선지야말로 나폴레옹과 한니발을 능가하는 뛰어난 장수다!"라고 칭송했습니다.

카르타고의 한니발은 군대를 이끌고 피레네산맥과 알프스산맥을 넘어 이탈리아 북부로 침입하는, 상대의 허를 찌르는 공격으로 로마를 위기로 몰아넣었던 장군입니다. 나폴레옹도 알프스산맥을 넘었습니다. 오렐 스타인은 왜 고선지를 한니발과 나폴레옹을 능가하는 장수라고 평가했을까요?

고선지는 고구려 유민인 고사계 장군의 아들입니다. 당으로 끌려온 고구려 유민의 상당수는 서쪽 사막 지대의 황무지를 개간하고 이민족의 침입을 막아야 했습니다. 이런 노예와 같은 삶에서 벗어나는 방법은 군인이 되어 출세하는 것이었습니다. 제국으로 성장한 당은 이민족에게 포용적이었습니다. 이민족 출신이라도 능력이 있으면 인정받을 기회가 있었습니다. 당의 역사서 『구당서』 고선지 열전에는 다음과 같은 기록들이 남아 있습니다.

"고선지는 본래 고구려인이다. 아버지는 사계이며, 처음에 하서에서 여러 번 공을 세워 제위장군이 되었다."

"고선지 장군은 용모가 반듯하고, 말을 타고 활을 쏘는 능력이 뛰어나며, 용감하고 결단력이 있다."

"고선지는 20여 세에 벌써 부친과 같은 계급에 이르는 등 무인으로서 자질이 뛰어났다."

고선지는 20대에 벌써 승승장구하기 시작했습니다. 타의 추종을 불허하는 고선지만의 탁월함은 무엇이었을까요? 바로 서역 원정입니다. 그는 서역 원정으로 당의 영역을 크게 넓혔습니다.

고선지의 서역 원정은 크게 세 가지로 말할 수 있습니다. 첫째는 타클라마칸사막과 파미르고원을 지나고, 힌두쿠시산맥을 지나 소발률국을 점령한 것입니다. 고선지는 이것으로 큰 명성을 얻게 됩니다. 둘째는 실크로드의 요충지였던 석국 점령이고, 마지막이 이슬람과의 충돌을 빚은 탈라스 전투입니다. 이렇게 서역 원정으로 당의 영웅이 되기까지 고선지 장군의 여정이 얼마나 대단한 것이었는지 알아보겠습니다.

이전에도 원정 시도가 세 차례나 있었습니다. 당을 위협하던 돌궐(투르크)과 토번(티베트)을 치려고 원정을 나섰지만 모두 실패했습니다. 특히 토번은 소발률국과 혼인동맹을 맺고 그 주변 나라들과 손잡곤 당의 관계를 단절시키며 실크로드를 위협했습니다. 서역 원정은 꼭 필요했지만 그만큼 어려운 것이었습니다. 747년 당 현종은 고선지 장군에게 군사 1만을 이끌고 소발률국을 정벌하게 했습니다. 소발률국을 정벌하려면 연운보부터 점령해야 했는데, 연운보에는 토번의 군사 1만이 주둔해 있었습니다.

원정의 출발점은 타클라마칸사막이었습니다. 타클라마칸사막은 세계에서 두 번째로 큰 사막으로, '타클라마칸'은 위구르어로 한번

우리가 미처 몰랐던 역사의 경계인들

들어가면 나오지 못하는 곳이라는 뜻입니다. 그 크기가 한반도의 1.5배나 됩니다. 타클라마칸사막을 횡단하는 것도 쉽지 않은데 고선지는 토번의 기습을 받을 수 있는 사막의 남단이 아닌 북단의 험준한 톈산산맥을 넘어 우회하는 길을 선택했습니다. 100일이 넘게 걸린 힘든 행군이었습니다.

지친 병사들을 잠시 쉬게 하고 다시 연운보가 있는 파미르고원으로 향했습니다. 파미르고원은 해발 4천 미터가 넘어 '세계의 지붕'이라 일컬어지는 곳입니다. 파미르고원의 한가운데에 난공불락의 요새 연운보가 있었습니다. 고선지는 군대를 세 방향으로 나누어 진격하게 해서 3일 후 동시에 공격하도록 명령했습니다. 서역의 지리에 밝은 두 장수에게 군대를 이끌게 했고, 자신은 가장 힘든 지형을 골라 나머지 군대를 이끌었습니다. 그 길목에는 파륵천이 흐르고 있었습니다. 강물이 불어 위험했고, 군사들은 강을 건널 엄두도 못 냈습니다. 고선지는 제물을 바치고 제사를 지내며 군사들의 걱정을 달랬습니다. 그리고 군사들을 강하게 밀어붙여 마침내 강을 건넜습니다. 그러자 병사들의 두려움이 자신감으로 바뀌기 시작했습니다. 가파른 절벽을 올라 연운보를 기습했습니다. 갑작스러운 공격에 방심하고 있던 토번 군대는 참패했습니다. 토번의 병사 5천 명이 전사했고, 1천여 명이 포로가 되었습니다.

이어서 고선지의 군대는 소발률국으로 향했습니다. 소발률국으로 가는 길은 힌두쿠시산맥을 넘어야 했습니다. 이번에도 적의 예상을 뛰어넘는 길을 택했습니다. 힌두쿠시산맥의 고지대인 탄구령을 넘기로 한 것입니다. 알프스산맥보다 2천 미터 더 높은 해발 4,700 미터 만년설의 절벽을 오르고, 내려오는 길은 좁고 험한 낭떠러지를 통과해야 했습니다. 병사들은 기진맥진했고 불만이 폭발했습니다. 그때 그들 앞에 소발률국 병사들이 항복해왔습니다.

장군의 군대는 힌두쿠시산맥을 넘어온 보람을 느끼며 다시 사기가 올라 소발률국으로 진격했습니다. 그런데 소발률국 병사들의 항복은 거짓이었습니다. 장군이 군사들의 사기를 올리려 자신의 심복 몇 명을 소발률국 병사로 위장해 거짓 항복을 하게 한 것이었습니다. 이 모든 걸 예상하고 계획해둔 장군의 지략이 놀랍습니다.

고선지 장군의 군대는 소발률국에 다다랐고, 소발률국 왕은 토번의 지원을 믿고 숨어버렸습니다. 험준한 지형에 위치한 소발률국과 토번 사이에는 등나무 덩굴로 만든 다리가 유일한 통로였는데, 고선지의 군대가 이를 끊어버리자 결국 소발률국 왕은 항복했습니다. 불가능해 보였던 소발률국 토벌을 성공시킨 당의 위세에 주변국들도 손을 들었습니다. 소발률국 주변의 72개 나라가 항복했습니다. 전쟁 한 번으로 72개 나라의 항복을 받아낸 것입니다.

고선지의 활약으로 당의 영역은 서쪽으로 크게 확장되었고, 장군은 안서도호부의 절도사로 임명되었습니다. 절도사는 지역의 입법권·행정권·사법권을 포함하는 독립적 성격의 막강한 권력을 쥔 자리였습니다. 당의 영역을 역사상 최대로 만들고 실크로드를 되돌려준 이가 바로 고선지였습니다. 그는 당의 영웅이 되었습니다.

하지만 고선지의 승전을 시기하는 이들도 많았습니다. 한족뿐 아니라 다른 이민족 출신들도 고구려 출신 고선지의 출세를 바라보는 시선이 곱지 않았습니다. 이민족 출신인 고선지가 당 황제와 조정의 인정을 받으려면 어떻게든 자기편을 많이 만들어둬야 했습니다. 장군은 한족 관료들에게 뇌물을 주거나 재물을 베풀었습니다. 그 때문인지 서역 원정에서 전리품을 챙기고 약탈을 일삼았다는 비판이 따릅니다.

**"**

| 고선지의 명언 |
"내가 후퇴한 것은 죄이니 죽어도 할 말이 없다.
그러나 내가 재물과 식량을 횡령했다는 것은 모함이다.
내게 죄가 있다면 그대들은 말을 하라. 그렇지 않다면 잘못이다 말하라."
'잘못이다'라는 소리가 땅을 흔들었다.
－『자치통감』

**"**

이슬람에서는 고선지를 일컬어 '중국 산맥의 왕'이라고 했습니다. 이 시기 이슬람 세력이 중앙아시아까지 진출하자 고선지는 파미르 고원 서쪽의 석국을 정벌하는 2차 원정에 나섰습니다. 석국은 지금의 우즈베키스탄 타슈켄트 지역입니다. 장군이 이끄는 당의 군대가 석국을 빠르게 포위했고, 석국은 항복했습니다.

하지만 고선지는 항복한 석국을 약탈하고, 나이 든 포로들을 죽이고, 젊은 포로들을 노예로 끌고 갔습니다. 석국의 왕은 당으로 압송되었고, 현종은 그를 처형했습니다. 당에 고개를 숙였던 석국의 주변국들은 석국 왕의 처형 소식에 반발해 동맹을 조직하기 시작했습니다. 중앙아시아로 세력 확장을 꾀하던 이슬람의 압바스 왕조까지 3만 군대를 보내 이에 합세하자 반당 연합군은 순식간에 늘어났습니다.

결국 서진하려는 당과 동진하려는 이슬람이 탈라스에서 충돌했습니다. 탈라스는 지금의 카자흐스탄과 키르기스스탄 사이를 흐르는 강의 이름이자 지명입니다. 중앙아시아를 두고 당과 이슬람이 패권 다툼을 벌이는 것이었습니다.

고선지는 3차 원정에 나섰습니다. 양측의 병력은 기록마다 차이가 있습니다. 고선지의 원정군은 3만으로 추정하지만 7만이라는 기록도 있습니다. 그중 상당수는 돌궐계 유목민인 카를룩 병사들이었습니다. 이슬람 연합군은 원정군보다 많았는데, 10만 명 또는 20만 명까지 과장되기도 합니다.

탈라스 전투는 5일간 이어졌고, 몇 차례나 승리한 고선지는 적진 깊숙이 공격해 들어갔습니다. 우열을 가리기 힘든 접전이 벌어졌습니다. 그런데 지원군이던 카를룩 군대가 이슬람 편으로 돌아서 후방에서 고선지의 군대를 공격했습니다. 고선지의 군대는 앞뒤로 적을 맞아 싸워야 했고, 결국 참패했습니다. 이슬람의 기록에 따르면 5만 명이 죽고 2만 명이 포로가 되었다고 합니다.

역사는 때로 우리에게 예상치 못한 반전을 선물합니다. 이슬람에 끌려간 포로들이 세계사를 바꿔놓은 것입니다. 그들 가운데 종이를 만드는 제지술 기술자들이 있었습니다. 세계 4대 발명품의 하나인 종이는 중국이 발명했습니다. 종이가 없던 이슬람에서는 양피지로 책을 만들었습니다. 어린 양의 가죽으로 책 한 권을 만들려면 양이 수십 마리 필요했습니다. 그러니 책이 비쌀 수밖에 없었고, 지식은 소수의 지배층에 독점될 수밖에 없었습니다. 그런데 탈라스 전투에서 끌려간 포로들이 종이 만드는 기술을 이슬람에 전파했고, 이후 유럽까지 전해지며 역사 발전을 이끌었습니다.

탈라스 전투에서 패했지만 당 현종은 고선지를 처벌하지 않았습니다. 그는 여전히 당의 영웅이었기 때문입니다.

그로부터 몇 년 후인 755년, 당의 절도사 안녹산이 난을 일으켰습니다. 안녹산은 뛰어난 처세술로 양귀비의 양자가 되어 현종의 총애를 받던 인물입니다. 안녹산이 양귀비의 사촌 오빠 양국충과 대립하다가 급기야 반란을 일으킨 것입니다. 세력이 커진 안녹산은 낙양을 점령하고 수도 장안까지 위협했습니다. 이에 현종은 고선지를 부원수로 임명해 반란을 진압하게 했습니다. 다시 한번 장군에게 기회가 주어진 것입니다.

하지만 사기가 오른 안녹산의 대군을 상대하기가 쉽지 않았습니다. 고선지는 전략적 요충지인 동관으로 물러나 반란군을 상대하기로 합니다. 황제의 명을 따르지 않고 자기 뜻대로 결정한 것입니다. 장군은 동관으로 이동하면서 보급 창고에 있던 무기는 병사들에게, 식량은 백성들에게 나눠주었습니다. 보급품이 반란군 수중에 들어가는 것을 막기 위해서였습니다. 동관으로 후퇴한 장군은 진지를 구축하고 방어 태세를 갖춰 안녹산의 반란군을 막아냈습니다.

그런데 뜻밖의 모함을 받았습니다. 현종은 고선지를 부원수로 임명하면서 환관 변령성을 함께 보냈는데, 그는 오래전부터 고선지에게 공공연히 뇌물을 요구한 인물입니다. 환관 변령성이 고선지에게 앙심을 품고 그를 모함하는 보고를 올렸습니다.

"고선지는 섬주의 땅 수백 리를 포기하여 반란군에게 내줬습니다. 또한 고선지는 (태원창에서) 군사들에게 내려야 할 물품들을 착복하고 군량을 도둑질했습니다."

나이가 들어 판단이 흐려지고 안녹산의 반란으로 이성을 잃은 현종은 변령성의 거짓 보고를 듣곤 고선지의 목을 베라고 명했습니다. 억울한 고선지는 이렇게 소리쳤습니다.

"내가 황제의 명을 어기고 후퇴한 것은 죄이니 죽어도 할 말이 없다. 그러나 내가 재물과 식량을 횡령했다는 것은 모함이다. 내게 죄가 있다면 그대들은 말을 하라. 그렇지 않다면 '잘못이다' 말하라."

그러자 병사들 사이에서 "잘못이다. 고선지 장군은 죄가 없다"라는 소리가 땅을 흔들었지만 고선지는 억울하게 죽임을 당했습니다. 이후 안녹산은 장안을 점령했고, 현종은 양귀비와 피란길에 올랐습니다. 안녹산의 난은 당 제국 멸망의 시초가 되었습니다.

고선지의 죽음은 중국 역사 10대 원장(寃將, 억울하게 죽은 장군)에 포함됩니다. 그는 고구려 유민 출신이었지만 서역 원정을 성공시켜 역사상 당의 영역을 최대로 넓힌 영웅이자, 제지술의 이슬람 전파로 세계 역사를 바꿔놓은 인물입니다.

## 중국 내 광대한 지역을 총괄했던 이정기

이정기는 고선지보다 더 낯선 이름입니다. 고선지가 안녹산의 난을 진압하다 누명으로 죽임을 당했다면, 이정기는 안녹산의 난을 진압하면서 승승장구했습니다. 고선지처럼 우리 역사에서는 이정기에 대한 기록을 거의 찾아볼 수 없지만, 중국 역사서에 남겨진 이정기에 대한 기록은 상당합니다. 당의 역사서 『구당서』와 『신당서』에는 이정기 열전이 있습니다. 열전이란 왕을 제외한 영웅들의 전기를 뜻합니다. 최남선은 『국민조선역사』에서 이정기를 중국 내 광대한 지역을 총괄했던 고구려 유민이었다고 평가했습니다.

중국 역사에서 이정기의 영향력은 과연 어느 정도였을까요? 781년 이정기가 10만 군대를 이끌고 제음으로 출병했다는 급보가 들어왔습니다. 그러자 당 황제는 국가비상사태를 선포했습니다. 제음은 당의 수도 장안과 동쪽의 낙양과도 가까운 위치였기 때문입니다. 그만큼 이정기의 군대는 황제에게 위협적이었습니다. 그런데 그의 진격 소식에 당 황제는 군사를 준비하고 방비를 강화하는 게 아니라 이정기에게 최고 관직을 내렸습니다. '동중서문하평장사'라는 황제 바로 아래인 재상 벼슬을 내린 것입니다. 이정기를 막을 수 없었던 당 황제는 관직을 내려 그를 달랬던 것입니다. 평오치청절도관찰사, 해운압신라발해양번사, 겸교공부상서, 청주자사, 검교사공우복사, 요양군왕, 검교사공 모두 이정기에게 내려진 관직들입니다.

그럼 이정기는 어떤 인물일까요? 그는 고구려 유민의 후손으로,

734년 영주에서 태어났습니다. 영주는 당으로 끌려온 고구려 유민들이 거쳐가던 곳이었습니다. 이정기도 노예와 같은 삶을 살지 않으려면 군인으로 인정받아야 했습니다. 『구당서』의 기록입니다.

"이정기는 고구려인이다. 본명은 회옥이며, 평로에서 출생했다."

"이정기는 침착하고 의지가 굳세서 부하들의 마음을 사로잡았다."

"이정기의 군대는 유격군이다."

이정기의 리더십은 물론 기동성이 뛰어났던 그의 군대를 짐작게 합니다. 아마도 이정기를 따르는 군사 상당수가 고구려 유민 출신이 아니었을까요. 이정기는 벌써 스물여섯 살에 장군의 반열에 들었고, 안녹산의 난을 진압하면서 명성을 얻었습니다. 안녹산의 난을 지지하던 평로절도사 서귀도를 죽이고 왕현지가 새로운 절도사가 되었는데, 그가 병사하자 이정기의 고종사촌 후희일을 절도사로 추대했습니다. 이후 이정기는 안녹산의 난을 진압하러 후희일과 함께 2만 군대를 이끌고 평로진(영주)을 떠나 산둥반도에 있는 등주로 진출하면서 세력을 확장했습니다. 안녹산의 잔당을 몰아내고 청주와 치주를 차지했으며, 안녹산의 부하 사사명의 난을 진압하면서 치주와 청주의 지배권을 인정받는 치청평로절도사가 되었습니다.

하지만 고구려 유민 출신인 이정기는 곧 절도사 후희일의 모함을 받아 감옥에 갇히게 됩니다. 꼼짝없이 죽을 날만 기다려야 했는데, 이정기의 부하들이 들고일어나 그를 구하고 절도사를 몰아낸 뒤 이정기를 그 자리에 앉혔습니다.

어떻게 그럴 수 있었을까요? 안녹산의 난을 토벌할 당시 또 다른

우리가 미처 몰랐던 역사의 경계인들

토벌군이었던 위구르 출신의 군대와 연합해 전투를 치러야 했는데, 위구르 출신 장군이 힘이 세고 난폭해 절도사들도 어쩌지 못했습니다. 그런데 이정기가 그 위구르 장군을 제압했고, 이 일로 이정기를 따르는 이들이 많아진 것입니다. 반면 치청절도사 후희일은 실정을 저질러 치청경제가 흔들리고 있었습니다. 765년 이정기는 부하들의 추대로 절도사가 되었으며, 당은 그에게 '정기(正己)'라는 이름을 하사하고 평로치청절도관찰사로 임명했습니다.

이정기는 15개 주 10만 대군을 거느린 세력으로 성장했습니다. 그 영역은 통일신라에 맞먹었고, 인구는 540만으로 통일신라의 450만보다 많았습니다. 치청세력이 이렇게 강력하게 성장할 수 있었던 데는 경제적 영향이 컸습니다.

치청의 근거지인 산둥지역은 비옥한 농토는 물론이고, 중국 전체의 50%를 차지하는 소금 산지였습니다. 중국에서 소금은 국가를 운영하는 데 꼭 필요한 재원이었습니다. 게다가 중국 전체 철과 구리 생산량의 10%가 이 지역에서 나왔습니다. 이는 무기 제작으로 이어질 수 있는 막강한 재원이었습니다. 이정기는 이런 부분을 모두 염두에 두고 이 지역으로 진출한 것입니다. 이곳의 경제적 가치를 『구당서』와 『신당서』에는 다음과 같이 기록하고 있습니다.

"소금과 철을 염두에 두고 이정기가 그곳을 전략적으로 확보했음을 알 수 있다."

산둥반도는 오래전부터 동아시아 무역의 중심지였습니다. 당 황제는 이정기에게 '해운압신라발해양변사'라는 관직을 주어 신라·발

여섯째 마당

해와의 외교와 무역을 총괄하게 했습니다. 이정기는 당과 신라·발해를 잇는 중계무역으로 큰 부를 쌓았습니다. 특히 발해의 수출품인 명마를 사들여 경제적 이득은 물론 기병 양성에 큰 도움을 받았습니다.

이정기가 다스리는 번진은 정치적·경제적 안정을 이루며 일대에서 가장 살기 좋은 곳으로 인정받았습니다. 다른 번진처럼 중앙정부에 세금을 보내지 않고 번진 관리들을 직접 임명할 정도로 성장했습니다. 다음은 이정기의 치청세력이 독립적인 세력으로 성장했음을 보여주는 『구당서』 『자치통감』 『산동통사』 등의 기록입니다.

"정사를 볼 때는 엄하면서도 냉정했다."

"스스로 문무백관을 임명하고 세금을 걷었으나 조정에 바치지 않았다."

"법령은 하나같은 데다 세금마저 균일하고 가벼워서 제일 강대했다."

"이정기의 치청 번진에서 하는 모든 일이 당 조정의 근본을 위협했다."

막강해진 치청세력에 위협을 느낀 당 조정은 이정기에게 더 높은 관직을 주어 그를 달래려고 했습니다. 771년 이정기는 번진의 수도를 청주에서 운주로 옮기며 당을 위협하기 시작했습니다. 운주는 수도 장안과 가까운 곳입니다. 절도사들의 권력에 위협을 느끼던 당은 성덕절도사 이보신이 죽자 그 아들의 절도사 세습을 인정하지 않았습니다. 이보신의 아들은 이정기의 사돈으로, 이정기와 동맹관계를 맺고 있었습니다. 성덕절도사 세습을 인정하라는 이정기의 압력은 황제의 인사권에 반기를 든 것입니다.

이정기의 10만 대군은 강회에서 당과 전투를 벌여 대승을 거두었습니다. 군사적 승리에 이어 경제적 압박까지 가했습니다. 이정기는 당의 수도 장안과 동쪽의 낙양으로 들어가는 운하의 길목인 서주와 용교를 장악해버렸습니다. 운하가 막히면 물자가 끊겨 중앙정부는 혼란에 빠질 수밖에 없었습니다. 『구당서』와 『자치통감』은 당시 상황을 각각 이렇게 기록했습니다.

"이정기가 강과 회의 수로를 끊으려고 군대를 보내 용교를 지켰다."

"남북으로 통하는 뱃길이 모두 막히자 민심이 공포에 떨었다."

이제 수도 장안으로 진격할 일만 남았습니다. 그런데 781년, 이정기가 갑작스러운 병으로 세상을 떠났습니다.

이정기의 죽음으로 당은 위기를 모면하는 듯했습니다. 하지만 이정기의 아들이 변주를 장악해 운하를 막았습니다. 이정기의 아들 이납은 왕을 칭하고 국호를 제(濟)라고 선포했습니다. 다시 위기를 맞은 당 조정은 이를 인정할 수밖에 없었습니다. 제나라는 독립된 정권을 인정받았지만, 792년 이납이 죽고 아들 이사고가 뒤를 이었습니다.

806년에 이사고가 사망하고 그 이복동생 이사도가 즉위했습니다. 그러는 동안 당 조정은 주변 번진을 규합해 제나라를 압박했고, 819년 제나라는 무너졌습니다. 이정기가 치청세력을 만든 지 55년 만이었습니다. 당을 몇 번이나 위기로 몰아갔던 만큼 잔인한 보복이 이어졌습니다. 항복한 제나라 군사 1,200명이 학살되었습니다.

여섯째 마당

이정기의 치청세력은 한반도의 발해·신라와도 이해관계가 얽혀 있었습니다. 고구려를 계승한 발해는 이정기와 활발히 교류하고 그를 지지했습니다. 이정기와 그의 부하들 상당수가 고구려 유민 출신이었기 때문일 것입니다. 반면에 이정기가 당에 맞서기 시작한 이후 치청번진을 경유한 신라와의 교류는 급격히 줄었고, 신라는 당이 제나라를 공격할 때 3만 군대를 지원했습니다.

아이러니하게도 제나라를 공격한 당의 군대 중 무령군에 속했던 이가 바로 장보고입니다. 안녹산의 난을 진압하던 고선지가 억울하게 죽임을 당했다면, 안녹산의 난을 진압하며 실력을 인정받은 이가 이정기였으며, 이정기의 치청세력을 진압하는 과정에서 이름을 알린 이가 장보고였습니다.

고구려는 역사에서 사라졌지만, 중국 땅에서 중국을 흔들 만큼 명성을 떨친 고구려 유민인 고선지와 이정기가 있었습니다. 두 사람 모두 안타까운 죽음을 맞았지만 고선지는 서역 진출로 당의 영역을 최대로 만들었고, 탈라스 전투에서 패배했지만 그 포로들이 전한 제지술로 세계 역사를 바꿔놓은 인물입니다. 이정기는 당을 뒤흔들 만큼 독자 세력을 형성하며 고구려 부활을 꿈꾼 인물입니다.

망국의 유민 출신인 이들이 어떻게 이렇게 대단한 힘을 발휘할 수 있었고, 그 힘은 어디에서 왔을까요? 그것은 고구려인의 정신에서 나왔습니다. 그리고 그 고구려인의 DNA는 지금 우리에게도 있습니다.

우리가 미처 몰랐던 역사의 경계인들

# 골품제의 벽에 무너진
# 장보고와 최치원

골품제는 신라의 뒤늦은 성장을 이끌었지만, 삼국통일 이후에는 점차 망국의 원인이 되었습니다. 그리고 그 골품제에 희생된 안타까운 죽음이 있습니다. 끝내 신라에서 꿈을 이루지 못한 장보고와 최치원의 죽음이 그렇습니다.

해상왕으로 군림하던 장보고는 왜 암살되었고, 그의 죽음 이후에 우리 역사는 어떻게 바뀌었을까요? 그리고 당나라에서 명성을 얻은 최치원이 신라에 온 이후 결국 세상을 등질 수밖에 없었던 이유는 무엇이었을까요?

여섯째 마당

## 해상왕 장보고의 안타까운 죽음

장보고는 흥덕왕 828년, 역사에 처음 등장합니다.

"여름 4월에 청해대사 궁복은 성은 장씨인데, 당나라 서주에 들어가 군중소장이 되었다가 후에 귀국하여 왕을 알현하고 졸병 1만을 이끌고 청해에 진을 세웠다."

해상왕(海商王) 장보고, 그는 어떻게 해상왕이 될 수 있었을까요? 당나라 시인 두보의 『번천문집』에 장보고에 관한 기록이 있습니다.

"신라인 장보고와 정년이라는 자는 자기 나라에서 서주로 와서 군중소장이 되었다. 모두 싸움을 잘했고 말을 타고 창을 휘두르는데 나라와 서주에서 능히 대적할 자가 없었다."

당나라에서는 이민족 출신이라도 능력이 뛰어나면 출세할 수 있었습니다. 이 시기 고구려 유민 출신인 이정기의 치청세력이 당을 위협하고 있었습니다. 당은 이를 진압하고자 토벌대를 꾸렸고, 장보고는 치청세력 진압의 공을 인정받아 무령군 소장에까지 올랐습니다. 하지만 이후 당은 지방 군사력이 커지는 것을 경계해 군대를 축소했고, 이에 장보고는 군인이 아니라 상인으로 변신하기로 합니다. 산둥반도를 중심으로 한 치청세력의 활발한 무역과 막강한 경제력을 본 것입니다.

신라로 오기 전 장보고는 중국 전역을 두루 돌아보며 철저히 준비했습니다. 시장 조사를 하고, 재당 신라인들을 만나 무역을 위한 인적 네트워크를 확보한 것입니다. 일본과 무역을 염두에 두고 통역사

우리가 미처 몰랐던 역사의 경계인들

도 구했습니다. 그리고 신라로 돌아온 장보고는 흥덕왕을 알현한 자리에서 청해진 설치를 허락해주면 자신이 해적을 소탕하겠다고 제안했습니다. 그런데 이것은 명분일 뿐, 실제는 무역을 허락하는 대가로 신라 왕실에 상당한 재정적 지원을 제안했을 것입니다. 계속된 왕위 다툼으로 나라 재정이 궁핍하던 흥덕왕에게 장보고의 제안은 솔깃한 것이었습니다.

장보고는 청해진을 왜 완도에 설치했을까요? 완도는 지정학적으로 무역을 하기 매우 적절한 위치에 있습니다. 청해진이 있던 위치는 완도 바로 앞 작은 섬 '장도'입니다. 1959년 사라호 태풍으로 갯벌이 쓸려가면서 장도에 목책을 세웠던 흔적이 발견되었고, 발굴조사 결과 청해진 유적이 확인되었습니다. 장보고가 완도에 청해진을 설치한 것은 장보고의 출신과 관련 있어 보입니다. 『삼국사기』와『삼국유사』에 각각 다음과 같은 기록이 있습니다.

"정년은 바닷속에 잠수하여 50리를 다녀도 숨이 막히지 않았다."

"반란을 획책한 미천한 해도인(海島人, 섬놈)."

잠수를 잘했다는 정년이 바닷가 출신임을 짐작할 수 있고, 장보고를 해도인(海島人)이라 지칭합니다. 장보고가 완도에 청해진을 둔 것은 이 지역을 잘 알았던 때문이 아닐까요.

'청해(靑海)'는 바다를 깨끗이 청소한다는 뜻입니다. 장보고는 흥덕왕과 한 약속을 지켰습니다. 『삼국사기』에 그의 활약이 기록되어 있습니다.

"장보고의 활약으로 신라인 노예 매매가 거의 사라졌다."

홍덕왕릉비에 '무역지인간(貿易之人間)', 즉 무역하는 사람이라는 기록이 있는데 장보고를 가리키는 말입니다. 장보고의 영향력이 당시 얼마나 대단했는지, 그리고 흥덕왕에게 장보고가 어떤 존재였는지를 짐작하게 합니다.

무역에서 무엇보다 중요한 것이 조선술과 항해술입니다. 남해와 서해가 이어지는 완도 지역은 물살이 세고 조수 간만의 차가 커서 항해하기가 쉽지 않습니다. 신라의 배는 밑바닥이 뾰족한 '첨저형'이라서 갯벌과 조수의 차가 큰 바다에서 물살에 휩쓸리면서도 넘어지지 않았습니다. 또한 배에 칸막이가 벽처럼 세워져 있어 배가 좌초되어 구멍이 생겨도 금방 침수되지 않았습니다. 배에 실린 물건도 지킬 수 있고, 수리하기도 쉬워 무역선으로 적합했습니다.

당시 배는 바람과 해류의 힘으로 운항했기에 순풍이 불 때만 항해가 가능했습니다. 그런데 신라의 배는 역풍에도 운항할 수 있었습니다. 배에 설치된 '누아' 덕분입니다. 누아는 요트가 불어오는 바람을 상대하면서 지그재그로 항해할 수 있게 해주는 장치입니다. 일본의 천태종 스님 엔닌(円仁)이 쓴 『입장구법순례행기』에 이를 뒷받침하는 기록들이 있습니다.

"풍향이 바뀌어도 표류하여 밀리는 두려움이 없었다."

"당시(838년) 일본인이 신라를 거치지 않고 중국에 가는 데도 신라어 통역 김정남, 박정장 등을 고용하여 배마다 동행시켰다."

"본국 조공사가 신라선 5척을 타고 래주 여산가에 닿았다."

일본이 신라를 거치지 않고 중국에 가는 데도 신라어 통역사를 동

우리가 미처 몰랐던 역사의 경계인들

행시키고, 일본 조공사도 신라 배를 타고 중국에 갈 만큼 당시 신라의 조선술과 항해술이 뛰어났음을 확인할 수 있습니다. 이러한 신라의 조선술과 항해술은 장보고가 해상세력으로 성공하는 데 큰 역할을 했습니다.

**"**

| 장보고의 명언 |

"옛사람이 말하길 의로움을 보고도 움직이지 않으면 용기가 없는 것이라 했습니다. 비록 평범하고 미천하지만, 당신의 명을 따르겠습니다."
－김우징의 부탁을 받은 장보고의 대답

**"**

장보고는 당과 일본 사이에서 중계무역으로 성장했습니다. 청해진을 거점으로 산둥반도에 있는 재당 신라인들을 활용했으며, 삼국통일 과정에서 일본으로 건너간 이들도 장보고에게 중요한 인적자원이 되었습니다.

'청해대사' 장보고는 청해진에서 전체 무역을 관장했습니다. 청해진은 군사기지로, 병마사 최훈이 해적을 소탕하고 무역선을 호위하는 역할을 했습니다. 산둥반도(적산포)는 대당 무역의 중심지로, 장영이 재당 신라인들을 이끌었으며, '법화원'이라는 절을 중심으로 이들을 결집했습니다. 장보고가 체계적인 무역 조직을 두고 있었음을 알 수 있습니다.

장보고는 당에서 도자기, 비단 등을 사서 일본에 팔았습니다. 특히 인기 있는 것이 청자였습니다. 장보고는 강진과 해남에서 직접 청자를 생산하기도 했습니다. 당에 머무는 동안 청자 만드는 기술력을 확보한 듯 보입니다. 중계무역에서 얻는 이익도 컸지만, 청자를 직접 생산해 얻는 이익은 훨씬 더 컸습니다.

장보고의 무역 규모는 상당했습니다. 신라의 진골 귀족들은 앞다투어 사치를 일삼았습니다. 이 때문에 외래품 사용을 금지하는 법령이 만들어지기도 했습니다. 일본은 더 심각했습니다.『속일본후기』에 당시 상황이 기록되어 있습니다.

"장보고의 선단이 가져온 물품을 경쟁적으로 구매하려다 보니 가격이 폭등했고, 비싼 물건을 사려고 가산을 탕진하는 사태가 벌어졌다."

9세기, 장보고의 해상세력은 막강한 힘을 과시하고 있었습니다. 그랬던 장보고가 왜 암살되었을까요?

이 시기 왕위 다툼이 치열했습니다. 흥덕왕이 후사 없이 죽자 흥덕왕의 사촌 김균정과 조카 김제륭이 왕위 다툼을 벌였습니다. 그 결과 김제륭이 희강왕으로 즉위했고, 왕위 다툼에서 패한 김균정이 죽임을 당하자 그 아들 김우징은 장보고에게 도망쳤습니다. 장보고는 김우징을 받아들여 그를 도와주었습니다.

이후 김명이 반란을 일으켜 희강왕이 죽고, 김명이 민애왕으로 즉위했습니다. 그리고 김우징은 장보고의 도움을 받아 민애왕을 죽이고 신무왕이 되었습니다. 신무왕은 장보고를 '감의군사'로 임명하고 식읍 2천 호를 하사했습니다. 신무왕은 장보고의 딸을 태자비로 맞겠다는 약속도 했습니다. 그런데 신무왕이 불과 6개월 만에 죽고 말았습니다.

신무왕의 아들 문성왕은 장보고를 '진해장군'으로 임명하고, 약속대로 장보고의 딸을 왕비로 들이려 했습니다. 하지만 진골 귀족의 반대가 극심했습니다. 장보고가 골품이 없는 미천한 신분이었기 때문입니다. 장보고의 딸이 왕비가 되면 신라의 골품제는 흔들릴 수밖에 없었습니다. 결국 진골 귀족들은 한때 장보고의 수하였던 염장을 시켜 장보고를 암살했습니다. 이렇게 장보고는 허무하게 죽임을 당했고, 청해진은 해체되었습니다. 『삼국사기』는 장보고의 죽음을 이렇게 기록하고 있습니다.

"청해진의 궁복이 왕이 자신의 딸을 맞아들이지 않은 것을 원망하여 청해진을 근거로 반란을 일으켰다. 조정에서는 그를 토벌한다면 후환이 있을 것이 염려스럽고 그를 그대로 두자니 그 죄를 용서할 수는 없었기 때문에 어떻게 처리해야 할지 몰라 근심했다."

정말 장보고가 반란을 일으켰을까요? 장보고는 염장이 찾아왔을 때 그를 경계하지 않고 함께 술을 마셨습니다. 반란을 계획했다면 의심 없이 염장을 만나지는 않았을 것입니다.

미천한 신분이었던 장보고는 신라에서 먹고사는 것조차 쉽지 않았을 겁니다. 그래서 당나라로 건너갔고, 그곳에서 출세했습니다. 성공한 장보고에게 골품제는 걸림돌이 되지 않는 듯했지만 결국 골품제의 한계를 넘지 못하고 죽임을 당했습니다. 그렇지만 그의 존재는 골품제 붕괴를 알리는 신호탄이 되었습니다. 장보고 이후 그처럼 골품제를 무시하는 독자적 세력을 지닌 호족들이 나타나기 시작했기 때문입니다.

장보고는 골품제가 지배하던 신라 사회에서 가장 국제적인 인물이었습니다. 『삼국사기』와 『삼국유사』는 장보고가 반란을 일으켰다가 죽임을 당했다고 기록하고 있습니다. 그런데 중국과 일본의 기록은 전혀 다릅니다. 당나라 시인 두목은 『번천문집』에 이렇게 적고 있습니다.

"장보고는 동양에서 가장 뛰어난 사람이다. 인의지심(仁義之心)이 충만하고 명견이 있으니, 의리가 있는 사람이다."

일본의 천태종 스님 엔닌이 교토 북쪽에 세운 '적산선원'에서는 적산대명신을 모시고 있는데, 적산대명신은 장보고와 관련이 있습니다. 세계문화유산으로 지정된 교토의 '엔랴쿠지'에는 장보고의 비석이 세워져 있습니다.

하버드대학교 동아시아 역사가인 에드윈 라이샤워는 장보고를 '해상상업제국의 무역왕'이라고 평가했습니다. 7~9세기 조선술과 항해술의 발달로 이슬람 제국과 당 제국이 무역을 확장하고 있었습니다. 페르시아만에서 당까지 해양 실크로드가 이어지고 있었습니다. 장보고는 그 해양 실크로드를 당에서 신라와 일본까지 확장했습니다. 당시 동로마 콘스탄티노플의 유행이 신라 경주까지 전해지는 데 6개월이면 충분했다고 합니다.

장보고는 최초의 호족이자 최초의 동아시아 삼국의 민간 무역상이라 할 수 있으며, 미천한 출신으로 한국·중국·일본의 정사에 등장하는 유일한 인물입니다. 또한 청자 생산으로 고려청자 발전의 토대를 마련한 인물입니다.

해상왕 장보고의 성장과 암살, 그에 대한 평가까지 살펴보았습니다. 한반도의 모습을 보면 한눈에 들어오는 것이 우리 앞에 펼쳐진 바다입니다. 바다는 과거보다 현재, 현재보다 미래에 그 가치가 더 큽니다. 그 바다의 가치를 1,200년 전에 먼저 알아본 이가 바로 장보고였습니다.


## 골품제로 좌절한 비운의 천재, 최치원

신라의 골품제 때문에 좌절한 또 한 사람이 있습니다. 비운의 천재 최치원입니다.

최치원은 신라 말인 857년에 태어났습니다. 그는 네 살에 글을 배워 열한 살에 사서삼경을 읽었다는 기록이 전할 만큼 총명했습니다. 그리고 열두 살 어린 나이에 당나라로 유학을 떠났습니다. 골품제 때문에 6두품은 능력을 인정받기 힘들었기 때문입니다. 당에서 최치원은 '인백기천', 즉 남이 백을 하는 동안 천의 노력을 해 당나라 유학 6년 만에 빈공과 시험에 장원으로 합격했습니다.

빈공과에 합격한 최치원은 당에서 관직 생활을 하면서 자신이 지은 시와 문장을 모아 『계원필경』을 펴냈습니다. 중국에서는 정사에 논란이 있거나 틀린 부분이 있으면 『계원필경』을 근거로 수정할 만큼 그 가치를 인정받고 있습니다.

최치원이 당에서 이름을 떨친 결정적인 사건이 있었습니다. 875
년 황소의 난이 당나라 전역으로 확대되어 수도를 위협하기에 이르
렀습니다. 당시 최치원은 황소 토벌 총사령관을 대신해 격문을 지었
는데, '격황소서(檄黃巢書)'가 그것입니다. 다음은 '격황소서'의 일부
입니다.

"천하의 모든 사람이 너를 죽이려고 생각할 뿐 아니라 땅속의 귀
신까지도 너를 죽이려고 은밀히 의논했을 것이니 네가 비록 숨은 붙
어 있다고 하지만 넋은 이미 빠졌을 것이다. (…) 너의 몸뚱이는 도끼
날에 기름이 되고, 뼈는 수레 밑에 가루가 될 것이며, 처자는 잡혀 죽
고, 권속들은 베임을 당할 것이다."

황소의 난이 진압되고 최치원은 당 황제로부터 '자금어대(황제가
정5품 이상에게 하사하는 붉은색 주머니)'를 하사받았습니다. 당에서 최치
원은 불과 스물다섯 살에 큰 명성을 얻었습니다.

**66**

| 최치원의 명언 |
"남이 백을 하는 동안 나는 천의 노력을 했다."

**99**

최치원은 스물아홉 살에 신라로 돌아와 외교문서를 담당하는 '한
림학사'라는 높지 않은 벼슬을 얻었습니다. 당에서 능력을 인정받았

지만 진골 귀족들의 시기와 질투에 시달렸기 때문입니다. 최치원은 부산군 태수 등 외직으로 나가 민생을 두루 살폈습니다. 그는 10여 년간 중앙과 지방의 관직에 있으면서 겪은 정치의 부패와 사회 모순을 개혁하려고 시무책 10여 조를 진성여왕에게 올렸습니다. 하지만 진골 기득권 세력의 반발이 커서 그의 개혁안은 받아들여지지 못했습니다.

결국 최치원은 관직을 버리고 경주 남산, 합천 청량사, 지리산 쌍계사, 부산 해운대 등을 떠돌며 은거하다가 마지막에는 가야산 해인사에 머물렀습니다. 방랑하다 죽었다고도 전하고 신선이 되었다고도 합니다. 지리산 쌍계사의 '진감국사대공탑비'가 그가 남긴 글입니다. 최치원은 해운대의 절경을 보고 동백섬 남쪽 암벽에 자신의 자(성인이 되면 지어주는 이름) '해운(海雲)'이라 새겼고, 그 때문에 '해운대'라는 지명이 생겼습니다. 최치원의 또 다른 자는 '고운(孤雲)'입니다. 기울어가는 신라를 개혁하려 했지만 외로운 구름처럼 떠돌아야 했던 그의 삶을 나타내는 듯합니다.

신라 최고의 지식인으로서 최치원의 삶은 실패했다고 볼 수 있지만, 그의 개혁은 고려 건국의 기반이 되었습니다. 그런데 최치원의 개혁은 왜 실패했을까요? 그는 왜 신라에서 자신의 능력을 펼 수 없었을까요? 다름아닌 뿌리 깊은 신라 골품제의 병폐 때문입니다. 당에서도 크게 인정받은 인재였지만, 신라에서 6두품 최치원이 설 자리는 없었습니다.

'금수저, 은수저, 동수저, 흙수저'라는 말을 자주 합니다. 우스 갯소리로 치부하기에는 현실을 너무 잘 반영한 말입니다. 이 '수저계급론' 때문에 아무리 노력해도 능력을 발휘할 기회조차 없을 거라는 회의적인 생각을 하는 사람들이 있습니다.

하지만 그 생각을 이렇게 바꿔보면 어떨까요? 금, 은, 동은 불에 녹아버리지만, 흙은 아름다운 도자기로 재탄생할 수 있습니다. 불이 시련이라면 시련 앞에 가장 강한 것이 바로 흙수저입니다. 그러니 흙수저라고 포기하지 마시길 바랍니다. 당신은 언젠가 멋진 도자기로 거듭날 테니까요!

우리가 미처 몰랐던 역사의 경계인들

# 우리 역사의 일부가 된
# 수많은 귀화인들

광개토대왕은 고구려의 정복 군주입니다. 그가 넓힌 땅만큼 많은 이민족이 고구려에 복속되었습니다. 다시 말해, 고구려는 다민족국가였습니다.

대조영이 세운 발해는 고구려 계승을 표방했습니다. 발해 국왕도 일본에 보낸 국서에 자신을 고려(고구려) 국왕이라 칭했습니다. 대조영의 출신이 논란이지만, 대조영의 아버지는 걸걸중상(대중상)으로 말갈인이지만 고구려 장수였습니다. 고구려를 계승한 발해는 고구려 유민과 말갈인이 함께 세운 나라였습니다. 즉 다민족국가였습니다.

발해의 지도를 보면 민족에 따라 행정구역을 나누었습니다. 용천

여섯째 마당

부, 현덕부는 숙신의 옛땅, 용원부는 예맥의 옛땅, 남해부는 옥저의 옛땅, 압록부는 고구려의 옛땅, 부여부는 부여의 옛땅, 정리부는 읍루의 옛땅, 솔빈부는 솔빈의 옛땅, 동평부는 불열의 옛땅, 철리부는 철리의 옛땅, 회원부는 월희의 옛땅입니다. 고구려도 발해도 다민족 국가였음을 말합니다.

그뿐인가요? 고려는 거란, 여진, 몽골, 홍건적과 왜구의 침략을 받았으며, 원의 간접적 지배를 받기도 했습니다. 조선은 임진왜란과 병자호란을 겪었습니다. 사실 역사에서 단일민족이 유지되는 건 거의 불가능합니다. 당연히 우리 역사에도 수많은 귀화인들이 있었습니다.


## 우리가 미처 몰랐던 역사 속 귀화인들

『삼국유사』에 따르면 김해 금관가야의 첫 임금 수로왕의 부인 허왕후는 인도 아유타국의 공주였다고 합니다. 그렇다면 우리 역사 속 첫 국제결혼입니다.

허왕후가 먼 곳에서 왔음을 뒷받침하는 몇 가지 증거가 있습니다. 수로왕비릉에 있는 파사석탑은 허왕후가 바다를 건너오는 배에 싣고 왔다는데, 그 모습이 특이할뿐더러 우리나라에는 이와 같은 돌이 없습니다. 수로왕릉의 쌍어문도 인도나 동남아시아에서 많이 볼 수 있는 문양입니다. 가야에서 만든 동물 모양의 뿔잔은 스키타이에서

우리가 미처 몰랐던 역사의 경계인들

비슷한 그릇이 발견됩니다. 이 또한 가야가 먼 나라와 교역했음을 짐작하게 하는 사실입니다.

『삼국유사』에는 '(허왕후가 돌아가시자) 온 나라 사람들이 땅이 꺼진 듯이 슬퍼했다'라는 기록이 있습니다. 수로왕과 허왕후의 아들 10명 중 2남과 3남은 어머니 허왕후의 성을 이어받았습니다.

원성왕릉으로 추정하는 괘릉에는 서역인으로 보이는 무인상이 있습니다. 곱슬머리에 터번을 두르고 덥수룩한 수염에 큰 눈을 치켜뜬 모습입니다. 통일신라 울산항으로 들어온 '회회인(回回人)'이라 불린 아랍인으로 추정됩니다.

아라비아의 기록에 '신라에는 금이 많고 그곳에 가는 무슬림은 돌아오려 하지 않는다'는 내용이 있습니다. 신라에 정착한 아라비아인이 꽤 있었다는 말입니다. 괘릉의 무인상도 특이한 외모와 우람한 체격으로 왕의 호위무사가 되어 신라에 정착한 사람들이 아닐까 짐작합니다.

『삼국유사』 속 처용도 서역인으로 추측됩니다. 신라 헌강왕 때 용의 아들 처용을 데리고 와 벼슬을 내리고 신라 여인과 혼인시켰습니다. 그런데 어느 날 처용이 집에 돌아오니 역신이 아내와 동침하고 있었습니다. 처용은 처용가를 부르며 역신을 꾸짖었고, 역신은 잘못을 뉘우치곤 처용을 그린 그림만 봐도 얼씬하지 않겠다고 약속했습니다. 이후 사람들은 역병이 돌면 처용의 얼굴을 걸어두게 되었습니다. 처용의 모습은 넓은 이마에 두꺼운 눈썹, 우뚝 솟은 매부리코에 붉은 얼굴색을 하고 있습니다.

『삼국유사』에 등장하는 용의 아들 처용은 누구일까요? 『삼국사기』
는 처용의 모습을 '기이한 몸짓을 하며 괴이한 옷을 입은 사람'으로
기록하고 있습니다. 페르시아의 서사시 '쿠쉬나메'에 멸망한 페르시
아 사람들을 이끌고 중국 당나라로 망명한 아비틴이 황소의 난을 피
해 신라로 들어왔는데 그 시기가 처용 설화 속 헌강왕 시기와 비슷
하다는 것입니다. 처용도 그 일행 중 한 사람, 어쩌면 역병을 쫓아낸
의사가 아니었을까요.

과거제도는 고려 광종 때 쌍기의 건의로 시작되었습니다. 쌍기는
후주의 사신으로 고려에 왔다가 병이 나서 돌아가지 못했는데, 광종
의 눈에 들어 고려에 귀화했습니다. 쌍기는 자신이 지공거(知貢擧, 시
험관)가 되어 과거제를 실시했고, 광종의 개혁정치에서 중추적 역할
을 하며 출세했습니다. 쌍기의 활약과 고려의 귀화인 우대정책으로
이후 많은 중국인이 고려로 들어왔습니다.

고려시대 베트남에서 온 귀화인도 있었습니다. 오랫동안 중국의
속국이었던 베트남이 독립해 처음 세운 왕조가 리 왕조(대월, 大越)였
습니다. 하지만 왕조가 몰락하자 왕족이 몰살당하는 화를 피해 왕
족 이용상이 사람들을 이끌고 무작정 배를 타고 항해하다 황해도 옹
진반도에 다다랐습니다. 고려는 이들을 받아주었고, 이후 몽골군 침
략에 맞서 싸운 공을 높이 사 관직과 땅을 하사했습니다. 고려 고종
은 성씨를 하사했고, 이용상은 화산 이씨의 시조가 되었습니다. 이
와 같은 내용이 '수항문기적비(受降門紀蹟碑)'에 전합니다. 1995년 화
산 이씨 후손들이 베트남을 방문했을 때 왕손으로 극진히 환대받았

우리가 미처 몰랐던 역사의 경계인들

다고 합니다.

후라타이는 충렬왕의 왕비 제국대장공주의 사속인(私屬人)으로 고려에 들어와 충렬왕의 신임을 얻어 인후(印侯)라는 이름으로 고려에 귀화했습니다. 그는 귀화 후에도 원나라 편에 섰지만, 점차 고려 편에 서서 공을 세웠습니다. 그렇게 그는 연안 인씨의 시조가 되었습니다.

고려가요 〈쌍화점〉에는 회회인(이슬람 사람)이 만두(쌍화) 가게 주인으로 등장합니다. 만두도 원나라에서 들어온 음식이지만, 이슬람 사람이 고려에서 만두 가게를 하며 정착해 살고 있음을 보여줍니다. 고려 현종 때 기록에 따르면 '거란인과 발해인이 귀화하는 일이 매우 많았다'고 합니다. 귀화한 발해인은 38회에 걸쳐 12만 2,686명으로 전체 귀화인의 70%가 넘었고, 거란인(1,432명) 귀화인과 한인(144명) 귀화인도 많았습니다. 12세기 고려 인구를 약 200만 명으로 추산했을 때 귀화인은 약 17만 명으로 8.5%에 이릅니다. 현재 우리나라에서 거주하는 외국인 숫자가 200만 명이지만, 인구의 4%로 고려 시대에 비하면 훨씬 낮은 비율입니다. 고려가 상당히 개방적인 국가였음을 알 수 있습니다.

조선을 건국한 이성계의 부하 장수이자 개국공신 이지란도 여진족입니다. 그는 조선에 귀화해 청해 이씨의 시조가 되었습니다. 그의 본명은 퉁두란(퉁쿠룬투란티무르)이며, 이성계와 의형제를 맺을 정도로 각별했습니다. 이성계와 이지란은 사냥터에서 활쏘기 실력을 다투다 이성계의 뛰어난 활 솜씨에 이지란이 더 나이가 많았지만 이

여섯째 마당

성계를 형님으로 모시게 되었다고 합니다. 그들은 함경도 쌍성총관부 출신으로 공민왕 때 고려 편에 서서 쌍성총관부 탈환에 힘을 보탰습니다.

"

| 이지란(퉁두란)의 명언 |
"재주의 아름다움을 어찌하여 남에게 많이 보이십니까?"
–〈이지란 신도비〉 이성계가 우왕과 사냥에 나와 과녁을 명중시키자 그에게 한 말

"조심조심 덕을 닦아 영원히 조선을 보전하시라."
–죽기 전 신하로서 태종에게 남긴 당부

"

고려 말 왜구를 토벌한 황산대첩에서 이성계와 함께 활을 쏴 왜장 아지발도를 쓰러뜨린 일화는 유명합니다. 고려군을 공포에 떨게 한 어린 왜구 아지발도는 얼굴까지 온통 갑옷을 두르고 있었는데 이성계의 화살이 아지발도의 투구 꼭지를 맞혀 얼굴이 드러나자 이지란의 화살이 곧이어 아지발도의 얼굴에 명중했습니다.

기골이 장대한 태조 이성계에 비해 이지란의 모습은 '용모가 단정하고 아름다운 것이 마치 여인과 같았다'라고 그의 신도비에 기록되어 있습니다. 이성계는 이지란을 두고 "두란의 말 달리고 사냥하는 재주야 그만한 사람도 있기는 하겠지만, 싸움에 임해 적군을 무찌르는 데는 두란보다 나은 사람이 없다"라고 평가했습니다.

이지란은 황산대첩에서 이성계의 목숨을 구해주기도 했으며, 이

우리가 미처 몰랐던 역사의 경계인들

성계에게 적절한 조언으로 그를 깨우쳐주기도 했습니다. 이지란은 이성계가 우왕과 함께 나선 사냥에서 활쏘기 실력을 과시하자 "뛰어난 재주를 왜 그렇게 남에게 많이 보입니까?"라고 했습니다. 몸을 낮추고 언행을 신중히 하라는 뜻이었습니다.

조선이 건국되자 이지란은 개국공신 '청해군(靑海君)'에 봉해졌습니다. 이성계에게 끝까지 충실했지만 왕자의 난에서는 이방원의 편에 섰습니다. 조선의 앞날에 대한 그 나름의 생각이 아니었을까요. 이후 이성계와 함께 함흥으로 떠났고, 이방원이 태종으로 즉위한 후에도 벼슬에 나서지 않았습니다. 마지막에는 전장에서의 살생을 참회하며 불가에 귀의했습니다. 그는 1402년(태종 2년) 세상을 떠나며 여진 풍습에 따라 시신을 태워 장례를 치러달라고 부탁했습니다.

## 우리 선조들이 일찍이 보여준 포용의 역사

임진왜란 당시에 귀화한 일본인과 중국인이 많았습니다. 일본인 사야가와 중국인 두사충이 대표적입니다.

사야가는 가토 기요마사의 선봉장으로 부산에 상륙했으며 곧장 부하들을 이끌고 귀화했습니다. 유학을 숭상하고 조선을 동경한 그가 명분 없는 전쟁에 환멸을 느꼈기 때문입니다. 사야가는 일본의 전술과 조총 제조·사용법을 조선에 알려줘 큰 도움을 주었고, 조선 조정에서는 사야가에게 벼슬을 내렸습니다. 또한 임금이 사성 김해 김씨에 충선(忠善)이라는 이름을 내렸습니다. 그는 임진왜란 당시 의병들과 함께 싸웠고, 인조 때 이괄의 난과 병자호란에서도 공을 세웠습니다. 이후 그는 대구 달성군 가창면 우록리에 정착했고, 그 후손들이 현재까지 집성촌을 이루어 살고 있습니다. 김충선을 모시는 '녹동서원(鹿洞書院)'에는 많은 일본인 관광객이 찾고 있습니다.

임진왜란 중 항복한 일본인의 수가 1만 명에 이르렀다고 합니다. 조선 조정은 이들의 귀화를 적극적으로 권하고 벼슬을 내리기도 했습니다. 배고픔이나 추위를 이기지 못해 투항한 왜인도 많았지만, 그들은 제 몸을 돌보지 않고 열심히 싸웠습니다. 일본의 전술을 알려주고, 왜군의 정세를 살피고, 왜장을 암살하겠다고 자청하기도 했습니다. 영화 〈명량〉에서 이순신을 돕는 항왜 준사의 활약을 보면 짐작할 수 있습니다.

**"**

| 김충선(사야가)의 명언 |
"명분 없는 전쟁을 일으킨 왜군에 환멸을 느낀다."
-『모하당실기』

**"**

두사충은 명나라 원군으로 임진왜란에 이여송의 참모로 조선으로 왔다가 정유재란에 다시 유정을 수행해 조선으로 들어왔습니다. 진린의 처남인 그는 풍수지리에 능한 장수였습니다. 그가 맡은 임무는 지형을 살펴 진지를 구축할 터를 잡는 것이었습니다.

우리가 미처 몰랐던 역사의 경계인들

조명연합군은 평양성을 탈환하고 서둘러 진격하다가 벽제관 전투에서 패하고 말았습니다. 이여송은 패전의 책임을 진을 잘못 고른 두사충에게 물어 그를 처형하려 했지만, 패전의 원인이 진지가 아닌 군사에 있다는 우의정 정탁 등 조선 신료들의 주장으로 목숨을 건질 수 있었습니다. 정유재란으로 다시 조선에 들어올 때는 두 아들과 함께였습니다.

조선을 위해 두 번이나 참전했던 두사충에게 이순신 장군이 손수 한시를 지어주었습니다. 〈奉呈杜僕射(봉정두복야)〉, '두복야에게 드리는 시'입니다.

北去同甘苦(북거동감고) 북으로 가서는 고락을 같이했고 / 東來共死生(동래공사생) 동으로 와서는 생사를 함께했네. / 城南他夜月(성남타야월) 성 남쪽 타향의 달 아래에서 / 今日一盃情(금일일배정) 오늘은 한 잔 술로 정을 나누세.

전쟁이 끝나고 두사충과 두 아들은 명으로 돌아가지 않았습니다. 풍수지리에 능했던 그가 보기에 명의 국운이 다하고 북방 오랑캐의 세상이 될 것을 예감했기 때문입니다.

조선으로 귀화한 두사충은 대구에 정착했습니다. 그가 처음 자리 잡은 곳은 현재 경상감영공원이 있는 자리로, 하루에 천 냥이 나오는 명당이라 했습니다. 하지만 임진왜란 이후 경상감영이 대구로 옮겨오자 그 자리를 내어놓고 계산동으로 옮겨갑니다. 두사충은 계산성당 인근에 뽕나무를 많이 심었습니다. 뽕나무는 열매, 잎, 가지, 뿌리까지 버릴 게 없으니 가족의 생계를 위해서였습니다. 이렇게 뽕나무 골목이 만들어졌고, 그곳에서 혼자 된 조선 여인을 부인으로 맞았습니다. 계산성당 인근 뽕나무 골목에는 두사충의 사랑 이야기가 벽화로 그려져 있습니다.

두사충은 명을 걱정하고 그리워하며 앞산 아래에 제단을 쌓고 기도를 드렸습니다. '대명동'이라는 지명이 두사충에게서 생겨났습니다. 죽음을 예감한 두사충은 자신이 정해둔 못자리를 아들에게 알려주려고 길을 나섰지만, 도중에 형제봉 기슭에서 죽고 말았습니다. 그래서 두사충이 고른 명당은 아무도 모른다는 이야기가 전합니다.

그의 무덤 아래에는 명을 그리워한다는 의미의 사당 '모명재(慕明齋)'가 있습니다. 그곳에는 두사충과 이순신 장군의 친분을 보여주는 〈봉정두복야〉라는 시(詩)가 소개되어 있습니다. 두사충은 돌아가신 이순신 장군의 못자리를 정해주었고, 이순신 장군의 후손 이인수는 모명재에 신도비를 써주었습니다. 모명재 인근에는 두릉 두씨 후손들이 살고 있습니다.

『인조실록』에는 '후금의 공격으로 요동에서 피란 온 중국인이 10년도 안 되어 수십만 명에 달했다'는 기록이 있습니다. 이 시기 흥미로운 귀화인 이야기도 있습니다.

1627년(인조 5년) 일본으로 향하던 배가 표류해 제주에 다다랐습니다. 네덜란드인 세 명이 한양으로 압송된 뒤 훈련도감에 소속되었습니다. 훈련도감에서 총포를 제작하는 일을 하던 그들은 병자호란에

우리가 미처 몰랐던 역사의 경계인들

참전해 두 명이 목숨을 잃었고 벨테브레만 살아남았습니다. 벨테브레는 조선 여성과 결혼해 1남 1녀를 두고 무과에도 급제해 박연이라는 이름으로 살아갔습니다.

**"**

| 박연(벨테브레)의 명언 |
"외모가 다르다 한들 조선 옷을 입고 조선말을 쓰니
영락없는 조선 사람 아니겠느냐?"
–『하멜표류기』조선인들이 박연(벨테브레)을 가리키며 한 말

**"**

그러던 중 1653년(효종 4년) 네덜란드의 배가 일본으로 가던 중 표류해 제주도에 상륙했습니다. 하멜 일행 서른여섯 명이었습니다. 통역관으로 온 박연은 그들에게 훈련도감에서 일하도록 권했습니다. 당시 효종은 북벌을 추진했기 때문에 이들의 총포 기술이 필요했습니다. 하지만 하멜 일행은 조선에서 살 생각이 없었습니다. 몇 달 후 그들은 청나라 사신 행렬에 뛰어들어 소란을 피워 탈출하려 했다가 전라도 강진으로 유배되었습니다.

하멜이 약 7년간 유배 생활을 했던 강진에서는 하멜 일행의 흔적을 엿볼 수 있습니다. 이후 전라도 각지에서 노역하던 이들 중 일부가 1666년 일본 나가사키로 탈출하는 데 성공했습니다. 하멜을 비롯한 여덟 명입니다. 하멜은 자신이 소속된 동인도회사에 밀린 임금을 청구하고자 조선에서 13년간 억류 생활을 한 내용을 상세히 적은

보고서를 작성했는데, 이것이 『하멜표류기』가 되었습니다. 『하멜표류기』는 유럽에 조선을 처음으로 소개한 책으로 영어와 프랑스어로 번역될 만큼 인기가 있었습니다.

조선의 기록에 '박연이 하멜 일행을 처음 만나고 돌아와서 소매가다 젖도록 울었다'는 내용이 있습니다. 박연이 조선 여성과 결혼해 1남 1녀를 낳았는데 조선과 네덜란드 얼굴이 반반 섞여 있어 놀랍다는 기록도 있습니다. 『하멜표류기』에 따르면 박연이 하멜에게 "다만 날개가 돋아 거기로 날아가지 못하거든 그런 기대는 단념하라"라고 얘기했다고 합니다.

박연 역시 고향으로 돌아가고 싶은 마음이 왜 없었을까요. 하지만 조선인이 하멜에게 박연을 가리키며 "이 자가 어느 나라 사람인 줄 아느냐?"고 묻자 하멜은 "이 사람은 우리 네덜란드 사람이다"라고 대답했습니다. 그러자 조선인이 웃으며 "생긴 건 다르지만 조선 옷을 입고 조선말을 쓰니 조선인이다"라고 말했다고 합니다. 귀화한 외국인을 이상하거나 특별한 시선으로 보지 않고 같은 조선인으로 받아들이고 대우했음을 알 수 있습니다.

이렇듯 우리 역사 속 귀화인은 생각보다 많습니다. 우리나라 275개 성씨 중 136개가 귀화인에서 비롯한 성씨라고 합니다. 이미 우리에게 많은 이민족의 피가 섞여 있습니다. 울산과학기술원(UNIST)에 따르면, 현대과학으로 유전자를 분석한 결과에서도 수천 년간 많은 아시아인과 융합해 현재 한국인이 생겨났으며, 한국과 중국과 일본은 하나의 민족으로 봐도 될 만큼 내부 동일성이 높다고 합니다.

우리가 미처 몰랐던 역사의 경계인들

우리 역사 속 귀화인은 경계인으로 살지 않았습니다. 우리가 일찍이 보여준 포용의 역사입니다. 그런데 지금은 어떤가요? 국내에 거주하는 외국인 수는 해마다 증가하지만, 차별의 시선으로 그들을 바라보는 우리 인식은 쉽게 바뀌지 않고 있습니다.

**생각을 좀 바꿔보기 바랍니다. 우리도 유민, 난민이었던 때가 있습니다. 일제강점기에 무장 독립투쟁을 하려고 간도로 간 사람들, 먹고살려고 위험을 무릅쓰고 두만강을 넘어간 연해주의 신한촌 사람들, 독립운동에서 중추적 역할을 했던 상하이 임시정부 요인들, 돈을 벌려고 하와이까지 건너가 사탕수수 농장에서 힘든 노역을 하면서도 독립을 위해 힘을 보탠 사람들, 모두가 나라 잃은 유민이었습니다.**

**1937년 연해주에서는 스탈린의 정책에 따라 17만여 명이 기차 화물칸에 실려 한 달 동안 약 6천 킬로미터를 달려서 우즈베키스탄, 카자흐스탄으로 강제 이주되었습니다. 그리고 조선에서 사할린으로 끌려간 강제 징용자들은 탄광촌과 벌목장에서 12시간 이상 중노동에 시달려야 했습니다. 다시 조선으로 돌아갈 날을 기다리던 그들에게 해방 소식이 들렸습니다. 그들은 고향으로 돌아갈 기쁨에 들떴지만 귀국선은 오지 않았습니다.**

**우리에게도 나라를 잃고 떠돌았던 시련의 역사가 있었고, 귀화인을 품어준 따뜻한 역사도 있었습니다. 우리 역사를 돌아보며 포용의 역사를 되새겨보면 좋겠습니다.**

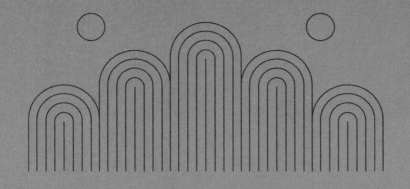

부록

등장인물의
약력과 업적

# 안중근(安重根)

1879년(고종 16)~1910년

안중근

**약력**

1879년  해주 출생, 아버지 안태훈과 어
        머니 조마리아의 맏아들
1897년  천주교에 입교, 세례명 토마스
        (도마)
1906년  삼흥학교 설립, 돈의학교 인수
1907년  연해주에서 의병 활동
1909년  동의단지회 결성, 이토 히로부
        미 저격
1910년  31세에 사형

**업적**

을사늑약이 체결된 후 안중근은 재산을 털어 삼흥학교를 설립했고, 돈의학교를
인수해 교육을 통한 애국계몽운동을 전개했다. 1907년 연해주로 건너가 동의회
에서 의병 활동을 이어가다가 동지들과 단지동맹을 결성하곤 이토 히로부미를
저격했다.

# 이회영(李會英)

1867년(고종 4)~1932년

**약력**

1867년 서울에서 출생
1907년 신민회 창립, 만주 신흥무관학
　　　　교 설립
1931년 항일구국연맹 창설, 흑색공포
　　　　단 조직
1932년 고문으로 옥사(65세)

이회영

**업적**

신민회를 결성하고 애국계몽운동 활동을 이어가다가 국권이 피탈되자 서간도에
독립운동기지를 건설하고 신흥무관학교를 설립했다. 아나키스트였던 그는 조선
무정부주의자연맹을 설립한 이후 다물단, 흑색공포단을 조직해 항일투쟁을 계속
했다. 만주사변 이후 만주 일본군 사령관 암살에 나섰다가 체포되어 고문으로 옥
사했다.

# 김원봉(金元鳳)

1898년(고종 35)~1958년

김원봉

**업적**

의열단을 조직해 종로경찰서, 동양척식주식회사, 조선총독부 폭탄 의거 등 항일 투쟁 활동을 벌였다. 의열단 해체 후 군관학교에서 군사교육을 받았고, 민족혁명당을 결성하고 조선의용대를 조직해 중국군과 함께 일본군에 타격을 가했다. 이후 한국광복군에 합류해 부사령관으로 활동했다.

# 윤희순(尹熙順)

1860년(철종 10년)~1935년

윤희순

**약력**

1860년   경기도 양주 출생

1876년   17세에 유홍석의 아들 유제원
         과 결혼

1895년   을미의병 당시 〈안사람 의병가〉
         작사

1907년   정미의병 당시 안사람 의병단
         조직

1911년   중국 서간도로 망명

1915년   탄광촌인 무순으로 이주, 조선
         독립단 조직

1935년   75세에 사망

**업적**

윤희순은 〈안사람 의병가〉를 지어 부르고 안사람 의병단을 조직하며 의병 활동
에 뛰어들었다. 경술국치 이후 서간도로 망명해 여성 의병대를 만들어 군사훈련
을 했으며, 중국인과 연합해 독립운동을 지속했다. 그녀는 여성에 대한 시대의 벽
을 뛰어넘은 최초의 여성 의병장이었다.

# 정정화(鄭靖和)

1900년(대한제국 4)~1991년

정정화

**업적**

시아버지와 남편을 찾아 상하이로 망명한 정정화는 상하이와 국내를 오가며 독립자금 모금 및 연락책 역할을 수행했다. 26년간 임시정부 요인들을 챙겼으며, 충칭까지의 피난길에도 안살림을 도맡았다. 한국혁명여성동맹, 대한애국부인회 등 여성 독립운동가로 활동했다.

# 호머 헐버트(Homer Hulbert)

1863년 1월 26일~1949년 8월 5일

호머 헐버트

**약력**

1863년  미국 버몬트주 출생

1886년  23세에 육영공원 영어교사로 입국

1889년  순한글 지리 교과서 『사민필지』 저술

1891년  육영공원 축소 운영으로 미국행

1893년  선교사 자격으로 재입국, 배재학당 교사

1896년  서재필, 주시경 등과 〈독립신문〉 발간

1907년  네덜란드 헤이그에서 제4의 특사, 일본에 의해 추방

1949년  대한민국의 초청으로 방한, 86세로 사망, 최초의 외국인 사회장

**업적**

영어 교사로 조선에 온 헐버트는 한글에 매료되어 한글 연구와 보급에 앞장섰으며, 을사늑약을 막으려 고종의 친서를 미국 대통령에게 전달했고, 헤이그 '제4의 특사'로서 네덜란드까지 다녀왔다. 일본의 경천사 10층 석탑 약탈을 국제 언론에 호소해 돌려받을 수 있게 해주었다.

# 후세 다츠지(布施辰治)

1880년 11월 13일~1953년 9월 13일

후세 다츠지

## 약력

1880년  일본 미야기현 출생

1902년  메이지대학 졸업, 우쓰노미야 지검 사법관 시보(검사), 검사직 사임

1911년 「조선독립운동에 경의를 표함」 논문 발표

1919년  조선 유학생 2·8독립선언 사건 변호

1926년  박열과 가네코 후미코의 대역 사건 변호

1932년  일본 공산당 탄압 3·15사건 변호로 법정모독죄, 변호사 자격 박탈

1946년 『조선 건국 헌법 초안』 저술

1953년  73세에 사망

2004년  일본인 최초로 대한민국 건국훈장 애족장 수여

## 업적

일본인 변호사 후세 다츠지는 2·8독립선언문을 유포한 조선 유학생 변호를 시작으로 박열, 김시현, 김지섭 등 조선인 변호를 도맡아 해 독립운동가들이 '우리의 변호사'라 불렀다. 관동대학살 당시 조선인들을 구해주었고, 조선인 학살 문제에 대해 공식적인 사과문을 발표했다. 조선의 독립을 지지하던 그는 해방 이후 재일 조선인의 인권투쟁에 앞장서주었다.

# 이지함(李之菡)

1517년(중종 12)~1578년(선조 11)

이지함

**약력**

1517년  충남 보령의 한산 이씨 명문가
         에서 출생
1547년  을사사화로 친구 안명세 사망
1549년  '이홍윤 옥사 사건'으로 장인을
         비롯해 처가 몰락
1573년  포천 현감 제수
1578년  아산 현감 제수, 걸인청 설치,
         61세에 사망

**업적**

천문·지리·의약·복서에 능했던 이지함은 전국을 유랑하고 기행을 일삼으며 백
성들 속에서 상업활동을 강조했으며, 백성을 구휼했다. 포천 현감에 제수되어 백
성을 구휼할 상소를 올렸지만 받아들여지지 않았고, 아산 현감에 제수되어 걸인
청을 세워 백성을 구휼하다가 세상을 떠났다.

# 장계향(張桂香)

1598년(선조 31)~1680년(숙종 6)

장계향

**약력**

1598년 김성일의 제자인 장흥효의 딸
　　　　로 안동에서 출생
1616년 19세에 이시명과 혼인
1640년 영양 두들마을, 석계고택에 은거
1672년 한글로 쓴 조리서『음식디미방』
　　　　저술
1680년 82세에 사망

**업적**

시·서·화에 능했지만 출가 후 남편 이시명을 내조하고 시댁과 친정에 효를 다했
으며, 일곱 아들을 모두 학자로 길러 퇴계 학맥을 잇게 했다. 흉년에 도토리죽을
쑤어 빈민을 구휼해 여중군자로 칭송받았다. 그녀의 조리 경험과 과학적 보관법
을 담은『음식디미방』은 사회적 통념을 깬 한글 조리서로 그 가치가 매우 높다.

# 김만덕(金萬德)

1739년(영조 15)~1812년(순조 12)

김만덕

## 업적

김만덕은 제주에서 거상으로 큰돈을 벌었는데, 흉년이 들자 전 재산을 털어 쌀을 사서 제주 백성을 구했다. 그러한 공으로 제주 여인은 바다를 건널 수 없다는 월해금법에도 한양의 정조를 알현하고, 금강산을 유람한 후 돌아왔다. 조선시대에 기녀 출신이자 여성이 상인이 되어 성공한 것도 대단하지만, 천대받던 상인이지만 전 재산을 내어놓고 백성을 구한 것은 아무나 할 수 없는 일이다.

# 임상옥(林尙沃)

1779년(정조 3)~1855년(철종 6)

임상옥

**약력**

1779년  의주 출생
1810년  인삼 무역권을 독점
1811년  홍경래의 난 진압에 자금 제공
1832년  곽산 군수
1855년  76세에 사망

**업적**

의주 만상에 들어가 장사를 배운 임상옥은 남다른 배짱으로 인삼 무역권을 독점
하면서 거상으로 성장했다. 홍경래의 난으로 위기를 맞기도 했지만, 언제나 욕심
을 경계했다. 기근에 백성을 구휼하고 수재민을 구제하는 거액의 의연금을 내어
놓아 곽산 군수에 임명되었다.

# 이승훈(李承薰)

1864년(고종 1)~1930년

이승훈

**업적**

온갖 어려움에도 유기상에서 시작해 유통으로 거부가 되었다. 안창호의 강연을 듣고 신민회 활동으로 오산학교를 설립해 민족교육에 앞장섰으며, 평양에 자기회사를 창립해 민족자본을 형성하고자 했다. 기독교인으로 민족대표 33인의 일원이 되어 3·1 만세운동을 이끌었다. 이후 물산장려운동, 민립대학설립운동, 신간회에 참여하며 민족운동을 이어갔다.

# 최재형(崔在亨)

1860년(철종 11)~1920년

최재형

**약력**

1860년  함경북도 경원군 출생

1869년  러시아 연해주로 이주

1893년  연해주 얀치혜의 도헌

1908년  국외 의병단체 동의회 총장

1911년  권업회 총재

1920년  연해주 우수리스크에서 일본군
        에 총살(60세)

**업적**

최재형은 연해주에서 러시아 관리와 한인들을 중재하고 한인들의 처우를 개선해
주며 얀치혜의 도헌이 되었다. 뛰어난 사업 수완으로 연해주의 거부가 된 최재형
은 항일의병투쟁을 위한 동의회를 조직했고, 항일민족신문 〈대동공보〉를 발행했
으며, 권업회를 창설해 연해주 독립운동을 이끌었다.

# 태조 왕건(王建)

877년(헌강왕 3)~943년(태조 26)

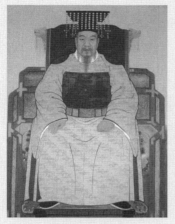

왕건의 초상화(북란 고려박물관)

**약력**

877년    송악 출생, 아버지는 송악의 호
            족 왕륭

903년    궁예 휘하에서 금성군(나주) 함락

918년    고려 건국, 태조로 즉위

926년    발해 유민 흡수

927년    공산전투에서 패퇴

930년    고창전투에서 승리

935년    신라를 합병

936년    일리천전투에서 승리, 후삼국
            통일

943년    66세에 사망

**업적**

고려를 건국하고 후삼국을 통일한 왕건은 백성의 세금을 줄였으며, 흑창을 설치해 빈민을 구휼하는 민생 정책을 펼쳤다. 후삼국 통일 이후에도 지방 호족을 사심관으로 임명하고 지방 호족의 자제를 수도에 머물게 하는 기인제도로 호족을 견제·통합하는 노력을 기울였다. 발해 유민을 받아들이고 서경을 중심으로 북진 정책을 추진하는 등 고구려 계승의식을 확고히 했다. 불교를 중시하고, 유교 정치를 강조했다. 후대 왕들을 위한 「훈요 10조」와 관리들의 규범을 제시한 〈정계〉와 〈계백료서〉를 남겼다.

# 고려 현종(顯宗)

992년(성종 11)~1031년(현종 22)

사천 부자 상봉길 벽화 속 고려 현종

## 약력

992년   아버지 왕욱과 어머니 헌정왕후
의 사통으로 출생, 이름은 왕순

1009년   강조의 정변으로 즉위, 고려 제
8대 왕

1010년   거란의 2차 침입, 나주로 몽진

1015년   김훈·최질의 반란 진압

1018년   거란의 3차 침입, 강감찬의 귀
주대첩, 5도 양계로 행정구역
개편

1031년   39세에 사망

## 업적

현종은 즉위 후에 사치스러운 의식을 폐지했으며, 백성을 구휼하는 데 힘썼다.
고려 7대 실록을 편찬했고, 초조대장경을 간행했으며, 연등회와 팔관회를 부활
하고 설총과 최치원을 문묘에 배향하는 등 불교와 유교를 진흥했다. 5도 양계의
지방통치체제를 갖추고 나성을 축조했으며, 동여진의 침입을 격퇴하고 수군을
창설했다.

# 조선 정조(正祖)

1752년(영조 28)~1800년(정조 24)

정조

**약력**

1752년  사도세자와 혜경궁 홍씨의 아들로 출생

1762년  임오화변, 장헌세자(사도세자)의 죽음

1775년  효장세자의 양자로 제22대 국왕 즉위

1776년  규장각 창설

1777년  서얼이 관직에 나갈 수 있게 한 서얼허통절목 제정

1785년  친위부대 '장용영' 조직

1791년  시전상인의 금난전권을 폐지한 신해통공 시행

1796년  수원화성 축성

1800년  48세에 사망

**업적**

정조는 영조에 이어 탕평정치를 실시하는 한편 규장각을 중심으로 개혁을 추진했다. 초계문신제를 실시해 관리들을 재교육했고, 능력 있는 서얼들을 규장각 검서관으로 등용했다. 친위부대인 장용영을 설치했고, 무예훈련 교범인 『무예도보통지』를 간행했다. 사도세자의 묘를 수원으로 옮기며 수원화성을 축조했고, 신해통공을 발표해 자유로운 상업활동이 가능하게 했다. 부모 잃은 아이, 죄인, 노비를 위한 제도를 마련했으며, 격쟁으로 백성을 목소리를 들으려 애썼다.

# 정도전(鄭道傳)

1342년(충혜왕 복위 3)~1398년(태조 7)

정도전 영정

## 약력

1342년  단양 출생, 고려의 형부상서 정
        운경의 맏아들
1362년  과거 급제
1375년  원나라 사신 영접을 거부해 유
        배형
1383년  함흥으로 찾아가서 이성계를
        만남
1388년  위화도 회군으로 권력을 잡은
        이성계의 측근으로 있으면서
        밀직부사로 승진
1392년  조선 건국, 개국공신으로 책봉
1394년  조선의 건국이념과 통치규범을
        제시한 『조선경국전』 편찬
1398년  왕자의 난으로 피살(56세)

## 업적

조선 건국과 한양 천도의 공이 크며, 『고려국사』 『조선경국전』 『경제문감』 등을
편찬했다. 불교를 비판했고, 성리학을 정착시켰다.

# 조준(趙浚)

1346년(충목왕 2)~1405년(태종 5)

조준(ChatGPT 활용)

**약력**

1346년  평양 출생, 고려의 판도판서 조
        덕유의 아들
1374년  과거 급제
1388년  위화도 회군 후에 이성계의 신
        임으로 지밀직사사 겸 대사헌
        에 오름
1391년  과전법 제정
1398년  1차 왕자의 난 때 이방원을 지
        지해 정사공신 책봉
1403년  영의정부사
1405년  59세에 사망

**업적**

경제와 이재에 밝은 조준은 이성계의 신임을 받으며 과전법으로 토지 개혁을 성
공시켰다. 정도전과 달리 또 다른 조선의 설계자라 할 수 있다.

# 이이(李珥)

1536년(중종 31)~1584년(선조 17)

율곡 이이

**약력**

1536년 사헌부감찰 이원수와 신사임당
　　　의 셋째 아들로 강릉 오죽헌에
　　　서 출생

1564년 과거 급제(구도장원공)

1573년 승정원 동부승지, 상소문 '만언
　　　봉사'

1575년 홍문관 부제학, 주자학의 핵심
　　　을 요약한『성학집요』저술

1582년 이조판서와 형조판서를 거쳐
　　　병조판서로 임명

1584년 48세에 사망

**업적**

이황과 함께 성리학을 집대성한 학자로『성학집요』『동호문답』『격몽요결』등을
저술했고, 후학을 양성했다. '공납의 폐단을 시정하려는 수미법 실시, 국방력을
강화하는 군제 개혁, 서얼제도 폐지' 등을 주장했지만 받아들여지지 않았다.

# 이원익(李元翼)

1547년(명종 2)~1634년(인조 12)

이원익

**업적**

조선을 대표하는 정승이자 청백리이다. 평안도 안주 목사로 흉년에 백성을 구휼
했고, 임진왜란 때 선조의 몽진길을 수행하며 민심을 안정시키는 큰 역할을 했다.
이순신 장군을 끝까지 변호하고 류성룡을 변호하다가 사직하기도 했다. 광해군
시기에 대동법을 시행했고, 인조반정 이후 영의정에 있으면서 이괄의 난과 정묘
호란의 위기를 겪어냈다.

# 하륜(河崙)

1348년(충목왕 3)~1416년(태종 16)

하륜(ChatGPT 활용)

**약력**

1348년  순흥 부사 하윤린의 아들로 진
주에서 출생

1365년  과거 급제

1398년  이방원을 도와 1차 왕자의 난

1400년  태종 즉위 후 진산부원군, 좌명
공신으로 책봉

1408년  영의정 부사

1416년  68세에 사망

**업적**

천문·의술·풍수에 능했으며, 태종 대의 정승으로 『고려사』『동국사략』을 편찬했
고, 태조실록 편찬의 책임을 맡았다. 두 번이나 태종의 목숨을 구한 일도 있었다.

# 한명회(韓明澮)

1415년(태종 15)~1487년(성종 18)

한명회

**업적**

한명회는 세조에게 '나의 장량'이라 불렸던 책사로, 계유정난을 주도해 세조를 즉위시켰다. 병조판서로 여진족을 토벌하는 등 북방을 튼튼히 했으며, 행정제도로 면리제(面里制)를 시행했다.

# 박문수(朴文秀)

1691년(숙종 17)~1756년(영조 32)

박문수

**업적**

박문수는 소론임에도 이인좌의 난을 진압하고 경상도 민심을 다독이는 등 공을
세웠다. 그뿐 아니라 홍수가 난 함경도에 곡식을 보냈고, 흉년에 소금을 구워 백
성을 구휼했으며, 신하들의 녹봉을 깎아 백성을 돕자고 제안하며 양반에게도 군
포를 징수하자는 세금 개혁을 주장했다. 그가 실제 행적과는 달리 후세에 암행어
사로 더 알려진 것은 백성을 위해 앞장서는 관료였기 때문이다.

# 정약용(丁若鏞)

1762년(영조 38)~1836년(헌종 2)

정약용

## 약력

1762년  임오년에 남양주에서 정재원의
       아들로 출생
1789년  과거 급제, 천주교도라 해미에
       잠시 유배
1792년  기기도설을 토대로 거중기와
       녹로를 제작, 수원화성 축조에
       기여
1801년  정조 사후 신유박해로 귀양
1836년  74세에 사망

## 업적

정약용은 실학자로 수원화성 축조 등 정조의 개혁에 힘을 보탰다. 정조 사후 18
년간의 귀양생활 중『목민심서』『경세유표』『흠흠신서』『마과회통』등 많은 저서
에서 정치·농업·경제·법률·의학 등에 관한 구체적 개혁방안을 제시했다.

# 원효(元曉)

617년(진평왕 38)~686년(신문왕 5)

원효

**업적**

원효는 '무애가'를 부르고 소성거사라 칭하며 '나무아미타불'만 외우면 된다면서 불교를 대중화했다. 『금강삼매경론』 『대승기신론소』 『십문화쟁론』 등 많은 저술을 남겼으며 이 책들은 중국, 일본, 인도까지 널리 전해졌다.

# 의상(義湘)

625년(진평왕 47)~702년(성덕왕 1)

의상

**약력**

625년   신라 진골 귀족으로 경주 출생, 아버지는 김한신 장군

643년   19세에 황복사에서 출가

661년   도당 유학

670년   신라로 귀국해 당의 침략 소식을 알림

676년   부석사 창건

702년   77세에 입적

**업적**

신라 진골 귀족 출신의 고승으로 당나라에 유학해 화엄종을 전래했으며, 부석사와 낙산사 등을 건립했다. 저서로 『화엄일승법계도』 등이 있다.

# 김시습(金時習)

1435년(세종 17)~1493년(성종 24)

김시습

**약력**

1435년  서울 출생

1455년  계유정난 소식에 출가해 전국
각지를 유랑

1471년  『금오신화』 저술

1493년  무량사에서 58세에 입적

**업적**

계유정난과 세조의 즉위에 불만을 품고 출가해 세상을 떠돌았다. 사육신의 시신
을 수습해 묻어준 이가 김시습이라 한다. 유불도(儒佛道)를 두루 통달하고 실천
한 사상가였으며, 최초의 한문소설『금오신화』를 저술했다.

# 허균(許筠)

1569년(선조 2)~1618년(광해군 10)

허균

**약력**

1569년  강릉에서 출생, 허엽의 아들
1594년  과거 급제
1609년  형조참의
1612년  『홍길동전』 저술
1618년  역모 혐의로 능지처참(49세)

**업적**

허균은 시와 문장에 능해 명나라 사신 접견에 공을 세웠다. 이 공으로 관직에 올랐으나 탄핵과 파직이 반복되었다. 사회비판적이며 자유분방해 다양한 출신의 사람들과 거리낌 없이 교류했기 때문이다. 최초의 한글소설『홍길동전』의 저자이며,『성소부부고』에는 그의 사상과 개혁 의지가 잘 나타나 있다.

# 신사임당(申師任堂)

1504년(연산 9)~1551년(명종 6)

신사임당

**약력**

1504년   강릉 오죽헌에서 출생

1522년   19세에 이원수와 결혼

1541년   38세에 서울 시집으로 이사

1551년   47세에 사망

**업적**

신사임당은 그림, 시, 글씨에 능했다. 특히 산수화와 포도 그림은 안견 다음간다고 당시에 극찬을 받았다. 대학자 율곡 이이뿐 아니라 큰딸 이매창과 막내아들 이우를 뛰어난 예술가로 키웠다. 조선시대에 스스로 '사임'이라는 호를 정한 것처럼 자기 삶을 주도적으로 이끌어간 예술가이자 교육자였다.

# 허난설헌(許蘭雪軒)

1563년(명종 18)~1589년(선조 22)

허난설헌

**업적**

허난설헌은 여덟 살에 〈광한전백옥루상량문〉을 지었으며, 많은 시를 남겼다. 27세에 요절한 후 남동생 허균이 누이의 시를 모으고 기억을 떠올려 『난설헌집』을 만들었다. 허난설헌의 시는 명나라에서 『조선시선』『난설헌집』으로 유명했고, 일본에서도 간행되었다.

# 고선지(高仙芝)

?~755년(경덕왕 14)(당 현종 44)

고선지

**약력**

721년  20세 무렵 당 유격장군이 되어 토번 정복

747년  소발률국 정복, 안서절도사로 임명

751년  탈라스 전투 패배

755년  안녹산의 난, 고선지 처형

## 업적

고선지는 고구려 유민 출신으로 타클라마칸사막을 지나고 파미르고원을 넘어 연운보에서 토번의 기세를 꺾었고, 다시 힌두쿠시산맥을 넘어 소발률국을 점령해 당나라 최대의 영토를 차지했다. 2차 원정에서 석국까지 정복했으나 이슬람(아바스왕조)과 벌인 탈라스 전투에서 패했다. 하지만 탈라스 전투 포로들을 통해 제지술이 이슬람을 거쳐 서양에 전해질 수 있었다.

# 이정기(李正己)

732년(성덕왕 31)(당 현종 22)~781년(선덕왕 2)(당 덕종 2)

이정기(ChatGPT 활용)

**업적**

고구려 유민 출신으로 안녹산의 난이라는 당의 혼란 속에 산둥 지역을 장악했고, 병사들의 추대로 치청절도사가 되었다. 15개 주, 10만 대군의 치청세력은 독립적으로 성장했고, 정치경제적 안정을 이루며 당을 위협할 정도였다.

# 장보고(張保皐)

?~846년(문성왕 8)

장보고

**업적**

당 무령군 소장이던 장보고는 신라로 돌아와 흥덕왕에게 1만의 군사를 얻어 청
해진을 설치해 해적을 소탕했다. 이후 활발한 무역으로 막대한 이익을 얻었을 뿐
아니라 이슬람에서 당으로 이어지던 해상무역을 신라, 일본까지 확장했다.

# 최치원(崔致遠)

857년(헌안왕 1)~?

최치원

**업적**

열두 살에 당에 유학해 6년 만에 빈공과에 장원급제한 최치원은 당에서 관직 생활을 하며 적은 글을 모아 『계원필경』을 엮었다. 황소의 난에 〈토황소격문〉으로 유명해지며 자금어대까지 하사받았다. 신라로 돌아온 그는 국서를 작성하는 한림학사로 있다가 외직을 돌았고, 돌아와 진성여왕에게 시무 10여 조를 올렸다.

# 이지란(李之蘭)

1331년(충혜왕 1)~1402년(태종 2)

이지란

**약력**

1331년  여진족 출신, 본명은 퉁두란(佟
豆蘭)

1371년  휘하 1백호를 거느리고 고려에
귀화

1380년  이성계와 황산대첩에서 승리

1382년  1등 개국공신 청해군(靑海君)
으로 책봉

1402년  71세에 사망 후 화장되어 북청
에 묻힘

**업적**

고려로 귀화해 이성계와 의형제를 맺은 이지란은 왜구를 토벌했고 위화도 회군
을 함께했다. 조선 건국 이후에도 왜구를 막는 데 힘썼다.

# 김충선(金忠善)

1571년(선조 4)~1642년(인조 20)

김충선

**업적**

임진왜란 직후 부대를 이끌고 조선에 투항한 김충선은 조총 보급과 훈련, 화약 제조에 협력했고, 곽재우 등 의병과 함께 싸웠다. 임진왜란과 정유재란에 공을 세워 선조로부터 김충선이라는 이름을 하사받았다. 전쟁이 끝난 이후에도 북방 경비를 도맡았으며, 이괄의 난과 병자호란 때도 공을 세웠다.

# 박연(朴淵, 朴延)

1595년(선조 28)~?

네덜란드에 있는 박연의 동상

**업적**

풍랑으로 제주도에 표착한 박연은 훈련도감에서 홍이포나 총포를 제작·개량하
는 일을 맡아 병자호란에도 참전했다. 하멜 일행이 제주도에 표착했을 때는 통역
과 함께 조선의 말과 풍속을 가르치기도 했다.

세계사의 흐름이 단숨에 정리된다

## 한번 읽으면 절대로 잊지 않는 세계사 공부

신진희 지음 | 값 15,000원

이 책에서 다루고 있는 7개의 키워드, 국가, 종교, 혁명, 제국, 도시, 과학, 법으로 세계사를 살펴보면 인류 역사뿐만 아니라 현재까지도 정확하게 이해할 수 있다. 역사에 대해 알고 싶지만 방대한 양에 시작하기가 두려운 사람들, 쉽게 세계사를 기억하고 싶은 사람들이라면 이 책을 단 한 번만 읽는 것으로도 충분하다. 시대를 보는 눈을 키우고 삶의 통찰력을 얻고 싶다면 이 책으로 세계사의 흐름을 파악하자.

역사와 철학의 눈으로 미술을 감상하다

## 새롭게 읽는 서양미술사

박송화 지음 | 값 27,000원

역사와 철학을 종합적으로 아우르는 서양미술사 책이다. 위대한 예술작품은 화가가 속한 시대의 세계관을 보여주는 동시에 화가의 개성을 드러내는, 시대와 개인의 합작품이다. 철학과 역사를 바탕으로 서양미술사를 새롭게 읽으면 화가가 살았던 시대의 세계관이 펼쳐지면서 흥미진진한 이야기를 발견할 수 있을 것이다. 세계관이 어떻게 미술을 통해 시각적으로 드러나는지를 깊이 있게 다루는 수준 높은 서양미술사의 세계로 들어가보자.

난생 처음 서양미술사를 제대로 공부하다

## 5일 만에 끝내는 서양미술사

최연욱 지음 | 값 19,000원

우리나라를 대표하는 '넘버원 미술전도사' 최연욱 화가의 유쾌하고 재미있게 읽는 서양미술사 이야기다. 서양미술의 역사와 대표 명작들에 대한 감상 포인트까지 쉽고 유쾌하게, 그러면서도 치밀하고 속속들이 담아낸 이 책을 통해 그간 어렵게만 느껴지던 서양미술사를 이제 '미알못'인 당신도 손쉽게 독파할 수 있을 것이다. 미술에 대한 진입장벽을 훌쩍 뛰어넘어 그 누구라도 이 책을 통해 미술의 매력에 폭 빠지는 마력을 느껴보자.

복잡한 세상이 술술 읽히는 세상의 모든 TOP 10

## 벌거벗은 교양

지식스쿨 지음 | 값 18,000원

구독자 29만 명에 조회수 1억 회를 기록한 화제의 유튜브 채널인 지식스쿨을 책으로 만난다. 지식스쿨은 역사·문화·사회·과학·정치·경제 등을 넘나드는 다양한 인문학적 지식을 TOP 10 형식으로 재미있게 풀어준다. 기존의 나열식 방식이 아닌 순위로 구분해 설명하기 때문에 호기심을 자극해 내용에 더 집중하게 된다. TOP 10 콘텐츠 중에서도 각별히 사람들의 큰 관심을 받았던 내용을 엄선해 묶었다.

### 인생을 어떻게 살아야 할 것인가
## 에픽테토스의 인생을 바라보는 지혜

에픽테토스 지음 | 강현규 엮음 | 키와 블란츠 옮김 | 값 12,000원

내면의 자유를 추구했던 에픽테토스의 철학과 통찰을 담았다. 현실에 적용 가능한 구체적이고 실천적인 에픽테토스의 철학을 내면에 습득해 필요한 상황이 올 때마다 반사작용처럼 적용할 수 있다면, 그 어떤 역경과 어려움 앞에서도 굴하지 않고 꿋꿋하게 살아남아 최후의 승리자가 될 수 있을 것이다. 현실에 좌절하고 힘들어하는 모든 현대인들에게 에픽테토스의 철학이 담긴 이 책을 권한다.

### 자신과 마주하고 지혜롭게 살아가기
## 아우렐리우스의 명상록

마르쿠스 아우렐리우스 지음 | 이현우·이현준 편역 | 값 11,000원

마르쿠스 아우렐리우스는 로마제국을 20년 넘게 다스렸던 16대 황제이다. 그는 로마에 있을 때나 게르만족을 치기 위해 진영에 나가 있을 때 스스로를 반성하고 성찰하는 내용을 그리스어로 꾸준히 기록했다. 그 결과물이 바로『명상록』이다. 마음가짐을 어떻게 가져야 하는지, 삶과 죽음에 대한 바람직한 태도는 무엇인지, 변하지 않는 세상의 본질은 무엇인지 등을 들려주고 있어 곱씹고 음미하면서 책장을 넘기게 될 것이다.

### 리더십과 인간의 진실은 무엇인가
## 마키아벨리의 군주론

니콜로 마키아벨리 지음 | 김경준 해제 | 서정태 옮김 | 값 12,000원

누구나 잘 알지만 읽지 못했거나 혹은 오해와 편견으로만 대했던 불멸의 고전인『군주론』이 리더십의 정수를 꿰뚫는 인문서로 다시 태어났다. 완독과 의미 파악이 쉽지 않았던 원문을 5개의 테마로 나누어 새롭게 재편집했으며, 마키아벨리의 추종자임을 자처하는 딜로이트 컨설팅 김경준 대표가 해제를 더했다. 이 책은 인간이 살아가는 현실에 대한 귀중한 통찰력의 원천이 될 것이다.

### 인간에 대한 위대한 통찰
## 몽테뉴의 수상록

몽테뉴 지음 | 정영훈 엮음 | 안해린 옮김 | 값 12,000원

가볍지도 과하지도 않은 무게감으로 몽테뉴는 세상사의 다양한 주제들에 대해 본인의 견해를 자신 있고 담담하게 풀어낸다. 이 책을 읽으며 나의 판단이 바른지, 내가 지금 제대로 살고 있는지, 앞으로 어떻게 살아야 하는지 등을 수없이 자문해보자. 원초적인 동시에 삶의 골자가 되는 사유를 함으로써 의식을 환기하고 스스로를 성찰하며 인생의 전반에 대해 배우는 계기가 될 것이다.

■ **독자 여러분의 소중한 원고를 기다립니다** —————————————————

초록북스는 독자 여러분의 소중한 원고를 기다리고 있습니다. 집필을 끝냈거나 집필중인 원고가 있으신 분은 khg0109@hanmail.net으로 원고의 간단한 기획의도와 개요, 연락처 등과 함께 보내주시면 최대한 빨리 검토한 후에 연락드리겠습니다. 머뭇거리지 마시고 언제라도 초록북스의 문을 두드리시면 반갑게 맞이하겠습니다.

■ **메이트북스 SNS는 보물창고입니다** —————————————————

**메이트북스 홈페이지 www.matebooks.co.kr**

책에 대한 칼럼 및 신간정보, 베스트셀러 및 스테디셀러 정보뿐만 아니라 저자의 인터뷰 및 책 소개 동영상을 보실 수 있습니다.

**메이트북스 유튜브 bit.ly/2qXrcUb**

활발하게 업로드되는 저자의 인터뷰, 책 소개 동영상을 통해 책에서는 접할 수 없었던 입체적인 정보들을 경험하실 수 있습니다.

**초록북스 블로그 blog.naver.com/chorokbooks**

화제의 책, 화제의 동영상 등 독자 여러분을 위해 다양한 콘텐츠를 매일 올리고 있습니다.

**메이트북스 네이버 포스트 post.naver.com/1n1media**

도서 내용을 재구성해 만든 블로그형, 카드뉴스형 포스트를 통해 유익하고 통찰력 있는 정보들을 경험하실 수 있습니다.

STEP 1. 네이버 검색창 옆의 카메라 모양 아이콘을 누르세요. STEP 2. 스마트렌즈를 통해 각 QR코드를 스캔하시면 됩니다. STEP 3. 팝업창을 누르시면 메이트북스의 SNS가 나옵니다.